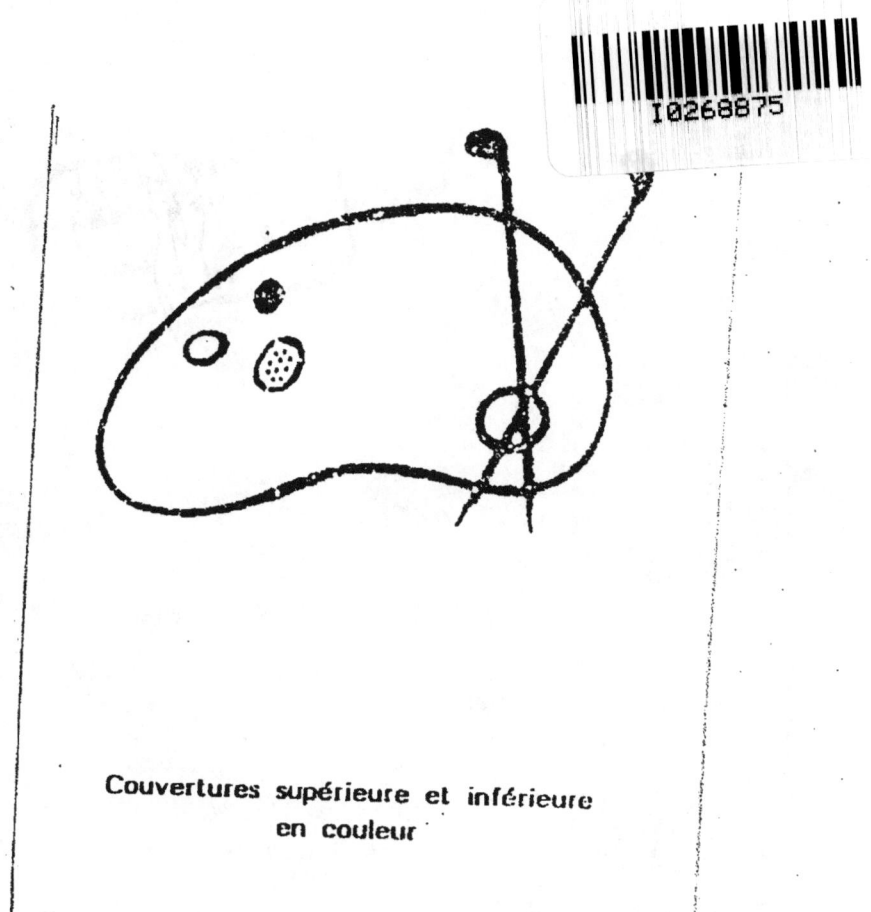

Couvertures supérieure et inférieure en couleur

OUVERTURES SUPERIEURE ET INFERIEURE D'IMPRIMEUR.

(Par Arsène Houssaye)

LA PÉCHERESSE

Lis du divin rivage, amour tombé du sein de Dieu, vague écho de la musique des anges, rêves commencés dans l'azur, qui donc vous confondra voluptueusement avec la pénétrante odeur du pampre, les beautés visibles de la femme aimée, les lèvres qui frémissent sous les baisers?

Ame qui retournez là-haut, cœur qui tomberez en poussière, n'aurez-vous donc pas une heure d'enivrante hyménée?

La terre est-elle trop loin du ciel? Le cœur est-il trop loin des lèvres?

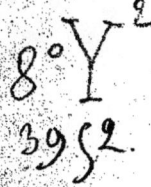

PRÉFACE

Madame de Girardin avait ainsi parlé de ce roman dans son Courrier de Paris :

« Avez-vous lu *la Pécheresse*? J'ai lu le premier volume qui est charmant; je n'ai pas lu le second, parce qu'on m'en a dit trop de mal. »

Jean-Jacques avait dit de *la Nouvelle Héloïse* : « Jamais fille chaste n'a lu de roman, celle qui osera lire une seule page du mien est une fille perdue. »

Le mot de madame de Girardin sur *la Pécheresse* rappelle l'avertissement de Jean-Jacques : a-t-il fait la fortune de mon livre, ce roman écrit à vingt ans? A vingt ans d'intervalle, je trouve que madame de Girardin a eu raison de s'arrêter au beau milieu. Et pourtant j'avais pieusement voulu, dans un quart d'heure de dévotion panthéiste, l'hymen du cœur qui bat sur la terre et de l'âme qui vole au delà des nues. La figure rêveuse et passionnée de Théophile m'était apparue comme un symbole; j'ai ranimé le tableau de sa vie; j'ai placé sa noble tête entre ces deux images charmantes, l'Amour tout divin et la Volupté toute terrestre, le souvenir du ciel et la joie épanouie, Marie et Dafné.

Théophile de Viau, mort en plein soleil de la vie, ne fut pas seulement un grand poëte, il fut un des hardis philosophes de son temps. Il avait tour à tour étudié son âme et son cœur, les voix mystérieuses du ciel et les images visibles de la terre. Son esprit, né libre, a toujours protesté contre tous les systèmes absolus qui enchaînent la pensée humaine. Poussé en avant par la poésie, emporté par les passions, coursiers indomptés qui vont bride abattue et font jaillir l'éclair dans la nuit sous leurs pieds au choc des cailloux, il voyait plus loin que les poëtes des seizième et dix-septième siècles. On peut affirmer que l'aube nouvelle, qui luit sur nous, avait frappé son regard d'aigle. Il adorait le ciel qui lui cachait Dieu; mais, sous la lumière du ciel, sur la terre où vivent les hommes, les forêts et les fleurs, les œuvres visibles de Dieu, il répandait son cœur à longs flots. Il élevait l'âme sans comprimer le corps.

Il ne disait pas comme Moïse : « Prenez garde à vos yeux. » Il ne disait pas avec Job : « J'ai fait un pacte avec mes yeux pour ne pas même penser à une fille. » Il ne disait pas comme plus tard Bossuet : « Malheur à la terre ! Malheur à la terre ! Encore une fois malheur à la terre d'où sort une si épaisse fumée, des vapeurs si noires qui s'élèvent de ces passions ténébreuses qui nous cachent le ciel et la lumière ! » En ses derniers jours seulement il admit que le corps rabat la sublimité de nos pensées et nous attache à la terre, nous qui ne devrions respirer que le ciel ; mais jusque-là, tant que les visions de la mort ne glacèrent pas son esprit, il crut que Dieu, le maître souverain, nous avait semés sur la terre comme les arbres de la montagne pour verdoyer et fleurir à tous les vents et à tous les rayons, enracinés dans la terre, mais le front balancé dans les nues, disant comme saint Augustin : « Les hommes sont des arbres qui se jouent avec les vents; poussés tantôt d'un côté, tantôt d'un autre, ils semblent promener çà et là leurs vagues désirs. » Mais il croyait que notre âme s'enfuyait plus radieuse de notre périssable corps ; comme Socrate, il croyait que le tombeau n'est que le sombre chemin d'un monde éblouissant. Voyez cette image poétique : « Je crois pour moi que c'est d'aise qu'à leur mort les cygnes chantent ; ayant, comme une inspiration du dieu Apollon, à qui ils sont consacrés, ils brûlent du désir d'approcher de leur maître, et en font des chants de joie. » Et ces derniers vers d'une belle strophe :

> Et sans doute alors que nos yeux
> Laissent leur clarté coutumière
> Et trouvent en de plus beaux lieux
> De plus beaux éclats de lumière,
> Et notre esprit, qui voit d'ici
> La vérité dans une nue,
> Après la mort mieux éclairci,
> La voit entière et toute nue.

Si nous laissons passer le philosophe, toujours incompris, pour n'étudier que le poëte, nous trouvons que Boileau le grammairien, dédaignant Théophile, n'entendait rien à la poésie, si la poésie est la voix de Dieu, la voix de l'âme, la voix de la nature, si la poésie est le rêve des hommes et le triomphe de l'art. Théophile fut un vrai poëte; on le sait; on le verra dans ce récit où nous avons reproduit quelques strophes, prises çà et là dans son livre pour expliquer sa vie. On l'a accusé d'être un peu trop Castillan dans sa poésie : voici un petit tableau d'une simplicité rustique, dont le parfum agreste eût saisi Claude Lorrain lui-même. Quel poëte français serait plus naïf et plus simple aujourd'hui que nous avons dans les arts salué la Vérité sur la margelle du puits :

> Maintenant que le roi s'éloigne de Paris,
> Suivi de tant de gens au carnage nourris,
> Qui dans ces chauds climats vont requérir les restes
> Du danger des combats et de celui des pestes,
> Il faut que je le suive, et Dieu, sans me punir,
> Ne te saurait, Marie, empêcher d'y venir.
> Si tu fais ce voyage, et mon amour te prie
> D'y ramener tes yeux, car c'est là ma patrie,
> Tu verras la Garonne, où de petits ruisseaux,
> Au travers de mes prés vont apporter leurs eaux,
> Où des saules épais leurs rameaux verts abaissent,
> Pleins d'ombre et de fraîcheur, sur mes troupeaux qui paissent.
> Si tu venais, Marie, en ce petit logis,
> Combien qu'à te l'offrir de si loin je rougis,
> Si cette occasion permet que tu l'approches,
> Tu le verras assis entre un fleuve et des roches,
> Où sans doute il fallait que l'amour habitât
> Avant que pour le ciel la terre il ne quittât.
> Dans ce petit espace une assez bonne terre,
> Si je la puis sauver du butin de la guerre,
> Nous fournira des fruits aussi délicieux,
> Qui sauraient contenter ou ton goût ou tes yeux.
> Mais, afin que mon bien d'aucun fard ne se voile,
> Mes plats y sont d'étain, et mes rideaux de toile;
> Un petit pavillon, dont le vieux bâtiment
> Fut maçonné de brique et de mauvais ciment,

PRÉFACE

Montre assez qu'il n'est pas orgueilleux de nos titr :
Ses chambres n'ont plancher, toit, ni portes, ni vitres,
Par où les vents d'hiver, s'introduisant un peu,
Ne puissent venir voir si nous avons du feu.
Je ne veux point mentir, et quand le sort avare
Qui me traite si mal m'eût été plus barbare,
Et qu'il m'eût fait sortir d'un sang moins reconnu,
Je te confesserais d'où je serais venu,
Que j'ai bien plus de peine à découvrir ma face
Devant tes yeux si beaux qu'à te montrer ma race
Dans l'état où je suis j'ai bien plus de raison
De te faire agréer mes yeux que ma maison,
Je jure les rayons dont ta beauté m'éclaire
Que le but de mon âme est le soin de te plaire,
Et que j'aime si fort ta vue et tes propos,
Qu'à ton sujet la nuit est pour moi sans repos;
Et sans faire l'amour à la façon commune,
Sans accuser pour toi le ciel ni la fortune,
Sans me plaindre si fort, j'ai ce coup plus profond
Que les autres mortels, j'aime mieux qu'ils ne font.

Théophile écrivait en prose comme en vers. Voici le jugement porté sur cette belle prose par son homonyme Théophile Gautier, si familier avec la langue du seizième siècle : « La prose de Théophile est pleine de ces grandes manières de dire castillanes, de ces bonnes façons de gentilhomme, qui donnent à la prose de ce temps la vraie tournure si large et si magnifique. C'est un style de vieille roche et qui sent son bon lieu. La phrase y tombe à grands plis comme ces riches étoffes anciennes toutes brodées d'or et d'argent, mais sans roideur aucune. Les manchettes de M. de Buffon sont peu de chose auprès des manches tailladées et des crevés des élégants de ce temps-là. » Citons encore, du moderne Théophile, ces quelques lignes qui seront toujours vraies : « Théophile de Viau a fait justice, avec un bon sens admirable, de tous ces pauvres grimauds fantastiques d'humeur qui, improductifs comme les frelons, trouvent mauvais que les abeilles aillent aux fleurs et fassent leur gâteau. »

Comme tous les grands poëtes, Théophile traversa la vie à travers la critique et l'inimitié. Il fut nié par son ami Balzac et son ennemi Malherbe avant d'être persiflé par Boileau. Sa lettre à Balzac est un chef-d'œuvre de fierté dédaigneuse. « Vous n'écrivez que ce que vous avez lu, ce n'est pas être savant que de savoir lire. S'il y a de bonnes choses dans vos écrits, ceux qui ne les connaissent pas ne vous en peuvent louer, et ceux qui les connaissent savent qu'elles ne sont pas à vous. Votre style a des flatteries d'esclave et des railleries de bouffon. Quand vous tenez quelque pensée de Sénèque ou de César, il vous semble que vous êtes censeur ou empereur romain, dans votre vanité que vous faites de votre maison et de vos valets. Quiconque ferait l'éloge de vos prédécesseurs vous rendrait un mauvais office. Votre visage et votre naturel retiennent quelque chose de leur première pauvreté. Vous m'avez lâchement trahi alors que j'étais dans le sépulcre de la prison. Je ne me repens pas d'avoir pris autrefois l'épée pour me venger du bâton. C'est parce que vous me vîtes trop bon soldat, sans doute, que vous ne me crûtes pas bon poëte. Si je voulais jeter quelques gouttes d'encre sur vos actions, je noircirais toute votre vie. Après une recherche exacte de la mienne, il se trouvera que mon aventure la plus ignominieuse est la fréquentation de Balzac. »

Il n'est guère plus gracieux pour Malherbe :

> J'en connais qui ne font des vers qu'à la moderne,
> Qui cherchent à midi Phœbus à la lanterne,
> Grattent tant le français qu'ils le déchirent tout,
> Blâmant tout ce qui n'est facile qu'à leur goût,
> Sont un mois à connaître, en tâtant la parole,
> Lorsque l'accent est rude ou que la rime est molle ;
> Veulent persuader que ce qu'ils font est beau,
> Et que leur renommée est franche du tombeau,
> Sans autre fondement sinon que tout leur âge
> S'est laisser consumer en un petit ouvrage,
> Que leurs vers dureront, au monde précieux,
> Parce qu'en les faisant ils sont devenus vieux :
> De même l'araignée, en filant son ordure,
> Use toute sa vie et ne fait rien qui dure.

Ne quittons point Théophile sans détacher cette autre page de son livre : « Ce que l'on appelle imitation des anciens se doit dire des ornements qui ne sont plus à notre mode. Il faut écrire à la moderne. Démosthène et Virgile n'ont point écrit en notre temps, et nous ne saurions écrire en leur siècle. Leurs livres, quand ils les firent, étaient nouveaux et nous en faisons tous les jours de vieux. Ronsard, pour la vigueur de l'esprit et la nue imagination, a mille choses comparables à la magnificence des anciens, et a mieux réussi à leur ressembler qu'alors qu'il les a voulu traduire. Il faut, comme Homère, faire bien une description, non point par ses termes ni avec ses épithètes. Il faut écrire comme il a écrit, mais non point ce qu'il a écrit. »

Il y a là plus de sages conseils en poésie que dans tout *l'Art poétique* de Boileau, l'ennemi posthume de Théophile.

NOTE

DE VOLTAIRE SUR THÉOPHILE

J'aime ce Théophile : dans mon enfance je me plaisais à lire ses poésies et je pleurais sur ses malheurs. C'était sous Louis XIII le poëte à la mode, le Dorat du temps, un jeune homme de bonne compagnie, vivant dans une grande familiarité avec les seigneurs; et, quoiqu'il n'eût aucun titre qui l'attachât à la cour, il y était bien reçu. Le jeune roi se plaisait à le voir et à l'entendre. Cette faveur, qui n'ajouta rien à sa fortune, fit son malheur. Sans parler ici de ses maîtresses, les jésuites en devinrent jaloux. Théophile crut impunément se moquer d'eux, et il se perdit. Le jésuite Gaussin, confesseur du roi, fut son ennemi, et travailla en conséquence à l'oreille de son pénitent. Le père Voisin, confrère de Gaussin, le dénonça à la justice comme impie, débauché et athée; il obtint un décret de prise de corps contre lui. Les juges du Châtelet, juges, à la vérité, subalternes, mais dans tous les temps redoutables aux gens de lettres, le condamnèrent à être brûlé vif. Théophile, par une fuite précipitée, se déroba à cette inique et barbare sentence; on brûla son effigie en attendant de pouvoir le brûler en personne.

Les jésuites, acharnés à poursuivre leur proie, découvrent qu'il est au Catelet sur les frontières de France. Il payent chèrement un lieutenant de la connétablie, leur pénitent, nommé Le Blanc, pour l'arrêter : « C'est un athée que nous allons brûler à Paris, » disait Le Blanc aux curieux tout le long de la route. On l'enterra dans le cachot où avait été plongé Ravaillac, l'assassin de Henri IV.

Pendant l'instruction d'une procédure criminelle commencée au nom du jésuite Voisin, tous les autres jésuites se déchaînaient contre le poëte Théophile. La cour, les églises, les sociétés particulières retentissaient de ce nom; et ce nom n'était jamais prononcé dans les épithètes de monstre et d'athée. Une légion d'espions fut mise en cam-

pagne par eux. Les uns allaient dans les mauvais lieux s'informer si
Théophile les avait fréquentés, et ce qu'il y avait fait. Les autres,
répandus dans les cabarets, cherchaient à savoir ce qu'il y avait dit. Le
jésuite Garasse imprimait insolemment que Théophile était socratiste
et athée. Le jésuite Guérin prêchait ce que Garasse faisait imprimer
Voici un échantillon de l'éloquence de cet orateur évangélique :

« Lisez, mes frères, leur criait-il en prêchant, lisez le révérend
père Garasse. Je dis que vous le lisiez et que vous n'y manquiez pas
C'est un très-bon livre. Vous y verrez ces paroles : « Maudit sois-tu,
« Théophile, maudit soit l'esprit qui t'a dicté tes pensées, maudit soit
« la main qui les a écrites, malheureux le libraire qui les a impri-
« mées, malheureux ceux qui les ont lues, malheureux ceux qui t'ont
« jamais connu, et béni soit M. le premier président, et béni soit
« M. le procureur général qui ont purgé Paris de cette peste. Je
« dirai après le révérend père Garasse, que tu es un bélître, que tu es
« un veau. Que dis-je? D'un veau la chair en est bonne bouillie, la
« chair en est bonne rôtie. De sa peau on en couvre des livres ; mais
« la tienne, méchant, n'est bonne qu'à être grillée. Aussi le seras-tu
« demain. Tu t'es moqué des moines et les moines se moqueront de
« toi. »

Ni le prédicateur Guérin, ni ses confrères les jésuites n'eurent
cette douce consolation. Théophile prouva, par de bonnes attesta-
tions, qu'il entendait la messe dimanches et fêtes, qu'il observait le
précepte de l'abstinence les vendredis et les samedis, qu'il jeûnait
en carême malgré la faiblesse de sa santé, qu'il faisait régulière-
ment ses pâques conformément à l'usage, et partant qu'étant bon
chrétien il ne pouvait être athée et ne devait point être brûlé.

Ce qu'il y eut d'étonnant dans ce long amas d'horreur, c'est que
les jésuites, qui avaient violé toutes les lois divines et humaines, res-
tèrent impunis. Ils eurent même assez de crédit, ne pouvant le faire
brûler, pour le faire bannir. Le duc de Montmorency eut le courage
de braver cet arrêt injuste et de retirer chez lui Théophile.

On ne peut penser à cette aventure épouvantable sans sentir au
fond de son cœur naître un sentiment de reconnaissance respectueuse
pour la maison de Montmorency, qui retira dans son sein et consola
un homme de lettres poursuivi, calomnié et opprimé

LA PÉCHERESSE

LIVRE PREMIER

LE SOUPER DES TREIZE

I

En l'an 1623, dans les premiers jours de l'automne, les femmes et les enfants d'un village de Picardie s'amusaient à regarder sur un vaste tapis d'herbe les ébats joyeux et les danses folles d'une troupe de bohémiens. C'était au coucher du soleil. La pelouse jaunie était déjà jonchée de feuilles, dépouilles fraîches encore des châtaigniers qui l'ombrageaient.

Les femmes vêtues de haillons, et les enfants des haillons de leurs mères, regardaient avec envie les corsets de velours noir, les jupes à paillettes et les pendants d'oreilles des bohémiennes, tandis que les hommes s'émerveillaient des bras nus, des jambes rondes et de la légèreté inouïe des danseuses.

A la nuit tombante, deux cavaliers s'arrêtèrent sous les châtaigniers et s'amusèrent, comme les paysans, du spectacle varié qui se jouait sur le théâtre en plein vent. A la vue de leurs pourpoints, on devinait bien vite un gentilhomme et son valet ; bien que le maître cherchât à cacher sa qualité sous un habit d'emprunt, bien que le pourpoint et le haut-de-chausses qui le couvraient ne fussent pas d'un velours irréprochable, l'intelligence de son regard, sa manière de tenir l'épée, ses moustaches de raffiné, la beauté de son linge, trahissaient un homme de cour en mission secrète, ou un gentilhomme en disgrâce. Le valet était vêtu d'une souquenille blanche à galons d'argent avec des flots de rubans bleus. Ses souliers étaient couverts de rosettes triomphantes ; son chapeau, galamment posé sur le coin de l'oreille, était perdu sous une touffe de plumes aux couleurs hasardées. La monture du gentilhomme était une jument normande, pleine de fougue et d'ardeur, dont la tête restait toujours orgueilleusement levée ; le cheval du valet était un vieil ardennais n'ayant pas le moins du monde l'air indomptable. A peine fut-il sous les châtaigniers, que, dédaignant le spectacle des danses, il effeuilla d'une dent distraite les branches tombantes. La jument normande frappait le sol du pied, soit qu'elle fût impatiente, soit que la musique l'émoustillât. Le gentilhomme, qui lui coupait la bouche pour la contraindre, semblait lui-même violemment agité ; ses grands yeux jetaient des éclairs de joie, ses lèvres frémissaient sous ses moustaches retroussées, comme à un vif souvenir de vingt ans. La ballade :

> Blanche dormait sur le rivage,
> Un chevalier passa par là...

qu'une jolie enfant de seize ans chanta en vraie sirène, le plongea dans le ravissement ; sa pâle figure s'épanouit : « O Marie ! ô Dafné ! ô ma jeunesse ! ma jeunesse, où es-tu ? » s'écria-t-il en essuyant des larmes.

Ce gentilhomme, c'était Théophile de Viau qui fuyait la mort ; c'était le poëte, le panthéiste, le raffiné qui fut, avec Marion Delorme, le grand scandale du règne de Louis XIII. Depuis quatre ans, il traînait une misérable existence : exilé en Angleterre * et dans l'île de Jersey, toujours poursuivi, lâchement accusé par les catholiques, il n'avait pas une heure de repos ; il errait de pays en pays, le désespoir dans l'âme. Le parlement de Paris l'avait condamné à être brûlé vif en place de Grève, après avoir fait amende honorable au parvis Notre-Dame. On avait brûlé son effigie, et, pour le brûler lui-même, ses tout-puissants ennemis offraient de royales récompenses au prévôt qui l'arrêterait.

Théophile pensait à se réfugier dans le Brabant ; tous les jours il se rapprochait de la frontière en regrettant, comme il le dit, *le doux climat de la cour de France*, son vieux château de Sainte-Radegonde, ses montagnes de l'Agénois et sa jeunesse romanesque **. Il voyageait sans

---

* En Angleterre, Théophile vit le beau monde. Il fut l'ami du duc de Buckingham et des gentilshommes qui couraient les hautes aventures.

** Voici une lettre datée de ce voyage forcé. Elle est adressée à un ami qui s'évertuait à lui donner des conseils sentencieux:

« Tu me reprends d'avoir pris l'épouvante mal à propos, et de m'être banni moi-même. Je devais cette obéissance à la colère du roi, et ne pouvais me plaindre de ma disgrâce sans m'en rendre digne, ni appeler de mon bannissement sans mériter la mort. Soudain que je fus menacé, je me jugeai coupable, et trouvai plus d'espérance en ma retraite qu'en ma justification ; Dieu ne veut point qu'on examine la volonté des rois : il leur a donné l'âme droite et la

faste et sans bruit ; il passait la nuit dans les tavernes les plus humbles, ou dans les auberges isolées. Cette vie de vagabond et d'aventurier contrastait tristement avec sa vie passée, toute pleine de folies galantes et romanesques. Le matin, dès l'aurore, il éveillait son valet en maudissant sa mauvaise nuit, et, sans autre compagnie, il chevauchait jusqu'au soir. Le valet était un gentillâtre-tranche-montagne qui sortait de je ne sais quel village basque. Il avait été tour à tour baladin, jongleur et comédien. Théophile se l'était attaché plutôt comme bouffon que comme valet ; mais depuis longtemps les drôleries de Brizailles n'amusaient plus Théophile ; d'ailleurs, le pauvre

justice absolue, et puisqu'il les appelle dieux, on les doit reconnaître tels. Quoi qu'ils nous ordonnent, nos désobéissances sont des impiétés.

« Il est vrai que mon exil m'a surpris, et que je suis encore à deviner mon crime. Je veux contraindre ma conscience de se feindre pour se condamner ; car enfin je ne saurais me consoler de ma peine, si je ne me persuade que j'en suis digne. J'ai sans doute assez failli pour le mal que j'endure, et me trouve assez coupable, puisque le roi ne croit pas que je sois innocent, et que le malheur de n'être pas au gré de son prince doit mettre tout homme de bien aux termes de se retirer du monde. C'est une créance à laquelle mon jugement est bien aise de consentir, pour se mettre en repos, et un caprice de mon inclination qui me fait ainsi résoudre à révérer le bras qui me frappe, afin d'en trouver les coups plus favorables. Je ne veux point que tu me guérisses d'une rêverie si salutaire : laisse dormir mon esprit en sa maladie, et si tu ne peux changer ma condition, ne te mêle point de vouloir changer mon âme ; ne te mets plus en peine de me donner des avis, j'en reçois tous les jours assez de moi-même. Tu me dis comme le vulgaire que chacun est aveugle en ses affaires : je crois ce dictum véritable en un esprit faible comme le tien, et qu'une fureur d'amour, d'ambition, de vengeance, de peur, ou quelque autre sorte d'indisposition ont occupé ; mais dans les desseins de sa fortune, je crois qu'un chacun y voit aussi clair que son plus proche. Pour moi je ne me trouve que rarement dans l'opinion commune, et peu de proverbes viennent à mon sens ; je ne dé-

comédien devenait maussade de jour en jour : les malheurs du poëte rejaillissaient sur lui. Cependant, à la vue des bohémiens sur la pelouse du village, il oublia ses chagrins, se prit d'un bel enthousiasme et faillit s'élancer au milieu d'eux ; la ballade le transporta aussi, et pendant que Théophile s'écriait : « O Marie ! ô Dafné ! ô ma jeunesse ! » il s'écriait : « O mes vingt ans et mes vingt maîtresses ! »

Le maître et le valet s'abandonnaient à leurs poétiques impressions, quand un autre cavalier s'arrêta près d'eux et les regarda longtemps.

— Sainte Vierge ! dit le bouffon, voilà une tête de pré-

fère guère aux exemples, et me déplais surtout en l'imitation d'autrui ; je me retire dans mon âme, où je m'accoutume à l'examen de mes pensées : un autre n'y est pas toujours présent. Tu ne vois point naître mes sentiments, et c'est pourquoi tu leur fais des discours. Tu te hasardes à tous propos de me faire des censures. Il te serait possible, plus séant, de me louer. Tu ne m'écris que des corrections de ma conduite. Il paraît bien à ta lettre que tu n'es pas capable de beaucoup de choses. Qui ne sait pas bien écrire ne saurait bien imaginer : ton entendement n'est guère plus agréable que ton style. Ta présomption me tire hors de mon naturel, et me met en train de t'écrire de la sorte : si peu que je te dise de vérités, je te dirais beaucoup d'injures. Une autre fois, quand tu auras des réprimandes à me faire, couche-les pour le moins en meilleurs termes, sinon je m'en moquerai. Je suis bien assuré que je te fâche car tu te piques surtout de bien écrire. Il serait bien malaisé que ces livres dont tu me parles t'eussent rendu plus habile homme. Il faut que je te donne des instructions à mon tour : quitte le Phœbus et le roman : tant qu'ils seront si fort en ton estime, tu ne le seras point en la mienne. Tu me parles de la fortune en termes d'amour, et dans le discours de tes amours, il t'échappe à chaque fois des mots de guerre. Tu me dis que je ne craigne point de souiller le sein de la déesse aux pieds blancs, pour arriver au port de ton désir et de mon salut : en cet endroit ton conseil est aussi extravagant que ton langage. Qu'irais-je faire en un pays où mes habitudes ne sont point ? où les coutumes sont contraires à ma vie, où la langue, les

vôt sous un feutre de brave ; ce pourpoint de gentilhomme cache un cœur d'archer.

Théophile se tourna vers le nouveau venu, dont le visage sombre et dur s'égaya et s'adoucit tout à coup.

— Ces manants de bohémiens font des choses charmantes, murmurait-il en souriant.

— Au galop ! dit le valet à l'oreille de son maître.

— Tu es fou, Brizailles, c'est un gentilhomme.

Théophile était confiant comme un enfant.

— Il me semble capable de déterrer des archers.

Théophile essaya de sourire.

— Et ta flamberge, héroïque Brizailles ?

vivres, les habits, les hommes, le ciel et les éléments me sont étrangers? Quel plaisir me peux-tu promettre en un climat où toute l'année n'est qu'un hiver, où tout l'air n'est qu'une nuée, où nul vent que la bise, nul promenoir que ma chambre, nul délicatesse que le tabac, nul divertissement que l'ivrognerie, nulle douceur que le sommeil, nulle conversation que la tienne? Il me semble que je te vois rougir, et chercher ta vengeance par des reproches à mon mauvais naturel. Tu m'accuseras de reconnaître mal le soin que tu prends de me conseiller : aussi n'en fais-je pas beaucoup de compte ; et si tu n'as dessein de me rendre ingrat, ne me fais jamais de ces bons offices : tu me parles trop de la cour, que tu ne connais point. Tu me donnes des préceptes d'une école où tu ne fus jamais, et me veux servir de guide en un chemin où tu n'as point passé. Pour bien savoir ma condition, ce n'est pas assez que de connaître ma personne : l'état des gens de bien n'est pas toujours le plus florissant, quoiqu'il soit toujours le plus souhaitable : la fortune ne doit rien aux sages, et Dieu leur a assez donné. C'est où je chercherai mes consolations et où je les trouverai plutôt qu'en l'impertinence de ta lettre. Tu n'attendais pas de ma part une réponse si rude, mais je ne méritais pas de la tienne une lettre si importune. Sache que c'est une incivilité bien cruelle que de manier si rudement et si hors de saison les blessures encore toutes fraîches de son ami. En semblables disgrâces tous ces discours officieux sont des reproches et toutes les consolations sans secours sont des injures et des moqueries. »

— Je dédaignerais de la tremper dans le sang des coquins.

Le cavalier s'approcha de Théophile.

— Pardieu ! dit-il en lui tendant la main, c'est notre grand poëte Théophile.

Théophile demeura impassible et ne tendit point sa main.

— Comme la gloire change les hommes! reprit le cavalier ; vous n'étiez pas si fier, vous ne repoussiez pas vos amis autrefois, quand vous étiez chez monseigneur le duc de Montmorency.

A ce nom du seul ami qui lui restât, Théophile ouvrit de grands yeux et reconnut le cavalier pour un jeune seigneur du Limousin qui figurait quelques années auparavant parmi les courtisans du duc.

— C'est Le Blanc, dit-il en s'inclinant un peu ; quel démon vous pousse en ce pays, mon cher? Les femmes y sont laides et les vins mauvais.

Le Blanc chercha sa réponse.

— Erreur! s'écria-t-il ; au vulgaire les vilaines femmes et les vins aigres ; mais, pour le duc et pour sa suite, les fraîches et rebondissantes Picardes et les pétillants vins de Reims.

— Le duc a quitté Chantilly?

— Le duc est depuis hier à la citadelle de Ham, que nous voyons au travers de cette chenaie.

— Le duc est ici? il faut que je le voie !

— Eh bien, suivons la route de Ham ; avant un quart d'heure nous souperons avec lui.

— Bagasse! se dit Brizailles, souper chez le duc de Montmorency, c'est une faveur non pareille. O mes entrailles, comme vous serez noyées de vins de Reims! ô taverniers, hôteliers et cabaratiers, empoisonneurs du diable, comme je vais bien me venger de vous !

Brizailles éperonna sa maigre haquenée et fit un signe d'adieu aux bohémiens ; Théophile leur jeta une pistole, Le Blanc feignit de les oublier. Tous trois prirent le chemin de la citadelle ; Brizailles, qui se mourait de faim, était toujours en avant ; Théophile et Le Blanc allaient côte à côte et se rappelaient leurs prouesses passées. Il faisait nuit depuis longtemps quand ils arrivèrent aux portes de Ham ; ils descendirent devant la citadelle, où un palefrenier vint prendre leurs chevaux. Le Blanc conduisit Théophile dans une grande salle d'armes et le pria de l'attendre un peu ; il disparut et fut plus d'une demi-heure sans revenir. Le maître et le valet s'ennuyaient beaucoup et commençaient à redouter quelque embûche.

— Capédédious ! disait Brizailles, sommes-nous condamnés à souper avec des sabres et des épées ? C'est indigeste et malsain.

Le Blanc reparut enfin.

— La table est servie, messieurs, et si vous voulez me suivre...

— De grand cœur et de toutes nos jambes, interrompit le bouffon affamé.

Ils traversèrent plusieurs salles désertes et se trouvèrent bientôt en face d'un souper de campagne assez engageant.

— Asseyez-vous, dit Le Blanc à Théophile ; j'ai averti le duc de votre arrivée, il est entouré de nos convives et ne peut tarder à venir.

Un bruit de pas retentit dans le corridor ; deux hommes apparurent à la porte : c'étaient deux archers armés jusqu'aux dents. Théophile jugea sa perte et regarda avec mépris Le Blanc, qui avait revêtu les insignes de la lieutenance prévôtale et qui se mit à ricaner. Les deux premiers archers furent suivis de dix autres; tous se placèrent silencieusement à table avec Le Blanc.

— Corbacque! s'écria Brizailles en dégaînant sa flamberge, ces treize convives me déplaisent et me gâtent l'appétit ; allons souper ailleurs.

Il prit le bras de Théophile et voulut l'entraîner, mais Le Blanc se dressa devant eux.

— A table! à table ! dit-il d'une voix tonnante, les plats fument et le vin est frais ; à table ! à table !

— Vous êtes un lâche ! cria Théophile avec fureur.

Il dégaîna, mais les archers le désarmèrent.

— Je me venge de vos dédains à Chantilly, messire le huguenot. Vous êtes un grand poëte, mais je suis plus spirituel que vous aujourd'hui.

— Et combien m'avez-vous vendu? demanda Théophile.

— Moins cher que vous ne valez ; en vous livrant au prévôt, je toucherai mille beaux écus au soleil; ce ne sera point trop payer mes peines. Depuis trois jours, je vous suivais sans cesse; par l'aide de Dieu, vous voilà enfin ma capture ; les religieux vont intercéder pour mes vieux péchés, puisque j'ai arrêté le poëte obscène qui s'est jeté dans les bras de la débauche, l'impie qui a nié Dieu.

— Cette insolence me fatigue, dit Brizailles.

Et, s'élançant vers la porte, il laissa son maître avec le lieutenant et les archers. Il courut comme un lévrier jusqu'au village où chantaient et dansaient les bohémiens.

Théophile essaya de lutter, mais en vain; on lui lia les mains et les pieds, on le roula sous la table, après quoi Le Blanc lui dit d'un ton railleur :

— Nos seigneurs du parlement vous ont condamné à être brûlé vif; si vous oubliez leur sentence, ils s'en souviennent.

II

Théophile passa la nuit dans d'horribles souffrances ; les dalles humides lui glaçaient les sens ; les archers, qui buvaient à pleines rasades, l'arrosaient de vin par dérision ; il ne se plaignit point, il subit en silence leur ivresse méchante et lâche. « Le lendemain, le commandant de la citadelle, le prévôt et le lieutenant l'éveillèrent d'un assoupissement pénible ; ils le firent fouiller, ils saisirent son argent et ses derniers vers ; et, lui passant d'autres liens plus forts autour des bras et des jambes, ils le couchèrent sur un cheval boiteux et le conduisirent à Saint-Quentin. » Le peuple de Ham, les oisifs des villages voisins, la troupe des chiens chasseurs du connétable, formèrent un convoi bruyant au pauvre poëte, dont la face était brûlée par le soleil du midi. Dès qu'il fut à Saint-Quentin, *on le dévala dans un cachot souterrain*, on le chargea de rudes et lourdes chaînes, on lui donna une poignée de paille et on lui fit aumône d'un pain noir et moisi qu'eût dédaigné le dogue le plus affamé. Le huguenot converti se mit en ferventes prières ; il implora le Christ et fit des vœux à la Vierge ; son âme était dans l'épouvante, ses yeux ne voyaient que les funèbres visions ; souvent il se demandait, en frémissant d'horreur, si ses vêtements lui servaient de linceul et si les murailles de son cachot étaient les parois d'une tombe.

Les jours et les nuits se passèrent ainsi ; il n'eut pas la force de se laisser mourir de faim ; « il ne mangeait pas assez pour vivre, mais il mangeait trop pour mourir. » Il languit pendant près d'un mois sur le sol humide de cette odieuse prison ; il priait, il se consolait dans sa vie passée, dans sa jeunesse si poétique, dans ses virginales amours ; il regrettait la candeur ineffable de ses vingt ans, il versait des larmes de sang sur ses fatales passions. Le parlement de Paris lui envoya la compagnie de Defunctis avec l'ordre de le transférer à la conciergerie du Palais. Son voyage à Paris fut encore un long supplice : il portait ses chaînes sans relâche ; les archers chantaient des complaintes sur sa mort prochaine. A son arrivée à Paris, le peuple s'ameuta et poussa des hurlements frénétiques; Théophile entendait dans la confusion des cris : « Le huguenot sera flagellé ! le huguenot sera brûlé ! »

Il passait près de la fontaine des Innocents, quand un magnifique carrosse s'arrêta devant son cortége ; une belle femme brune, penchée sur son amant, resplendissait dans ce carrosse et jetait un regard de reine à la foule éclaboussée par ses chevaux. Elle vit Théophile, elle pâlit et détourna la tête ; mais le poëte s'était déjà écrié : « Dafné ! Dafné ! » le poëte avait déjà tendu vers elle ses bras enchaînés. La belle pécheresse éprouva un choc violent ; il lui sembla qu'un coup de foudre frappait son cœur ; elle tomba presque mourante ; mais, s'étant relevée tout à coup, elle arracha sa parure de pierreries, pour la jeter en sacrifice parmi le peuple.

L'amour, les regrets, la jalousie, déchirèrent le cœur de Théophile ; il oublia pour un instant l'idée de la prison et du bûcher : l'image de Dafné remplit son âme. Il descendit lentement la rue Tribaud-aux-Dés ; sur le quai il fallut que la garde du roi intervînt, pour balayer le peuple qui forçait les archers. Le poëte, traîné dans la grosse tour de la Conciergerie, fut jeté dans le cachot de Ravaillac avec deux sergents pour le garder, quoique les portes ssent de fer massif.

Un soir que, dévoré d'angoisses, il se consolait à force de rimes, le geôlier vint avertir les gardes qu'une femme se présentait pour voir le prisonnier avec une permission du premier président.

— Une femme ! dit Théophile.

Il tressaillit, ses yeux s'animèrent tout à coup.

— Qu'elle entre, dirent les gardes, nous sommes là ! Ce serait une envoyée du diable, que nous ne craindrions pas ses maléfices !

La femme descendit dans le cachot ; le geôlier la conduisit par la main vers Théophile et la fit asseoir sur les planches du lit. Debout devant elle, le poëte, pâle d'émotion, de douleur et d'espérance, la regardait sans la voir. Une nuit éternelle régnait dans le cachot : il y voyait à peine les yeux des archers.

— Une femme ! Et je suis aveugle ! reprit-il tristement.

Et comme il laissait retomber ses bras, une main douce et tiède se glissa dans sa main ; il frissonna de la tête aux pieds.

— Mais qui êtes-vous, madame ? demanda-t-il à voix basse.

— Une pauvre religieuse que vos malheurs ont touchée.

— O mon Dieu ! je vous rends grâce ! Je croyais qu'il n'y avait en France que ma voix pour me plaindre. Mais, madame, qui donc vous a dit mes malheurs ?

— Dimanche passé, le révérend père Garasse a prêché contre les passions de votre vie ; il nous a fait un sombre tableau de vos péchés mortels ; il a fini son sermon par ces mots : « O mes sœurs ! que vos âmes et vos bouches maudissent Théophile, la plus perverse créature du siècle [*]. »

---

[*] Voici la suite de ce morceau d'éloquence : « Maudit sois-tu, Théophile ! maudit soit l'esprit qui t'a dicté tes pensées ! maudite

— O Garasse ! s'écria le prisonnier. Et vous m'avez maudit ? demanda-t-il d'une voix émue.

— Moi, je ne vous ai pas maudit, j'ai prié pour vous.

La religieuse sentit des larmes brûler sa main.

— Oui, j'ai prié pour vous ; depuis dimanche j'ai eu un ardent désir de vous voir ; votre renommée a fait grand bruit partout ; en France, tout le monde vous aime ou vous hait ; moi, je ne vous hais point. Les poëtes sont ma seule consolation dans l'austère solitude du cloître ; mon cœur s'ouvre à tous les malheureux : vous êtes poëte et malheureux. Nul ne peut pénétrer ici ; mais une femme va partout. Ma démarche est folle, sans doute ; mais je voulais vous voir. Une indiscrète curiosité a seule pu me pousser ici ; je vous confesse que je suis avide d'apprendre l'histoire de votre vie : on la dit orageuse et romanesque...

— En effet, dit Théophile, je puis raconter l'histoire de toute ma vie, puisque je vais mourir.

— Espérez en Dieu.

— Mon âme n'a jamais été sans espérance de salut ; mais nul ne sauvera mon corps, et, demain peut-être, mon dernier supplice m'attendra sur la place de Grève. Cependant, en dépit de Garasse, je ne désespère pas de la justice : ses arrêts ne sont point écrits sur l'onde ni exécutés par le vent.

soit la main qui les a écrites ! Malheureux le libraire qui les a imprimées ! malheureux tous ceux qui les ont lues ! Béni soit M. le premier président qui va nous purger de cette peste ! car c'est lui qui a amené la peste dans Paris. Tu es un bélître, tu es un veau. Que dis-je un veau ? D'un veau la chair est bonne bouillie ou rôtie, de sa peau on en couvre les livres ; mais la tienne, méchant, n'est bonne qu'à être grillée : aussi le seras-tu demain. Tu te moques des moines, et les moines se moqueront de toi. »

— Espérez des hommes.
— Je ne crois plus à l'amitié des hommes.
— Espérez en moi.
— Oh! oui, j'espère en vous, car vous êtes une femme, et chez les femmes les divines sources de compassion ne tariront jamais.

La religieuse se leva.

— Adieu, dit-elle d'une voix étouffée, peut-être ne reviendrai-je plus. Mais, de retour dans ma solitude, je vais relire vos belles élégies et penser à vous.

Théophile frémit d'orgueil et de joie.

— Madame, vous me rendez la vie ! ce cachot me semble un palais ; mon cœur s'épanouit, et je chanterais si j'osais !

— Chantez vos stances toutes parfumées d'amour; chantez, et dans vos heures de retour sur vous-même écrivez pour moi l'histoire de votre vie.

— Oh ! madame, ne plongez jamais vos chastes regards dans l'histoire de ma vie.

La religieuse, toute troublée, ne savait que répliquer.

— J'ai lu des romans, dit-elle d'une voix étouffée.

— Mon histoire ne sera pour vous qu'un roman de plus ; je vous dévoilerai mon âme et vous ne croirez qu'à mon imagination.

— Si j'avais voulu lire un roman de plus, je ne serais pas venue vous le demander.

— Il faut partir, dit le sergent des archers.

La religieuse s'inclina.

— Adieu, monsieur ; ne m'oubliez pas, j'attends votre confession.

La religieuse passa entre les deux gardes et monta les marches du cachot ; au reflet d'une lumière lointaine, Théophile distingua sa robe noire et son voile blanc.

— Quelle est cette femme étrange? se demanda-t-il en se frappant le front; est-ce une religieuse, est-ce un ange, est-ce une fée? — Si c'était Marie? — Non; c'est quelque folle dame de la cour, quelque duchesse ennuyée qui cherche des aventures et qui n'a pris le vêtement des religieuses qu'afin d'arriver plus tôt près de moi. Qu'importe? elle saura ma vie.

Et, le jour même, Théophile relut en son âme le beau livre du passé.

LIVRE II

LA TRÉPASSÉE

I.

« Oui, madame, vous saurez ma vie; je vous retracerai les chemins et les sentiers qui m'ont conduit à ma perte; je vous peindrai cette chère solitude qui me fut si fatale, cette solitude peuplée de pampres généreux et d'agrestes bocages; je vous dirai les chastes amours de mon âme; je vous confierai les furieuses passions de mon cœur. J'ai bu à la mauvaise fontaine des passions; j'ai puisé à toutes les sources de l'amour. Nul en ce monde n'a plus aimé que moi; hélas! nul en ce monde n'a plus souffert. Ah! que ne puis-je encore, belle Dafné, boire à vos lèvres, jusqu'à la plus folle ivresse, ce vin de l'amour que j'espérais boire jusque sur les lèvres de la mort!

« Hier, mes souffrances me mordaient et me déchiraient. J'étais dans la fosse aux lions. Vous m'êtes apparue dans mon cachot comme l'ange qui sauva Daniel; vous m'avez dit d'espérer, j'espère; je me sens revivre; vos paroles murmurent dans mon cœur, votre image se mire dans mon âme : — ne voit-on pas des eaux impures réfléchir la pureté du ciel?

> Oui, grâce à vous, j'espère au ciel :
> Il fit que ce troupeau farouche
> Tout prêt à dévorer Daniel
> Ne trouva ni griffe ni bouche :
> C'est le même qui fit jadis
> Descendre un air de paradis
> Dans l'air brûlant de la fournaise
> Où les saints, parmi les chaleurs,
> Ne sentirent non plus la braise
> Que s'ils eussent foulé des fleurs.

« Je vais donc vous écrire mon histoire : vous trouverez peut-être que mon style a perdu sa couleur castillane, ses hardiesses superbes, sa fantasque harmonie ; c'est que je suis déjà vieux à trente ans, c'est que les larmes ont amolli ma plume.

« Vous avez vu ma prison, madame, ou du moins vous avez ressenti sa froide humidité ; j'aimerais mieux braver les éclats de la foudre que d'y passer un an d'une nuit obscure ; j'ai perdu la lumière, et je me croirais aveugle si les yeux étincelants de mes gardes ne dardaient éternellement. Le soleil ne vient point ici : à midi seulement de légers sillons, pâles comme des rayons de lune, passent au travers de la porte ; ce ne sont que des éclairs dans une nuit d'orage.

« Ce matin, par une faveur inouïe, le geôlier m'apporta un petit luminaire en corne dont la tremblante clarté glisse sur ces quelques lignes et sur ma main fiévreuse. N'est-ce pas la lampe des morts ?

« Ma famille est d'une noblesse ancienne et reconnue. Je suis gentilhomme si j'en crois ma main quand elle tient mon épée. Je passe par-dessus l'histoire de notre

2.

blason; je passe par-dessus les premières aurores de ma vie; je ne vous ennuierai point de mes enfantillages; d'ailleurs, le temps a jeté un voile épais sur mes jeunes années; j'aurais beau déchirer ce voile, je ne verrais que des lambeaux épars çà et là. L'enfance n'est qu'un prologue ennuyeux; le premier acte de la comédie humaine ne s'ouvre qu'à l'instant où l'amour fait une brèche à notre cœur. Aussi, quand on retourne dans le passé, on ne s'arrête guère que devant un souvenir amoureux. Moi, quand je retourne dans le passé, je chancelle et je pleure, je pleure mes espérances éteintes, ces belles et ardentes espérances qui allument le cœur. C'est en vain que je rappelle aujourd'hui leurs flammes si rouges, si bleues, si vagabondes! Le soleil est couché.

II

« Après ces horribles guerres de religion, où Dieu n'était pas, ces guerres sacriléges! qui ont fait tant de meurtriers et tant de victimes, mon père, qui était huguenot, craignit les vengeances des catholiques et se réfugia dans le manoir que Blanche de Castille légua à nos aïeux: c'est un château bizarre bâti au bas de la colline de Sainte-Radegonde *, à la sortie occidentale de ce village. Là, mon

* Le château de Théophile est encore debout. Un de mes amis, homme d'esprit et poëte en action, M. Alfred de Monciaux, qui est allé vivre là-bas, m'a écrit son voyage aux ruines de ce donjon.

« Château d'Overton, près Damazan, 26 décembre.

«Cher maître, ainsi que je vous l'ai promis, je me suis mis à la recherche de l'ancienne demeure de Théophile.

«Ma première visite à Sainte-Radegonde a été attristante. J'ai inter-

enfance s'écoula simple et calme, tantôt en études, tantôt en promenades, mais cependant plus souvent au milieu des bois et des prés qu'au milieu des livres. Quel livre plus sacré que ce grand livre dont la première page est le ciel et la dernière la nature ! Dès qu'il faisait jour, je sortais du château, avec la légèreté d'un faon, je traversais les vallons, je franchissais les ruisseaux, je gravissais les montagnes, plein de ce bonheur d'aimer tout qui s'évanouit avec l'ignorance. J'aimais à m'égarer loin du manoir, à perdre de vue sa plus haute tourelle, à m'isoler dans un ravin profond.

« Souvent je ne rentrais qu'au coucher du soleil, dont les teintes mélancoliques enflammaient ma rêverie. Au

rogé le pays tout entier, les jeunes et les vieux, les intelligents et les bêtes, les modestes et les orgueilleux. Les uns m'ont demandé si ce Viau n'était pas l'ancien entrepreneur du château d'Aiguillon; d'autres si ce n'était pas un cafetier riche et retiré des demi-tasses et des petits verres; un autre enfin, un animal, m'a demandé, Dieu me pardonne, si ce n'était pas un chien de chasse. Hélas! comme toujours, le poëte était ignoré sur le lieu même de sa naissance.

«Dans une seconde visite j'ai vu le curé d'Aiguillon; celui-là connaissait bien Théophile comme un grand homme du cru, mais ne savait où placer sa demeure.

«De guerre las et ne voulant pas, comme on dit jeter ma langue aux chiens, je m'adressai à mon pépiniériste qui demeure par là-bas. Ce pépiniériste, vous allez voir est un homme de tête, breveté par la Société d'horticulture (président, M. de Morny), pour avoir découvert ou inventé un pêcher à fleurs triples, sans feuilles, et dont le fruit n'a ni odeur ni saveur. C'est affreux, mais bien remarquable à ce qu'il paraît. A cet homme qui m'est tout dévoué je donnai l'ordre d'avoir à me fournir dans la huitaine, savoir : le château de Théophile de Viau et vingt-quatre poiriers assortis, duchesse d'Angoulême, bon chrétien d'Amalis, beurré d'Arembert. Quatre jours après, je recevais ma commande.

«L'homme au pêcher triple avait été chercher des inspirations au café d'Aiguillon. Là, il avait rencontré le cafetier en retraite. Par merveille, l'ex-débitant de chicorée se trouve être le propriétaire même du château de Boussère, et, chose plus merveilleuse encore, il

château j'étais toujours sombre et ennuyé, les salles solitaires me semblaient des prisons et mon père un geôlier. Je voyais à peine mon frère, héros de vingt ans, qui s'était vaillamment enrôlé avec Bellegarde.

« Un matin de décembre, je sortis, suivant ma coutume, malgré la neige qui ensevelissait la montagne et la

sait que Théophile loin d'être un chien de chasse, a été un grand poëte, poëte dont il se propose naturellement de devenir un descendant d'ici une quinzaine d'années.

« En un temps de galop j'ai couru à Boussère.

« La description qu'en fait le pauvre Théophile, du fond de sa prison semble faite d'aujourd'hui.

> Là, se voit un petit chasteau,
> Joignant le pied d'un grand costeau.

« La tourelle est toujours là, un peu ruinée pourtant, coiffée d'un toit de rencontre, mais pas moins fière pour cela.

« Le manoir, sur le bord même du Lot, à deux cents toises du village de Sainte-Radegonde (et non pas Boussère Sainte-Radegonde, comme l'écrit notre ami Gautier), dépasse toujours de la tête les maisons plus humbles groupées à l'entour.

« La colline est à la place indiquée, le terroir maigre et coupé de roches n'a pas changé, l'excellent clairet qu'elle produit n'a pas changé non plus, c'est moi qui vous l'affirme, en bas les prairies sont toujours fraîches et plantureuses, les bois feuillus et pleins d'ombrages.

« Je vous adresse ci-joint un informe croquis de Boussère, j'y ai apporté toute mon ignorance en fait de dessein. J'espère que vous ne vous tromperez pas sur mon intention, c'est un château et des arbres que j'ai voulu faire; n'allez pas à votre tour prendre cela pour un chien de chasse.

« Théophile Gautier commet une autre erreur, il place Boussère à une demie-lieue du port Sainte-Marie. Cette ville, que vous avez traversée en chemin de fer est bien au delà d'Aiguillon e à quatre lieues au moins de Sainte-Radegonde.

« N'oubliez pas votre promesse, nous marquerons de blanc les journées que vous voudrez bien nous donner. Déjà votre chambre est prête. Nous irons à Boussère, nous irons....., nous irons où vous voudrez, et nous ferons ce qui vous plaira. »

J'irai à ce double pèlerinage pour évoquer l'ombre du mort et retrouver le cœur du vivant.

vallée. Le soleil rayonnait sur un ciel pâle et clair; je suivis le chemin de Pansy, écoutant gémir la brise dans les branches argentées. Pansy est un joli village qui se trouve groupé sur l'autre versant de notre montagne, à une lieue de Sainte-Radegonde. Au bout d'une heure, j'arrivai sans y penser aux premières maisons. Sur le seuil d'une chaumière, une jeune paysanne, la quenouille en main, regardait du côté de l'église. J'effleurai cette femme en passant. Elle me regarda avec surprise et bientôt avec compassion.

« — Il doit mourir de froid! murmura-t-elle.

« Je revins sur mes pas.

« — Oui, j'ai froid, lui dis-je: est-ce que vous avez du feu?

« Elle sourit avec malice :

« — Oui, en vérité, nous avons du feu, mon jeune seigneur; entrez et chauffez-vous.

« C'étaient la maison et la femme du garde-chasse du château.

« Je franchis le pas de la porte, je m'avançai vers la cheminée, et, m'asseyant sur un escabeau tout patriarcal, je caressai un épagneul des plus beaux qui sommeillait à mes pieds. Je vois encore ses grandes oreilles brunes, sa robe tachetée et sa queue blanche qui formait le plus beau panache du monde. La jeune paysanne déposa un fagot d'épines sèches sur le brasier, elle s'agenouilla dans l'âtre et souffla à belle haleine.

« Les cloches de Pansy sonnèrent un glas.

« — On va marcher au cimetière, se dit tout bas la jeune femme.

« — Qui donc est mort? lui demandai-je.

« — Hélas! monseigneur, une pauvre jeune fille de seize ans. Son vieux père est bien à plaindre! c'est l'intendant du château. Il n'avait qu'elle seule au monde, et la voilà morte ! morte dans sa beauté, avant son père qui a des cheveux blancs ! Le ciel est donc aveugle ! le convoi va passer ; parmi les jeunes filles qui accompagnent leur malheureuse amie, j'espère voir mademoiselle de Vertamond, car Isaure était sa protégée. Je vais enfermer le chien dans l'étable, car il la connaît de vieille date : il s'élancerait vers elle comme un beau diable.

« J'étais sur le seuil ; je rentrai dans la chaumière. La paysanne jeta sa quenouille sur son lit, s'approcha du lavoir, appela Mercure et lui passa une jatte de lait devant le nez. Le chien fit plusieurs joyeux bonds et se mit à aboyer à la vue d'un chat angora qui s'était glissé près de lui comme un courtisan. La jeune femme, prévoyant un combat à outrance, chassa l'hypocrite du pied ; elle ouvrit la porte de l'étable et déposa la jatte de lait sur l'escalier. Mercure, après avoir regardé d'un air triomphant le chat qui était venu se blottir dans mes jambes en faisant la roue, alla sans retard boire son lait. Sa maîtresse referma la porte sur lui et reprit sa quenouille. La flamme pâle des épines, le doux et calme intérieur de la chaumière, le récit simple et touchant de la jeune femme, ses regards ardents qui se reposaient avec bonheur sur mon joli costume de chasseur et sur mes longs cheveux, encore humides du givre de la matinée, tout cela m'avait, comme on dit dans mon pays, mis le cœur sur la main. Cependant le chant des psaumes et la sonnerie lugubre des cloches retentirent sourdement en moi. Je me rappelai la pauvre Isaure, qui avait passé sur la terre comme un éclair au ciel ; je crus la voir étendue dans son cercueil, la tête mollement penchée sur l'épaule, comme une dormeuse tourmentée d'un songe sinistre ; je crus voir ses lèvres mortes, qu'une bouche amoureuse n'avait jamais animées ; mon imagination prit mille teintes romanesques et poétiques. « O mon Dieu, dis-je avec regret, pourquoi la laisses-tu mourir si tôt? Nul ne l'aima pendant sa vie, je veux l'aimer après sa mort! »

« Cependant le convoi était sorti de l'église; déjà je voyais le prêtre et les desservants qui marchaient en tête et chantaient les belles paroles des psaumes. La femme du garde-chasse soupira et versa deux larmes.

« — Elle était si douce et si belle, dit-elle en baissant la tête.

« Le cercueil fut bientôt en face de nous; il était recouvert d'un ample drap virginal parsemé de larmes d'argent; huit jeunes filles vêtues de robes blanches, se détachant à peine des nappes de neige tombées sur le chemin, portaient le brancard avec enthousiasme; d'autres jeunes filles, pareillement vêtues, suivaient. D'après la coutume du pays, toutes avaient de longs voiles noirs qui cachaient leurs figures éplorées. « Ah! pourquoi cacher ces larmes-là? murmurai-je tristement. » La queue du cortége se composait de paysans; le père de la morte s'appuyait sur le bras d'une de ses sœurs et regardait autour de lui d'un œil hagard en tendant la main.

« — On dirait une troupe d'anges, dit la paysanne à la vue des compagnes d'Isaure. Je ne vois pas encore mademoiselle Marie, pourtant sa vieille cousine est dans le cortége.

« A cet instant, Mercure aboya à la porte de l'étable.

« — Ce bon Mercure! reprit la jeune femme qui venait de découvrir mademoiselle de Vertamond près du cercueil. Il serait aveugle qu'il la reconnaîtrait avant moi, car il a été élevé au château. La voyez-vous, monseigneur, mademoiselle de Vertamond? celle qui porte d'une main une couronne de roses blanches et de l'autre un missel doré. Sans son voile, vous contempleriez la plus belle fille du monde.

« J'écoutais à peine ce que me disait la paysanne; je voyais bien mieux Isaure, quoiqu'elle fût à jamais cachée aux regards humains, que la jeune fille dont la robe flottante attirait mes regards. Le convoi s'éloigna; comme il tombait quelques flocons de neige, je rentrai avec la paysanne, qui ranima le feu. Nous restâmes silencieux pendant un instant; Mercure aboyait toujours, on l'entendait s'élancer contre la porte impassible. Les gémissements du vent, les chants lointains, la voix lente des cloches, traversaient mon âme comme une musique funèbre.

« — O Isaure! Isaure! m'écriai-je tout à coup.

« La jeune femme me regarda toute surprise.

« — Vous la plaignez, monseigneur. La pauvre fille! être enterrée par un temps pareil! on va remplir sa fosse de neige et de glaçons : dans la belle saison, à la bonne heure, le sable est plus léger et l'herbe pousse sur la tombe.

« J'avais la même pensée que la jeune femme; il me sembla que la neige et les glaçons dont elle parlait tombaient lentement sur mon cœur. Elle s'approcha d'une fenêtre ogivale en essayant de voir le cimetière au travers des vitraux ternis.

« —Tout est fini! dit-elle en se retournant sur moi; je ne verrai plus Isaure; et vous, monseigneur, vous ne l'aurez jamais vue.

« En effet, mes regards ne s'étaient pas reposés sur celle que je voulais aimer et que j'aimais déjà; les yeux de mon imagination seuls cherchaient à saisir la forme, la couleur, la plus fugitive nuance de la trépassée; mille images nuageuses s'animaient devant moi : tantôt c'était une jeune fille blonde comme un rayon de soleil, dont les yeux bleus semblaient venir du ciel; tantôt c'était une enfant du Midi, mollement penchée au-dessus des eaux et suivant avec coquetterie les ondulations de sa brune chevelure dans le miroir tremblant. Ou bien je me trouvais la nuit dans une chambre jaunie par le reflet funèbre d'une petite lampe de terre. La neige tombait au dehors, on eût dit que Dieu laissait pendre ses cheveux blancs sur le monde; j'entendais dans le lointain les sifflements de la bise et le cri des orfraies; dans le fond de la chambre il y avait un lit voilé de rideaux de serge blanche, et dans ce lit Isaure qui se débattait contre la mort; tout auprès, agenouillé et les mains jointes, son père priait et suivait les mouvements de la mourante. Qu'elle était belle encore dans sa blancheur de marbre!

« Cette apparition se fut à peine évanouie qu'une jeune fille entra vivement dans la maison. En me voyant, elle se troubla et voulut sortir; mais la paysanne lui prit la main et s'écria avec transport :

« — Mademoiselle Marie!

« — Oui, dit la jeune fille, je voulais voir un instant Mercure; ma cousine que j'ai devancée va me prendre en repassant.

« Mercure, qui était sorti de l'étable par une lucarne, vint alors se précipiter sur mademoiselle de Vertamond. Elle eut d'abord peur; mais, se rassurant bientôt, elle lui fit mille caresses d'enfant. J'étais muet et immobile devant cette scène charmante. Mercure, brisé par sa joie, était couché sur la dalle et versait des larmes, les plus belles larmes de chien!

« La cousine de mademoiselle de Vertamond arriva toute surprise et toute impatiente.

« Cette cousine était madame Henriette de Montbrun, une vieille folle de près de quatre-vingts ans, qui gardait le château en l'absence du marquis. Elle avait vieilli dans la retraite et dans l'amour de Dieu, après une jeunesse des plus profanes ; aussi elle veillait sur Marie avec la sollicitude d'un ange et la science d'un démon.

« Elle avait mis un pied sur le seuil de la porte et elle attendait sa belle cousine.

« — Si madame de Montbrun voulait se chauffer? dit la paysanne d'une voix timide.

« Elle ne répondit que par un signe dédaigneux. La pauvre paysanne fut vengée par une franche accolade de mademoiselle de Vertamond.

« Marie s'inclina légèrement vers les trois personnages de la chaumière (le chien comptait plus que moi, sans doute) et franchit le pas de la porte. La paysanne eut beaucoup de peine à retenir Mercure, qui nous demandait par ses cris plaintifs pourquoi on le séparait de sa première amie.

« Le soir, je descendais rapidement la colline, en proie aux plus violentes agitations. Je venais de me reposer sur la borne plantée entre les vignes de Sainte-Radegonde et les vastes prairies de Pansy, lorsqu'à ma grande surprise Mercure, haletant, vint se rouler à mes pieds ; je ressentis une joie infinie, mais bien vite troublée par la vue de quelques gouttes de sang dont sa gueule meurtrie arrosait la neige. Le pauvre chien avait été battu par le garde-chasse ivre. Je n'eus pas de peine à l'attirer à Sainte-Radegonde, car dès que je me remis en route il s'attacha à mes pas comme un vieil ami.

« A mon retour, je voulus monter à ma chambre ; mais, en traversant le vestibule, j'y trouvai un vieillard qui se leva à mon approche et me dit d'une voix cassée :

« — Gentilhomme, assistez dans son malheur un poëte errant ; autrefois j'avais aussi un château, mais je suis huguenot, et les catholiques l'ont incendié ; j'ai fui mon pays dans la crainte de leurs tortures et aujourd'hui je marche au hasard, jusqu'à l'heure où mes pieds chancelants trébucheront à la tombe; au moins ne me laissez pas mourir de froid ou de faim; ne me laissez pas mourir en maudissant un Dieu que j'ai chanté.

« J'écoutai tout surpris ces orgueilleuses paroles, qui contrastaient étrangement avec les haillons du vieillard; il me vint à la pensée que c'était un de ces aventuriers comme j'en voyais souvent, qui se paraient de toutes les pompes du mensonge. J'allais passer outre, quand le souvenir d'Homère mendiant combattit mon ingrate pensée.

« — Hélas! reprit-il en me prenant la main, les maux que j'ai soufferts depuis ma fuite ont surpassé toutes les tortures du monde, et sans la poésie, cette douce fille, qui seul ne m'a pas abandonné, je me fusse jeté à l'eau. La poésie m'a consolé, elle a couronné de fleurs ma misère, elle a mis dans mes regards le prisme de l'arc-en-ciel; sans le froid et la faim qui m'assiégent souvent, je me croirais le plus grand seigneur de la cour; près de cette chère compagne, j'oublie qu'il me faut mendier, je m'endors doucement sur la paille, je traverse avec insouciance les furies de l'hiver. O sainte et divine poésie! il fut un temps où je ne l'adorais qu'à mes heures perdues; maintenant je suis sans cesse agenouillé devant elle, je lui sacrifie tout l'amour qui reste en mon âme.

« L'œil du vieux poëte s'était animé; un éclair d'enthousiasme glissa sur son front; je sentis déborder en moi une grande pitié, et, n'ayant dans ma bourse que des médailles romaines, j'allai prendre mon manteau qui se trouvait accroché dans le vestibule et je priai le mendiant de s'en couvrir; il saisit ma main et y sema une larme de reconnaissance, en priant Dieu que la poésie vienne aussi me consoler en mes jours d'adversité. Je montai à ma chambre en pensant à l'inconstance et à la bizarrerie des destinées humaines, qui s'amusent à faire avec nous des romans, des poëmes et des tragédies d'un beau caractère.

« Je revis avec émoi ma petite chambre d'écolier, mon lit qui était presque un berceau, tant il avait l'air innocent, mon vieux fauteuil vermoulu, mes livres bien-aimés. Il me sembla que mon absence avait duré un siècle. En effet, en quelques heures, quel pas immense dans ma vie! J'étais parti le matin plus ignorant qu'un écolier, je m'en revenais avant le soir avec un printemps dans l'âme et du feu dans le cœur. A mon départ, j'étais un enfant; à mon retour, j'étais un homme. Il nous arrive souvent de vieillir d'un siècle en peu d'instants; les passions font toujours mentir le calendrier. Je m'étendis dans mon fauteuil et j'élevai mon regard sur les roches de la montagne; je repassai mes souvenirs de la matinée; le nom d'Isaure effleura bientôt mes lèvres. En m'égarant dans mon imagination, j'y trouvai un cercueil, et, soulevant le couvercle d'une main défaillante, je vis avec un plaisir amer le linceul qui dessinait confusément les contours de la trépassée. Le dirai-je? poussé sans doute par un mauvais esprit, j'arrachai ce dernier vêtement d'Isaure et je profanai son doux visage d'un baiser chaste et furieux. Voilà quelle fut la joie funèbre de cet amour qui me venait comme un souvenir du ciel. Ah! pourquoi ce baiser sépulcral n'a-t-il pour jamais glacé mes lèvres! »

III

« J'aimais, j'aimais d'un amour religieux, austère, archangélique, une femme que je n'avais pas vue, et je priais sans cesse Dieu de me montrer cette sœur des anges. Quand un nuage blanc fuyait au-dessus de moi, mes yeux le suivaient dans sa course; s'il atteignait un autre nuage, j'éprouvais d'affreux déchirements de cœur, je croyais voir Isaure se donner à un amant du ciel; s'il s'avançait tout seul à l'horizon, j'étais heureux, et quand il disparaissait, je lui criais : « Mon beau nuage, fantôme « ou messager d'Isaure, reviens toujours au-dessus de « moi! » Le soir, sur le ciel brunissant, quand les étoiles reparaissaient peu à peu, j'en regardais scintiller une vers Pansy et comme les mages j'adorais cette étoile.

« La neige durcie couvrait toujours les champs ; le vent l'avait balayée des angles de la montagne qui laissait voir çà et là l'herbe jaunie. La nature était plus morte que jamais sous son pâle linceul; pas un rayon, pas une feuille verte, pas une chanson : la bise seule gémissait sur la branche dépouillée. A toute heure, des nuées de corbeaux venaient s'abattre sous ma fenêtre; dès l'aube naissante j'entendais les plaintes d'une famille de mésanges qui ne trouvaient à becqueter qu'un tronc de mûrier où elles s'étaient réfugiées; pendant toute la journée je ne voyais que des moineaux en disette. Ce spectacle allait bien au deuil de mon amour, mon amour qui devait finir avec l'hiver!

« Ce songe vint me surprendre une nuit. J'étais dans un désert aride; un crêpe funèbre voilait le ciel, l'odeur des pavots et l'odeur de la tombe m'arrivaient par bouffées; je n'entendais que le silence, je ne voyais que l'ombre, j'étais saisi d'une froide horreur. Un sillon lumineux traversa l'espace et un ange se pencha vers moi : « *Je suis l'âme d'Isaure,* » me cria-t-il d'une voix solennelle. Je regardai dans ma surprise; mais, le sillon de feu m'éblouissant, je vis à peine les ailes agitées de l'ange.

« Au bout de quelques secondes, un autre sillon lumineux courut sur la terre, un abîme s'ouvrit et une voix funèbre me cria : « *Je suis le corps d'Isaure.* »

« Je me sentis jaloux; je voulus me jeter dans l'abîme ténébreux où j'entrevoyais la morte; mais la vie se dressa devant moi belle, luxuriante, dominatrice, et je m'éveillai par degrés.

« Quoiqu'il ne fût que deux heures du matin, je ne pus me rendormir; mon rêve, qui me brûlait le front, me disait solennellement que cette âme et ce corps, qu'en vain j'avais voulu saisir, ne pouvaient être à moi; le ciel et la terre avaient repris leur proie pour l'éternité. N'était-ce point aussi un suprême avertissement? mon amour profane pour des choses devenues sacrées ne semblait-il pas criminel à Dieu?

« Le lendemain, vers le soleil levant, je me remis en promenade. Une pluie douce avait tombé pendant la nuit, la neige coulait dans les chemins. Quand j'eus gravi notre montagne, je contemplai longtemps le château de Pansy et la nuageuse fumée s'élevant au-dessus; mon âme se perdit dans les noires crénelures des tours, dans les fenêtres de la façade, toute désespérée de n'y point voir apparaître Marie. En redescendant le sentier, je remarquai avec une profonde tristesse les blocs de neige qui roulaient sous mes yeux et je m'écriai : Comme ces neiges fondantes, mon premier amour, le fantôme d'Isaure, a couvert mon âme; comme ces neiges, mon amour s'en va. Il faut que la vie soit une ivresse qui se renouvelle sans cesse. Ce n'est plus assez pour mon cœur d'aimer les pâles visions de la mort, de respirer les lys du rivage céleste; ma bouche s'allume, et, avant que la violette frileuse tremble sur la colline en versant son baume, je veux trembler sur le cœur d'une femme.

« Pareille à l'anémone, cette douce fleur du vent, Isaure n'avait pas fleuri qu'un instant dans mon âme. Au-dessus de sa tige morte, une autre fleur, tendre et fragile encore, inclinait son calice épanoui. Après avoir aimé dans le ciel, j'allais aimer une fille du ciel. Le miroir où je voyais Isaure venait de se tourner ailleurs ; c'est en vain que je la cherchais toujours, je commençais à y voir mademoiselle de Vertamond. »

LIVRE III

MADEMOISELLE DE VERTAMOND

I

« Durant les jours du dégel, je demeurai au château, plongeant mes regards sur des espérances lointaines, sur un passé tout palpitant encore. Mes souvenirs de la veille ne sont pas les plus doux; ils sont empreints d'une amertume que le temps emporte en passant. Au contraire, le temps secoue sur les espérances la poussière d'or de ses ailes : il faudrait n'avoir jamais que de vieux souvenirs et de jeunes espérances.

« Dans le mois de mars, il nous vint de belles et pures journées, de douces aurores du printemps qui soupirait à midi sur les pêchers en fleur. Les feuilles et les oiseaux revenaient sur les branches; déjà les enfants cueillaient la primevère dans nos prés. Un matin j'ouvris à Mercure la porte de sa prison et je sortis avec lui du château, tout en respirant les giroflées et les amourettes naissantes. Je gravis le sentier des vignes, ce beau sentier ombragé de berceaux d'églantiers et d'épines blanches; sans trop m'en douter, j'arrivai dans la vallée de Pansy, et, rencontrant un tertre où se jouait l'ombre des branches nues d'un platane, je m'y couchai auprès de Mercure, qui se mit tout à coup à aboyer joyeusement. Je m'imaginai que c'était après un cavalier qui fuyait au loin, mais il sauta par-dessus ma tête et s'élança avec une rapidité prodigieuse vers mademoiselle de Vertamond, qui s'asseyait dans une avenue de chênes.

« Au bout d'un champ de blé, d'une verdure éblouissante, il atteignit bientôt sa douce maîtresse et tomba à ses pieds. Marie lui prit la tête dans ses mains, la baisa et regarda autour d'elle. Me voyant sous mon platane, elle devint pensive. Après avoir savouré les douces caresses de cette blanche main, Mercure, qui me croyait inquiet, revint à moi tout triomphant et me regarda avec orgueil. A mon tour, je lui pris la tête dans mes mains pour la baiser; je croyais respirer un souffle de Marie. Devinant aux mouvements de Mercure qu'il allait recourir vers elle, je cueillis une violette et l'attachai par la tige à son collier d'argent. Mais Mercure avait à peine bondi dans le blé que ma pauvre violette s'échappa du collier; je le rappelai d'un ton mécontent. Mon cri parvint à l'oreille de Marie, elle me regarda, je me sentis rougir et je fis signe à mon imprudent messager de poursuivre sa route; il ne me comprit point et vint se jeter à mes pieds, en levant vers moi ses grands yeux verts. Sa mine effarée me fit sourire. Je cherchai une autre violette, mon regard tomba sur une clochette d'un blanc neigeux, pareille à la fleur du liseron des haies : je l'arrachai et la glissai entre les dents de Mercure, qui franchit en deux sauts le verdoyant champ de blé avec un air d'intelligence. Marie se leva à son approche, elle le caressa encore et s'éloigna vers Pansy en lui faisant signe de retourner vers Sainte-Radegonde.

« Mercure la suivit tête baissée pendant une minute; il revint sur ses pas, mais flottant entre elle et moi. Avant de disparaître dans le Bois-aux-Grives, charmant bois de figuiers qui couvre un des versants de la colline, Marie le regarda une dernière fois; il arriva bien triste sur le tertre et parut se soucier fort peu de mes consolations. Comme il n'avait plus la blanche clochette aux dents, j'eus l'orgueil de croire que Marie l'avait prise; pourtant, quand la première bouffée de vanité se dissipa, je réfléchis que la fleur avait bien pu se détacher toute seule des dents de Mercure, et j'allai, moins confiant, chercher une assurance dans l'avenue. Je n'y trouvai point la clochette; longtemps mes mains glissèrent amoureusement sur l'herbe que les jolis pieds de Marie avait foulée. O mes mains! quel frémissement vous agitait alors!

« Dans l'herbe du chemin il y avait déjà des marguerites; j'en cueillis et j'en mis sur mon cœur.

« Les jours suivants me revirent sous le platane et dans l'avenue.

« Cependant mademoiselle de Vertamond ne reparaissait pas; n'espérant plus guère la revoir, je la regardais dans mon cœur, mais j'allais toujours sous le platane. Un matin, j'emportai un volume des *Amours de Pétrarque* cette belle lecture, la poésie de mon amour, la voix des zéphyrs printaniers, m'inspirèrent ces premiers vers d'une élégie :

Aussi souvent qu'amour fait penser à mon âme
Combien il mit d'attraits dans les yeux de ma dame,

> Combien ce m'est d'honneur d'aimer en si bon lieu,
> Je m'estime aussi grand et plus heureux qu'un dieu.
> Amaranthe, Philis, Caliste, Pasithée,
> Je hais cette mollesse à vos noms affectée :
> Ces titres recherchés avecques tant d'appas
> Témoignent qu'en effet vos yeux n'en avaient pas.
> Au sentiment divin de ma douce furie,
> Le plus beau nom du monde est le nom de Marie.

« Je redisais ces vers avec enthousiasme, quand j'entrevis Marie à la sortie du bois de figuiers; Mercure, que je croyais à mon côté, bondit tout à coup devant elle. Je tressaillis et je portai la main à mon front et à mon cœur. Je me demandai ce que je devais hasarder ce jour-là; il me vint à la pensée d'envoyer, par mon messager, un fragment de l'élégie; mais, craignant que cela ne parût trop hardi, je priai l'inspiration de me souffler encore quelques vers : j'écrivis ceux-ci sur une page de Pétrarque :

> Ce que donne Apollon pour embellir sa sœur,
> Et toutes ces fleurs d'or dont l'aurore se pare
> Quand elle va baiser son amoureux chasseur,
> A vos grâces, Marie, à peine se compare.

« Marie alla s'asseoir près du platane; Mercure vint me retrouver. Je détachai la feuille où j'avais inscrit mes quatre vers, mais je m'y pris si mal que je la déchirai. Enfin, après une longue méditation, je traçai au-dessus du titre des *Amours de Pétrarque* : Vous êtes le soleil adoré de mon âme. Je mis le livre dans la gueule de Mercure, qui courut rapidement le déposer aux pieds de Marie; elle le prit avec candeur et l'entrouvrit; mais à cet instant sa vieille cousine apparut au-dessus des jeunes touffes du bois.

« La pauvre fille se leva et marcha rapidement vers elle en repoussant Mercure, qui lui redemandait le livre par ses jappements; dans son trouble, elle aborda madame de Montbrun, Pétrarque à la main. Au même instant, je la perdis de vue. Et que de fois, mon Dieu ! j'allai me plaindre de son absence aux chênes de l'avenue! J'ai vu tomber les fleurs roses du pêcher, j'ai vu grandir les seigles, j'ai vu les marguerites émailler les chemins verts, j'ai vu toutes les métamorphoses du printemps, sans qu'elle reparût à mes regards lassés de chercher en vain. Qu'elles sont lentes à passer, les heures d'attente. Mais la vie n'est qu'une attente : on attend l'amour, la gloire, la fortune; la mort seule se trouve au rendez-vous.

II

« Mon amour pour Isaure, les lointaines apparitions de Marie sous le platane et dans l'avenue, mes promenades dans la vallée de Pansy, avaient versé goutte à goutte dans mon âme une mystérieuse poésie qui déborda bientôt. De vagues harmonies s'éveillèrent en moi, tantôt joyeuses tantôt lugubres. Je sentais au fond de mon cœur une goutte de la divine rosée, qui, réfléchissant toutes les belles choses, reposait là comme une larme de l'aurore dans le calice d'une fleur. La vie me semblait un pèlerinage vers le ciel par une route sans ronces et sans pierres, où tout le monde marchait en chantant Dieu, l'amour, le ciel, les roses. Que de fois, assis sur une roche, au sommet de la montagne de Sainte-Radegonde, le regard errant dans l'horizon infini, j'ai rêvé aux merveilles qui m'entouraient. Le plus frêle insecte bourdonnant à mon oreille, la fleurette oubliée dans l'herbe que foulaient mes pieds, égaraient ma pensée dans des abîmes. Je voyais du mystère partout. Les églantines me semblaient le refuge des âmes des vierges; j'aspirais avec délices leurs parfums chastes et sauvages. Je croyais à la transmigration des âmes; je pensais vaguement avoir été, dans le siècle passé, un noble et superbe Castillan, de nature guerrière, romanesque, amoureuse, courant les combats, les aventures et les femmes. Et puis, quand une hirondelle rasait le sol devant moi, j'avais le désir irrésistible de prendre mon vol, de la suivre dans les airs ou sur la surface des lacs; il me semblait me rappeler un temps où j'avais des ailes. Qu'elle est vraie, cette pensée d'un poëte anglais : « La vie « est un conte de fées qu'on écoute pour la seconde fois. »

« Mes solitaires promenades avaient un attrait fatal : j'éprouvais une coupable volupté à fouler l'herbe naissante des chemins, à respirer le souffle odorant d'avril, à voir dans les bois les rameaux s'entrelacer jusqu'à l'étreinte.

« Un soir, au soleil couchant, après avoir erré autour du château de Pansy, j'entrai dans la grande rue du village; la trompe du pâtre annonçait le retour des vaches, et les paysannes, à peine couvertes d'une chemise et d'une jupe, ouvraient les étables en les appelant. Je me rangeai contre un mur; au son aigu d'une clochette, le taureau me vint à la pensée; je levai la tête et je vis deux yeux verts qui jetaient un regard féroce et deux cornes diaboliques, toutes menaçantes, tournées contre moi. Je fis un mouvement, le taureau fit un mouvement pareil; je voulus avancer d'un pas, le taureau leva son pied pour me suivre; je tendis les bras, le taureau se dressa et parut se disposer à s'élancer vers moi. Je pris la fuite et me précipitai dans la première maison qui se rencontra, sans me douter que ce fût dans celle de Charlotte. Le chat angora gardait le foyer et contemplait le souper d'un air hypocrite. A mon approche, il se mit à miauler tout doucement.

« Je m'étais agenouillé devant lui pour le caresser, quand j'entendis du bruit dans l'étable. La porte était entr'ouverte. A la vue de Charlotte, je m'empressai de descendre le petit escalier.

« — Vous! mon jeune seigneur, s'écria-t-elle, vous n'êtes donc pas mort? Pourquoi tarder si longtemps à revoir vos amis? Je m'ennuyais à ne plus dormir. Rentrez donc par là, je vous suis à l'instant; il faut que j'achève de traire ma vache pendant qu'elle mange cette touffe d'herbe; ou plutôt asseyez-vous sur ce tas de foin, nous causerons : j'ai tant de choses à vous conter! Le garde-chasse s'imagine que vous me *faites l'amour*.

« La jeune femme rougit. Je rougis aussi et je suivis des yeux les filets de lait, qui semblaient glisser de ses doigts dans un seau de fer-blanc et qui imitaient en tombant la voix mélancolique des raines dans les soirées d'été. Charlotte, ayant dit adieu à sa vache, vint vers moi, et pencha le seau vers mes lèvres avec la meilleure grâce du monde. Elle voulut s'asseoir près de moi; j'ignore comment cela se fit, mais, au lieu d'être sur le foin, elle se trouva sur mes genoux. Elle me jeta un regard plutôt languissant que sévère et murmura en s'allégeant :

« — Je suis bien lourde.

« Les mourantes clartés du jour n'arrivaient dans l'étable que par une lucarne à demi tendue de toiles d'araignées. Cette lumière toute mystérieuse, le parfum du foin à peine fané, avaient un charme de douce volupté. J'ignore où j'en étais, quand un miaulement de chat vint à mon oreille et me rappela confusément le jour du convoi d'Isaure; involontairement je repoussai Charlotte, car peu à peu mes souvenirs s'éveillèrent. Je repassai toutes les phases de mon amour pour la trépassée, et, quand l'image de Marie glissa devant mes yeux, Charlotte caressait son chat angora.

« Je sortis bientôt; Charlotte demeura seule avec sa vertu. Il faisait nuit; au couchant, les vapeurs dormantes perdaient peu à peu le manteau de pourpre que le soleil leur avait donné; le vent d'est, chargé de l'arome des fleurs, sifflait par intervalles dans le lointain. Je descendais la colline de Pansy le long du parc du château, l'oreille ouverte au chant des coucous, quand j'entendis un frôlement de robe; je regardai, tout frissonnant; je ne vis d'abord que les feuilles légèrement balancées et les vers luisants qui étoilaient l'herbe. Je me mis à marcher plus vite; mais tout à coup une femme se jeta devant moi.

« — Mademoiselle de Vertamond, m'écriai-je.

« — Oui, dit la jeune fille chancelante. Ce soir, je vous ai vu près du château et je suis venue vous attendre sur le chemin; cachée là, près de cette petite porte du parc, je n'osais vous aborder.

« Ivre d'une joie céleste, j'essayais en vain de parler.

« — Depuis que mon père est à la cour, reprit Marie, le prieur du château est un maître inflexible qui me blâme sans cesse; ses yeux sombres me regardent toujours jusqu'au fond de l'âme. Du matin au soir, il m'entraîne au prie-Dieu. Hier, après la communion, il m'a regardée longtemps avec tristesse et m'a dit que j'étais trop pure pour paraître dans le monde, où le Seigneur n'a pas voulu que les anges soient profanés; qu'il fallait entrer au couvent et prendre le voile. Moi, au couvent, jamais! Vous aurez pitié de mes peines, vous serez mon refuge et ma défense contre le prieur.

« — Oh! oui, m'écriai-je en pressant la main de Marie sur mon cœur.

« Mademoiselle de Vertamond, tout effarée, retira doucement sa main et s'envola comme un oiseau. Je tendis vainement les bras pour la ressaisir. Je voulais la poursuivre, mais la petite porte du parc était déjà refermée.

« J'arrivai au logis plus agité que jamais. En m'ouvrant la porte, mon valet me demanda si je devenais fou. Je lui pris sa lumière des mains et je courus à la cabane des chèvres. Mercure se dressa contre la grille en jappant et parvint à la franchir. Nous nous roulâmes tous deux sur la paille. Oh! Mercure, m'écriai-je en lui prenant les pattes, tu ne sais pas encore mon bonheur! Marie m'aime.

« Mercure baissa la tête et me lécha les mains. La pauvre bête était heureuse de ma joie, mais ne me comprenait pas. « Ah! si j'avais un ami! » dis-je tristement. Les amoureux ressemblent aux vieilles dévotes qui poursuivent sans cesse leurs confesseurs. Or, je n'avais pas d'autre confesseur que Mercure; je voyais à peine mon père qui, se souciant beaucoup de notre voisine, madame de Bergier, se souciait fort peu de moi. Je laissai Mercure s'ébattre sur la paille et j'allai me coucher, mais pour ne pas dormir: ma joie me tourmentait sans relâche, comme une ardente maîtresse penchée au-dessus de son amant; je l'étreignais avec volupté, ou du moins j'appuyais mes mains sur ma poitrine en feu. Vers l'aube enfin, le sommeil m'arriva aux chants des alouettes. A midi sonnant je repris la route de Pansy. A peine au sommet de notre montagne, mon regard dévora la vallée; je vis des faneuses dans les prés, des moissonneuses au milieu des seigles fauchés, des voyageuses sur le chemin; mais je ne vis pas Marie. Brûlé par le soleil, j'entrai dans le Bois-aux-Grives. A peine arrivé sous les premières touffes de figuiers, je me jetai à terre et j'essuyai mon front au pied moussu d'un orme prodigieux qui dominait tous les arbres voisins. Un ruban rose voltigeait à l'une des branches tombantes; je ne sais combien de pensées romanesques m'envoya ce ruban; je suivais en riant ses ondulations capricieuses et je me demandais comment il se trouvait là : s'il eût été accroché aux ronces du bois, je l'aurais pris pour la jarretière de quelque jolie paysanne ; mais à une branche d'arbre, c'était sans doute un signe d'amant. Je le jetai par caprice au-dessus de ma tête. A cet instant, j'entrevis une robe à ramages au travers d'un mûrier ; je me sentis frémir, et, m'avançant à pas de loup, je plongeai un regard avide sur la plus belle dormeuse qui fut jamais : c'était Marie.

« Elle était indolemment couchée sur l'herbe ; sa blonde tête reposait sur le revers de sa blanche main. Que de candeur ! que de chaste volupté ! Un lutin malicieux avait sans doute relevé le bas de sa robe, car sa jambe se voyait trop ; cette vue m'était fatale ; pourtant j'eus la vertu, en m'agenouillant, de baisser un peu le bas de sa robe ; mais dites-moi, que serait-il advenu si ma main se fût révoltée ? Ce souvenir vient me brûler en ma froide prison. Dans ma contemplation, je respirai comme un divin encens la douce fraîcheur de son haleine. Une touffe de ses beaux cheveux était éparse sur sa joue, j'admirais leur éclat, quand une guêpe vint s'abattre sur ses lèvres comme sur la pourpre de la vigne ; j'agitai la main, mais il était trop tard ; la guêpe s'envola en laissant sur la bouche de Marie son dard envenimé. Mes lèvres s'y attachèrent soudain : la pauvre fille ouvrit les yeux et me repoussa en criant.

« — Marie ! Marie ! je t'aime, dis-je dans mon ivresse.

« Une ombre glissa sur moi ; c'était l'ombre de madame

de Montbrun. Elle entraîna Marie en me jetant un regard terrible. Je les suivais malgré moi, lorsqu'un comédien de campagne, échappé de je ne sais où, fondit sur moi et me renversa contre un chêne.

« — Vous êtes fou ! lui dis-je en regardant son grotesque costume.

« Il jeta sa main sur sa flamberge.

« — Je suis fou ! Corbacque ! s'écria-t-il, sachez donc que j'abats à mes pieds tous ceux qui me prennent mon soleil.

« Il acheva ces mots en caressant ses accroche-cœur et en deux bonds il disparut. Ma colère tomba dans un éclat de rire. »

III

« Le lendemain, tout palpitant d'amour, je vins me coucher encore au pied de l'orme gigantesque ; je vis, comme la veille, flotter un ruban rose à l'une des branches. Toute une histoire se déroula dans mon imagination. J'arrachai le ruban et je m'amusai à le défiler ; j'avais à peine jeté au vent le dernier brin de soie, que Charlotte vint à passer, et, ne se doutant pas que je fusse là, elle se dit avec ennui :

« — Je ne vois pas de ruban ; c'était pourtant hier le jour ! pauvre Charlotte !

« Elle s'approcha du tronc de l'orme, et, me voyant tout à coup :

« — Sainte Vierge ! s'écria-t-elle, vous voilà !

« — Pauvre Charlotte ! dis-je en riant.

« Elle rougit, elle leva une faucille d'une main tremblante et murmura :

« — Je viens couper une botte d'herbe pour ma vache.

« — C'était sans doute pour lier la botte d'herbe que vous cherchiez un ruban aux branches de cet arbre?

« Charlotte me fit plusieurs contes mensongers à propos du ruban. Nous marchâmes tous deux au travers des noisetiers et des touffes de chênes. Quand elle voyait de grandes herbes, elle s'empressait de les couper. Nous arrivâmes devant une roche qui jetait une belle eau claire sur le gazon; à la vue de cette fontaine charmante, j'oubliai Marie un instant; j'admirai les teintes variées de l'eau; Charlotte s'agenouilla devant la roche et plongea ses lèvres dans le cristal; un violent désir me vint de la prendre dans mes bras pour la relever. Je fis un pas vers elle; je pense qu'elle devina mon dessein, car elle fit semblant de boire encore. Je joignis mes mains sur son cœur; elle joua si bien la surprise, qu'elle déchira son corsage. Un joyeux rayon de soleil m'éblouit mal à propos. Fut-ce pour la garantir de ce rayon que j'avançai ma bouche au-dessus de cette gorge d'albâtre? Charlotte penchait mollement la tête, ses grands yeux brûlaient encore dans le miroir de l'eau, son regard mourant accusait plus de désirs que de craintes, ses mains retombaient avec un abandon charmant, sa voix suppliante avait une douceur voluptueuse qui m'allait jusqu'au cœur. Déjà Marie flottait dans mon âme comme une image lointaine.

« Il y a deux amours : l'un nous vient du ciel, l'autre de la terre ; l'un est diaphane comme les demoiselles qui voltigent sur les ruisseaux ; l'autre est un chérubin bouffi comme les peint Rubens. L'amour du ciel descend vers nous au sortir de l'enfance; en ce temps-là, tout se colore sous nos regards. Les fleurs que nous brisions dans nos jeux nous semblent belles pour la première fois; nous nous agenouillons pour les contempler et pour respirer l'arome qu'elles versent. Souvent, l'âme débordant d'une mélancolie plus douce que la joie, nous nous demandons si les perles de rosée qui les baignent ne sont pas tombées de nos yeux. A la vue des femmes, nos voix s'altèrent, nos fronts rougissent, nos cœurs se gonflent; nous les regardions passer à peine, nos yeux les suivent longtemps; nous n'aimions que la richesse et l'éclat de leur vêtement, nous aimons leur beauté. Des rêves charmants passent dans notre sommeil; de blanches fées nous apparaissent qui font briller leurs baguettes d'or et nous entraînent dans des palais merveilleux; nous sommes au milieu de fêtes resplendissantes où passent des visions infinies. A certains moments du jour, nous aimons la solitude, les promenades dans les sentiers touffus. Jusque-là nous chantions par instinct et par distraction, nos oreilles seules écoutaient la musique; alors nous chantons pour nous charmer et l'harmonie passe en nos âmes. La gaieté qui rayonnait sur nos fronts semble descendue dans nos cœurs; nos mères nous trouvent soucieux et distraits, nos yeux brillent d'un éclat inaccoutumé, mais déjà les insomnies et les songes ardents ont fané les roses de nos joues.

« L'amour terrestre est en lutte ouverte avec notre âme. Il dirige nos yeux vers les femmes, quand le vent ou le hasard soulève leur robe, quand la coquetterie ou l'agitation soulève leur gorge. C'est lui qui offrit un soir à mon regard les attraits demi-nus d'une jeune servante du château. Accoudé sur la pierre de ma fenêtre, j'élevais mes pensées vers les étoiles d'or, lorsqu'en face de moi une lumière soudaine éclaira la mansarde où couchait cette fille. Elle se décoiffa d'abord et laissa pendre sa longue chevelure. Plein de mon chaste amour pour Marie, je détournai la vue de ce tableau, mais ma tête relevée vers les étoiles retomba bientôt. La jeune servante avait dégrafé son corsage, sa jupe glissait sur ses pieds. Elle était dans le plus joli déshabillé du monde : cheveux épars, gorgette flottante, épaules au vent, rien n'y manquait. Avant de se coucher, elle se mit à se peigner avec une vraie grâce. Elle y prit plaisir et moi aussi : elle n'en finissait pas. Peut-être savait-elle que je la regardais ; je crois plutôt qu'elle se mirait dans une petite glace suspendue au-dessus de son lit. Quand elle fut lasse d'éparpiller et de réunir vingt fois ses cheveux, elle se mit à les tresser, n'ayant garde d'aller plus vite, afin d'être vue plus longtemps ou de se voir plus longtemps. Enfin elle leva un pied sur le lit ; j'espérais voir de quelle façon se couchait et s'endormait une fille, mais la pudeur qui passait par là souffla sur la lumière et l'éteignit. J'avoue que je restai plus d'une heure sans revoir les étoiles d'or où j'avais laissé la pensée de Marie.

« Mais me voilà bien loin de la poétique fontaine du Bois-aux-Grives ; j'ai divagué comme un moraliste ; ce n'était pas la peine en vérité de laisser Charlotte aussi longtemps dans mes bras, car la vertu de Charlotte et l'amour céleste triomphèrent encore ; cette fois, ce ne fut plus grâce au chat angora, mais à Mercure. Un aboiement plaintif retentit jusqu'à nous.

« — Mercure ! m'écriai-je.

« Charlotte sentit bien que l'obstacle maudit intervenait encore ; pour sauver les apparences d'une défaite, elle se jeta toute palpitante hors de mes bras. Je sentis bien que j'étais un sot, et, pendant qu'elle rassemblait ses cheveux éparpillés, je me mis à bondir sur l'herbe avec Mercure qui arrivait tout joyeux. Charlotte lui fit quelques caresses, reprit bravement sa faucille et s'éloigna un peu. Moi-même, tout en jouant avec mon chien, je m'éloignai de la fontaine. Près d'arriver sous l'orme aux rubans, j'entrevis dans le feuillage mon comédien de la veille.

« — Capédédious! marmottait-il avec le plus pur accent de la Gascogne, le diable se mêle de mes amours! me dérober ainsi les nobles signes d'amour que je confie à cet arbre! Satan, vous vous compromettez!

« Il regarda tous les rameaux pendants du vieil orme; n'y voyant point son ruban, il saisit une des rosettes de ses souliers et l'attacha à la branche infidèle.

« — Attise ton feu, Lucifer, dit-il d'un ton foudroyant; laisse là ce ruban adultère, ou je ne te fais plus de damnés.

« Après cet ordre étrange, le fanfaron s'enfonça sous les figuiers. Je trouvai plaisant de détacher encore une fois le signe amoureux; mais à peine avais-je tendu mon bras, que le galant revint au galop et me cria:

« — Corbacque! faites vos prières! Ah! ah! vous croyez que je délabre mes rosettes pour vos beaux yeux! faites vos prières!

« Et, comme le fanfaron me regardait d'un air tragique, je me mis à lui rire au nez; cela lui déplut beaucoup, il jeta la main sur la poignée de sa flamberge.

« — Je vais la dérouiller dans vos entrailles, reprit-il en écumant.

« Je saisis mon épée.

« — Par la plume rouge de mon feutre, me dit-il en me tendant la main, vous êtes un brave et je vous permets de toucher là; asseyons-nous, je vous conterai l'aventure galante qui m'advint en ce pays. Je suis étranger; le plus noble et le plus pur sang de Castille coule dans mes veines; je vins au monde au château de Brizailles, et, sans une trahison notoire, je serais aujourd'hui roi des Espagnes. Ces jours derniers, comme je descendais cette colline, la plus jolie princesse du monde passa contre moi. Corbacque! un de mes regards tomba sur elle par mégarde : hélas! plaignez la princesse, car ce regard la perdit. J'ai eu pitié d'elle : je me suis condamné à brûler du même feu qui la consume. C'est hier que je devais la revoir, mon ruban était là pour l'avertir ; mais vous vous êtes amusé à renverser l'échafaudage de son bonheur. Capédédious! la vertu vous doit mille actions de grâces.

« J'interrompis Brizailles.

« — Auprès de moi, lui dis-je, vous n'êtes rien ; j'ai pour maîtresse une reine, et vous allez la voir à deux pas d'ici. Le grand-duc ouvrit des yeux plus grands que son grand-duché, et passa avec moi dans le sentier. Quand nous arrivâmes sur le vert gazon arrosé par la fontaine, Charlotte, qui regardait tristement couler l'eau, recula toute confuse.

« — Voilà ma reine, dis-je d'un air triomphant. C'est peut-être votre jolie princesse?

« Et, m'étant approché de Charlotte, je glissai mes bras sur ses épaules.

« — Corbacque! s'écria le comédien, je crois que vous vous moquez de moi! A merveille! Au lieu de vous chauffer à mon feu, je vais vous envoyer brûler aux flammes d'enfer.

« J'embrassai Charlotte le mieux du monde, ce que voyant, le fanfaron rengaina sa ferraille, et, en deux bonds, il disparut comme la veille.

« — C'est un fou, dit Charlotte, c'est un baladin errant qui tire l'horoscope et lit dans nos planètes en véritable sorcier ; il fait partie d'une bande nombreuse que nous vîmes au village ces jours derniers. Ce sont des gens très-drôles ; ils chantent, ils dansent, ils font mille choses prodigieuses pour quelques sous. J'eus la faiblesse de me fier à ce fou et de lui demander mon horoscope. Toutes les femmes sont curieuses et vous devinez l'histoire du ruban. Mais la nuit vient, il faut que je sois au village au retour des vaches. Adieu, monseigneur!

« Là-dessus Charlotte prit sa botte d'herbe et gravit rapidement la colline. »

IV

« J'ai toujours aimé le dimanche. Dans ma jeunesse, ce jour-là me semblait plus beau que les autres ; je le voyais couronné de roses et traînant une robe de fête. Le dimanche, je me sentais plus d'amour et de poésie dans l'âme ; les champs avaient des couleurs plus vives, les fleurs étaient plus odorantes. J'écoutais plus pieusement l'appel des cloches et plus joyeusement la voix charmeresse des forêts. Quelques minutes avant la messe, j'allais souvent m'appuyer à l'angle d'une poterne chancelante, pour suivre du regard les fidèles à l'église, où nous n'allions jamais. Le soir, si le temps était beau, je m'asseyais sur le bord du grand chemin, au-dessus d'une pelouse verdoyante où je voyais arriver les danseurs et les danseuses entrelacés, pareils, au loin, à des guirlandes de fleurs. Tous se précipitaient devant l'estrade du musicien, la joie dans le cœur et dans les yeux. Je regardais avec envie leurs danses ou plutôt leurs ébastements, je regardais en souriant l'œillade du galant, le trouble de l'amoureuse. J'appelais cela lire un roman. S'il pleuvait, j'allais trouver la trémoussante jeunesse du pays dans une vieille grange qui servait de salle de danse, et là, aux tristes lumières que jetaient deux lampes posées sur un van, mon œil suivait dans la foule certains pieds qui glissaient sur l'aire avec une grâce charmante. Le violon criard du musicien avait des accords bien doux pour moi ; je donnerais à cette heure bien des jours de ma vie pour entendre les vieux airs dont ce violon était l'écho ; car c'est en pensant à Marie que j'écoutais cette musique, et je me sentirais jeune, pur, amoureux comme autrefois ! C'est aujourd'hui dimanche ; eh bien ! aujourd'hui, ma prison sépulcrale est pleine de douces apparitions. C'est que les cloches de Notre-Dame, ce matin en sonnant la messe, m'ont transporté à Sainte-Radegonde. J'ai vu le château et ses tourelles, la girouette grinçante du clocher, la vieille poterne, les pieux et gais paysans. Je sens que le soleil va bientôt se coucher dans les vapeurs roses de l'horizon et je ne sais quel enivrant parfum il m'arrive de mon pays : un parfum d'allègre jeunesse, un parfum de mes chastes amours. C'est que je vois le soleil couchant dans les montagnes de l'Agénois.

« Un dimanche donc, et pendant les vêpres, j'allai à Overton voir si on dansait aussi bien qu'à Sainte-Radegonde. Une bruyante gaieté courait dans le village ; des fleurs fanées gisaient dans les rues, des bouquets de verdure se balançaient à la façade des plus belles maisons. C'était la fête ; le soleil semblait plus gai que de coutume sur un ciel sans nuage. Les cabarets s'emplissaient de buveurs et de chansons : parlez-moi de ces chansons-là et de ces buveurs-là ! Les filles impatientes se promenaient sur la pelouse en attendant la musique et surtout les danseurs. La jeunesse des villages d'alentour arrivait en foule. Bientôt le musicien parut, au beau milieu de la pelouse, triomphant, sur son tonneau, comme un roi sur son trône. Les danseurs les plus acharnés trinquèrent avec lui et commencèrent l'ivresse par le vin. Les ébats furent des

plus joyeux. Je m'étais mis à l'ombre d'un hêtre et je
rêvais aux plaisirs étranges que paraissaient goûter les
danseurs, quand je vis, dans l'avenue du château, flotter
la robe blanche de Marie et la robe noire de sa vieille cousine. Je dus pâlir singulièrement, puisque les gens qui
m'entouraient me montrèrent du doigt avec surprise.
Madame de Montbrun conduisait Marie à la fête ; toutes
deux passèrent près de moi ; madame de Montbrun ne me
vit point, Marie me vit sans me regarder. Ceux qui étaient
à l'ombre du hêtre auraient pu s'étonner de sa pâleur.
Moi, à son passage, j'étais tout chancelant. Je la perdis de
vue dans la foule, et, quand je la retrouvai, longtemps
après, je devinai à ses yeux qu'elle avait pleuré. Un orage
s'était formé ; on dansait toujours sans inquiétude, car les
meilleurs astrologues de la fête avaient prédit que cet
orage ne passerait pas à Pansy ; ces Nostradamus espéraient
que le vent d'est le combattrait victorieusement : mais le
vent d'est s'endormit au soleil couchant et les ouragans
du midi s'éveillèrent avec un bruit effroyable. L'archet du
musicien tomba de sa main au premier roulement du tonnerre ; les baladins poussèrent des gémissements ; les danseuses, qui tremblaient pour leurs robes blanches, s'arrêtèrent au milieu d'un entrechat ; seuls les danseurs paru-
rent contents : pour eux l'orage était un accident heureux,
ils prévoyaient un grand tumulte et tout ce qui s'ensuit.

« Les paysans d'Overton s'élancèrent vers leurs maisons, ceux des villages voisins prirent follement la fuite,
ou se jetèrent dans les cabarets qui regorgeaient d'ivrognes. Mes yeux n'avaient point quitté Marie ; dans le flux
et le reflux, elle se trouva entraînée loin de sa cousine ;
soit pour la secourir, soit pour l'entraîner moi-même, je
traversai le torrent et me précipitai vers elle ; près de l'atteindre, je me sentis chanceler comme un soldat à sa

première bataille; je la saisis pourtant, je la saisis avec une tendresse fraternelle.

« — Je vous attendais, me dit-elle en se débattant dans mes bras.

« J'étais dans le délire et je l'emportai je ne sais où, contre une meule de trèfle, au versant de la montagne. Je la déposai à demi morte sur l'herbe. Il pleuvait déjà, je me penchai au-dessus d'elle pour l'abriter.

« — O mon Dieu, je suis perdue! murmura-t-elle.

« Et tendant ses bras pour me repousser:

« — Vous êtes bien coupable, nous ne devions pas nous revoir, et nous voilà seuls ensemble!

« J'étais violemment ému.

« — Ah! Marie, vous m'aimiez; vous ne m'aimez déjà plus!

« — Je vous aime toujours, mais d'un amour qui m'effraye. Je deviendrai folle, car il me semble qu'un démon me possède; je m'épuise en vains efforts pour ne plus penser à vous, je vous vois toujours; plaignez-moi et ne me tourmentez pas davantage. Le prieur me dit sans cesse que je me ferme les portes du ciel : hélas! cela n'est que trop vrai; je me recommande soir et matin à la sainte vierge Marie, car je tremble soir et matin. Je vous en supplie, ne nous revoyons jamais. Mon étoile est mauvaise, laissez-moi; la vôtre est bonne peut-être, suivez-la.

« — Mon étoile, Marie, c'est vous. Oh! je vous verrai toujours, je vous aimerai toujours.

« Je croyais qu'elle allait encore combattre son cœur; c'était combattre le mien, mais ici elle fut entraînée malgré elle.

« — Oui, toujours, n'est-ce pas? me dit-elle avec une candeur charmante.

Elle m'abandonna sa main.

« La pluie tombait dru et menaçait de nous inonder; nous nous rapprochâmes le plus possible de la meule de trèfle et nous nous regardâmes silencieusement aux rapides lueurs des éclairs.

« Mais tout à coup Marie se leva et voulut s'enfuir; je la repris dans mes bras et je l'emportai jusqu'au château. Elle frappa d'une main agitée.

« — Adieu ! lui dis-je, on vient vous ouvrir. Le désir de lui baiser les cheveux tourmentait mes lèvres, mais mon âme résista à cette séduction.

« Vous le voyez, rien ne troublait la pureté de mon amour, ce vague écho de la musique des anges que j'entendais avec une joie si douce, cette claire fontaine qui coulait dans mon âme à l'ombre des oseraies, dont le chaste parfum n'enivrait pas mes sens. »

V

« Il me prit fantaisie de faire un voyage à la ville prochaine, où, m'étant mêlé le soir, dans une taverne, aux scènes bouffonnes que jouaient une troupe de buveurs, je me vis contraint de passer la nuit.

« Vers neuf heures, comme l'hôtesse allait me conduire à mon lit, je la priai d'attendre, à la vue d'un mendiant à moitié ivre qui venait de s'accouder sur une table où les pintes et les verres avaient laissé mille empreintes. Or, ce mendiant, c'était le poëte, le huguenot, le châtelain dépossédé auquel j'avais fait aumône de mon manteau; ses yeux rougeâtres roulaient dans leur orbite et ne voyaient rien. Il demanda avec instance du vin clairet; l'hôte crut faire une bonne œuvre en lui apportant un broc de piquette et en lui demandant le prix d'un broc de vin. La demande de l'hôte n'alla point à l'oreille du mendiant, qui se versa à boire, et qui s'écria en levant son verre d'une main tremblante :

« — Ivresse, ma mie, trinque avec le vieux poëte Robert de Saint-Pierre.

« — Un poëte ! dirent les buveurs attardés ; voilà qui va nous distraire un peu.

« La table où le mendiant était isolé fut bientôt garnie de curieux ; grâce à lui, le vin trompeur de la taverne coula à flots. J'éteignis ma lampe, et, m'asseyant solitairement au coin du feu, je laissai tomber mon regard sur le nouveau spectacle qui s'ouvrait. Le mendiant, ébloui par les quelques lumières déposées devant lui et par les figures rayonnantes des buveurs, s'imagina que tous les poëtes de France lui donnaient un splendide banquet ; il demanda un religieux silence, il frappa trois fois sur la table et prévint l'assemblée d'un ton superbe qu'elle allait entendre *ses stances à Philis*, ses quatre immortelles stances qui devaient mettre l'univers dans l'admiration. Le bruit avait cessé, et les buveurs écoutèrent, en espérant que l'œuvre du poëte ivre était obscène ou ridicule.

LES FLEURS DU VAL DÉSERT

STANCES A PHILIS

Dès l'aurore, Zéphyr folâtre en ces prairies
    Et s'enivre en buvant le miel
Des fleurs du val désert, qui s'éveillent fleuries
    Et regardent l'azur du ciel.

Comme vous, douces fleurs, Philis s'est éveillée
    Amoureuse l'autre matin,

Et les pleurs dont sa joue était toute mouillée
Roulaient sur son cou de satin.

A Zéphyr votre amant vous n'êtes point rebelles
Durant votre belle saison.
Moi je suis repoussé de la belle des belles
Que j'idolâtre sans raison.

Adieu! fleurs qui jetez votre éclat au mystère,
A l'ombre d'un bois verdoyant!
Si ma Philis passait en ce val solitaire,
Inclinez-vous en la voyant.

« Le poëte attendait qu'on l'applaudît, quand des rires moqueurs et des huées vinrent rompre l'harmonie que ses jolis vers avaient laissée dans son oreille; son orgueil froissé dissipa les vapeurs du vin; il se fâcha tout rouge; il saisit son verre et le brisa. L'hôte accourut et lui dit froidement:

« — Monseigneur et poëte, il m'est dû trois pintes de vin clairet et un sol six deniers pour le verre cassé.

« Le mendiant fit semblant de ne pas entendre.

« — Ah! rustres que vous êtes, mes chefs-d'œuvre vous font rire! s'écria-t-il.

« L'hôte répéta ce qu'il avait dit; le poëte demeura sourd et poursuivit ses galantes apostrophes. Comme la colère l'échauffait par degrés, il se leva bientôt et renversa la table en rugissant comme un lion; puis, s'emparant d'une chaise à dosseret, il menaça de la rompre sur les épaules des rieurs, s'ils ne faisaient amende honorable. La terreur se répandit parmi les buveurs, qui se refoulèrent contre le lit de la taverne; dans la secousse, les balustres se brisèrent et le dais à corniches qu'elles soutenaient depuis un demi-siècle tomba avec fracas.

« — Sainte Gertrude, ma patronne! dit l'hôtesse avec

effroi, cela est un mauvais augure; j'aimerais mieux voir tomber le ciel qui nous éclaire que le ciel de mon lit. Après tout, reprit-elle, voici une armée d'araignées qui arpentent les dalles, et, le soir, c'est un bon présage.

« Dans le tumulte, tous les buveurs déguerpirent sans payer; l'hôte s'en prit au poëte mendiant, dont les mains serraient convulsivement la chaise à dosseret; il l'avertit charitablement qu'il appellerait le guet, s'il ne s'empressait de vider sa bourse. Robert de Saint-Pierre prit sa bourse d'un air pensif et la laissa tomber sur la table. L'hôtesse trouva beaucoup de noblesse dans les façons du mendiant, mais l'hôte ne trouva rien dans sa bourse, et, plein de dépit, il lui sauta à la gorge pour en détacher mon manteau.

« — Laissez cet homme en paix, criai-je à l'hôte; je payerai son écot.

« Le mendiant, ému, vint à moi et me reconnut.

« — Comment! mon digne poëte, lui dis-je, vous en cette taverne, vous ivre!

« — Ivre, c'est vrai, me répondit-il sans honte; ne faut-il pas que la vie soit une ivresse continue? Jeune, on se plonge dans la douce et frémissante ivresse de la volupté; plus tard, on s'enivre d'orgueil, de gloire ou d'ambition; et, vieux, on cherche l'oublieuse ivresse du vin.

« Je l'interrompis.

« — Mais les poëtes, Robert de Saint-Pierre, n'ont-ils pas la belle et sublime ivresse de la poésie?

« Il réfléchit un peu.

« — Oui, reprit-il tristement; mais j'ai des cheveux blancs et je chancelle; cela effraye ma vieille muse, et pendant toute la matinée je me suis en vain ouvert le champ de la souvenance; le champ était désert; à peine y ai-je glané de maigres épis. Du temps passé revenant au temps présent, j'ai vu ma misère ; et, comme il n'y avait plus de prisme entre elle et moi, j'ai franchi le seuil d'une taverne.

« Le mendiant sanglota et se cacha la tête de sa main. Je priai l'hôtesse de lui donner un lit, mais il s'y refusa obstinément et nous dit que plusieurs amis l'attendaient à la métairie de Puyseul pour la couchée. Puis il reprit mon manteau, me tendit la main et sortit en répétant :

Dès l'aurore Zéphyr folâtre en ces prairies...

« — Oui, oui, la vie est une ivresse, me disais-je en le voyant partir. Il est ivre de vin, comme je suis ivre d'amour. Un baiser sous le pampre, est-ce donc là le secret de la vie? »

VI

« M. le marquis de Vertamond, qui fut l'ami de monseigneur d'Orléans, était depuis six mois à la cour, je ne sais trop pourquoi. C'était un homme insouciant, qui trouvait la vie bonne partout, même à la cour. Il allait revenir sous peu de jours, à mon grand dépit. En revanche, mon père, qui m'enchaînait quelquefois au logis, venait de partir pour Bergerac, qui est le pays de ma mère. Comme je ne revoyais pas Marie, un matin que j'étais plus aventureux que de coutume, j'allai errer autour du château de Pansy en costume de chasse, dans l'espoir d'y rencontrer ma blanche adorée. Elle était sous le portail, feuilletant un livre de prières. A ma vue, elle se leva tout émue, et, craignant avant tout le retour de sa cousine, qui venait de sortir pour se confesser, elle me pria de m'en aller au plus vite. Je lui saisis la main, je la baisai doucement et je voulus partir. Mais je ne sais comment il se fit qu'une minute après nous nous trouvâmes ensemble au bout du parc. Nous marchâmes longtemps à l'ombre des tilleuls, nous parlant sans nous dire un mot. Enfin nous nous reposâmes sur le bord de l'étang, alors couvert de prairies flottantes.

« Nous suivions des yeux le vol rapide des hirondelles et les folâtreries des papillons, lorsque tout à coup une voix adorable appela Marie. Je tournai la tête avec émoi et je vis une belle fille qui venait à nous, tout agitée.

« — Dafné! ma sœur! s'écria Marie.

« Dieu! qu'elle était belle, la sœur de Marie, cette amante du Christ que j'ai profanée, cette grande voluptueuse qui m'a perdu! Qu'elle était blanche! qu'elle était brune! le soleil de Castille a moins d'éclat que n'en avaient ses yeux noirs, l'aube emperlée moins de fraîcheur que sa bouche. Que son regard et son sourire s'entendaient bien ensemble pour aller au cœur! Marie était belle comme la sœur des anges, Dafné comme les divinités d'Homère et de Phidias; c'était Diane chasseresse emportée par les furieuses passions de Vénus.

« Après les premières embrassades, les deux sœurs allèrent s'asseoir à quelque distance de moi.

« — C'est bien toi, Dafné; ce n'est point un rêve; mais pourquoi donc es-tu ici?

« Dafné me regarda.

« — Je suis ici, répondit-elle d'un air distrait, parce que je me suis enfuie du couvent.

« — Enfuie du couvent, ma sœur! enfuie du couvent!

« — Oui, hier, car je devais prendre voile aujourd'hui..

« Dafné me regarda encore ; cette fois ses yeux me jetèrent dans l'enivrement.

« — Je suis un peu tourmentée, reprit-elle, car mon père, qui revient de Paris, doit être, à cette heure, au couvent de Sainte-Gudule. Le scandale de ma fuite va l'outrager ; je tremble de le voir arriver tout furieux.

« — Notre père est au couvent de Sainte-Gudule ? Tu es folle, ma sœur !

« — Il voulait assister à mon supplice.

« — Et tu es venue seule du couvent jusqu'ici ?

« — Le carrosse du messager d'Aiguillon m'a conduite jusqu'à la montagne d'Orsay, et de là, je suis accourue au château, joyeuse de respirer pour la première fois depuis un an.

« Je renversais les herbes, je cueillais les fleurettes d'automne, j'essayais d'avoir l'air distrait et rêveur ; jusque-là j'avais ignoré que Marie eût une sœur : l'apparition de Dafné venait de me troubler l'âme et les sens.

« Une servante vint avertir Marie, d'un air mystérieux, que le marquis arrivait à l'instant.

« — Oh ! mon Dieu, quel malheur ! dit Dafné.

« — Je ne sais ce qu'il a, reprit la servante ; son cheval est couvert d'écume ; il le fait caracoler dans la cour ; il jure, il tempête, il parle de châtiment. Ma chère demoiselle, je pense qu'il sait votre fuite et qu'il ignore votre arrivée ici.

« — Il faut qu'il l'ignore ! s'écria Dafné. Je ne veux pas retourner au couvent.

« — Oh ! oui, dit Marie ; s'il vient au jardin, cache-toi dans le pavillon qui est ouvert.

« A cet instant les yeux de Marie tombèrent sur moi.

« — Et vous, où irez-vous ?

« — Dépêchons-nous, dit la servante tout effarée ; j'entends la voix de M. le marquis.

« Marie et cette fille disparurent dans l'avenue de tilleuls. Je demeurai étendu sur l'herbe au bord de l'étang, ne sachant que devenir. Toujours assise à dix pas de moi, Dafné penchait tristement sa tête au-dessus des eaux ; je n'ai rien vu de plus adorable et de plus doux que ses yeux tour à tour vifs et languissants sous sa coiffure de religieuse. Mon dessein était de m'approcher d'elle, mais je n'osai point ; je cherchai pendant longtemps quelque jolie chose à lui dire, mais je ne trouvai rien, sans doute parce que je trouvais trop ; et je crois que mes cheveux auraient blanchi avant que j'eusse fait un mouvement, si Dafné ne m'eût ouvert une voie par cette demande singulière :

— Est-ce que vous n'êtes pas mon cousin, monsieur?

— Pas le moins du monde, mademoiselle, mais j'aurais bien envie de l'être.

« Tout à coup Dafné vint se jeter contre moi les yeux hagards, la gorge soulevée :

« — Mon père! me dit-elle.

« — Je la regardai sans lui répondre.

« — Mais vous ne voyez donc pas le marquis dans ces arbres? reprit-elle. Ah! monsieur, sauvez-moi!

« Qu'il me fut doux d'entendre ces mots! Nous suivîmes à pas pressés le bord de l'étang ; la frayeur avait assoupi les forces de Dafné ; je la vis chanceler et je lui tendis la main ; elle baissa les yeux et vint légèrement appuyer son bras sur le mien ; peu à peu, comme les grandes herbes arrêtaient ses jolis pieds, son bras s'appuya davantage ; près d'arriver au pavillon, je l'entraînais presque. Elle entra la première, et, dès que j'eus franchi le seuil, elle prit vivement la clef et ferma la porte sur nous. Nous montâmes un escalier en spirale, et nous nous trouvâmes dans une petite chambre où il n'y avait qu'un lit de repos, un prie-Dieu et un grand christ d'ivoire doucement caressé par un rayon de soleil. Un large damas rouge à grandes fleurs pendait devant une fenêtre ; l'autre fenêtre était nue ; les mille couleurs de ses vitres se réfléchissaient sur les boiseries sculptées et sur les vieilles tapisseries. Dafné souleva le damas et ouvrit la croisée pour respirer ; moi, je pris un livre sur le prie-Dieu : c'était les *Amours de Pétrarque*. J'y lus ce vers qui avait tant séduit la pauvre Marie : *Vous êtes le soleil adoré de mon âme.*

« — O Marie ! me dis-je en baisant le livre, mon âme est une impie, mon âme change de religion.

« — Que lisez-vous là ? me demanda Dafné.

« — Je lis que vous êtes belle ! lui répondis-je en la regardant et en laissant tomber le livre à ses pieds. »

LIVRE IV

DAFNÉ

I

« Le rideau de la fenêtre était retombé sur Dafné ; j'attendais qu'elle reparût, quand je fus attiré par un petit miroir de Venise, accroché en face du lit de repos. Je repoussai mes cheveux en arrière, pour voir si j'avais bien l'air d'un amoureux en aventures ; je reculai surpris du feu de mes yeux. Dafné relevant alors le damas, je passai auprès d'elle dans l'embrasure de la fenêtre ; deux ennemis s'y fussent touchés : or nous n'étions pas deux ennemis.

« Je me penchai au-dessus de Dafné pour respirer avec délices le parfum de sa bouche et de sa chevelure ; elle tourna vivement la tête et ses joues brûlantes glissèrent sous mes lèvres ; dans mon transport, mes mains se joignirent sur son corsage, ma bouche s'ouvrit avide et frémissante. Dafné s'échappa de mes bras et alla tomber toute pâle sur un fauteuil; moi, ne sachant que faire, je regardai le ciel. Il faut bien le dire, presque au même nstant je regardais sa jolie tête penchée avec langueur. Après quelques secondes d'agitations, j'étouffai la candeur en moi; à défaut de hardiesse, j'en pris le masque et j'allai vaillamment m'asseoir près de Dafné; elle fit semblant de rêver; je glissai ma main sur la sienne et je vis ses paupières s'abaisser lentement au premier baiser.

« Après quoi Dafné rouvrit ses yeux noyés d'une molle langueur; elle se mit à pleurer, et, se traînant tout à coup vers le crucifix :

« — O mon Dieu! pardonnez-moi! dit-elle en sanglotant; mais je suis indigne du pardon ; ce matin je devais être à toi, je devais me ranger parmi tes épouses : ce soir je suis au démon.

« Elle me regarda, et, revenant tout d'un coup à son charmant caractère :

« — En vérité, reprit-elle, le diable est plus diable qu'il n'en a l'air.

« Je me jetai aux pieds de Dafné; ses cheveux tombaient à larges flots sur ses épaules; j'y noyai mes mains et mes lèvres.

« — Je suis bien coupable, n'est-ce pas, me dit-elle avec désespoir.

« — Vous êtes un ange, Dafné !

« — Je suis effrayée de mon sacrilège et de mon impiété; mais, puisque je suis à vous, j'espère en vous.

« — Dafné, je vous aimerai toujours.

« Je la relevai et je l'emportai à la fenêtre. On était à la chute du jour; une gaze rougie voilait le couchant; les horizons se rapprochaient à l'œil; les moindres bruits frappaient l'oreille : on entendait le chant des grillons et des cigales, le frémissement des feuilles et le bourdonnement des moucherons, aussi bien que le mugissement des vaches et le cri perçant des paysannes en gaieté. Nous restâmes longtemps en contemplation muette, le front rougissant encore, les lèvres agitées par le cœur.

« Je plongeais mes regards dans un bosquet de myrtes, quand Dafné me demanda si je voyais briller l'étoile de Vénus.

« — Oui, lui répondis-je tout distrait.

« — C'est impossible, vos yeux sont baissés.

« Je regardai l'étoile, mais aussitôt ma vue retomba sur le bosquet de myrtes.

« — Voyez-vous ce nuage à mille couleurs qui semble se poser sur les roches de la montagne ?

« — Oui, je vois.

« — Vos yeux sont toujours baissés.

« Je regardai le nuage, puis les myrtes.

« — Mais qu'y a-t-il donc dans ce bosquet ?

« — Il y a une femme.

« — Oui, une femme qui nous regarde ; c'est Marie.

« Dafné rentra dans la chambre, Marie sortit des myrtes en levant vers moi ses yeux mouillés ; je sentis en moi une grande douleur, je maudis la volupté au souvenir de mon amour ; mais il était trop tard. J'avais failli à la première secousse, croyant marcher dans le chemin du bonheur ; ce n'était que le chemin du plaisir. Hélas ! dès ce jour il me fallait dire adieu aux forêts vierges et aux primevères de l'amour.

« Marie disparut dans le parc ; je me rapprochai de Dafné, et je voulus lui baiser le front : elle me repoussa :

« — Vous aimez ma sœur ? me dit-elle.

« — Oui, je l'aime, répondis-je, sans penser à mentir.

« — Et depuis quel temps, s'il vous plaît ?

« — Depuis cet hiver, depuis que je l'ai vue.

« — Mais vous ne m'aimerez donc pas?

« Il y avait dans la voix de Dafné un reproche et une prière.

« — Je vous aime.

« — Vous aimez toutes les femmes.

« — Je vous aime.

« — Mais Marie ?

« — Je l'ai aimée.

« Dafné me serra la main.

« — Et vous ne l'aimerez plus? n'est-ce pas que vous ne l'aimerez plus?

« Dafné se jeta à mon cou :

« — Oh ! je vous en supplie !

« Je lui fis mille serments dans mille baisers. Une demi-heure se passa ainsi. J'étais amoureusement couché à ses pieds, quand j'entendis la voix de Marie.

« — Ouvrez-moi la porte ! me cria-t-elle.

« Je descendis à la hâte ; à peine eus-je tiré le verrou de la porte que je fus ébloui par une lumière qu'elle avait à la main.

« — Vous êtes la bienvenue, lui dis-je.

« — Je voulais voir ma sœur, murmura-t-elle d'une voix tremblante.

« Elle passa devant moi et monta l'escalier; je la suivis avec émotion; elle déposa sa lumière, avec une corbeille d'osier, sur le prié-Dieu, et dit à sa sœur d'un ton triste qu'elle essayait de rendre moqueur :

« — Tu dois bien t'ennuyer, ma pauvre Dafné ?

« Dafné répondit sur un ton pareil :

« — Oui, je m'ennuie beaucoup.

« — Comme ta chevelure est éparse.

« — Je t'attendais pour la nouer.

« Marie cacha son dépit et sa douleur :

« — J'ai pensé que, sans doute, vous aviez faim, et voici dans la corbeille du pain, du vin et du gibier.

« — Nous te rendons des actions de grâces; car nous allons souper avec un grand plaisir.

« — Mon père est allé chez ta marraine, où il espère te trouver.

« — Dieu soit loué !

« Dafné pirouetta avec une grâce charmante et vint m'offrir la corbeille. Nous mourions de faim. Pendant notre repas, Marie s'appuya sur le prie-Dieu, saisit le volume des *Amours de Pétrarque* et l'ouvrit avec un soupir; son regard s'attacha longtemps sur le premier feuillet, pour dévorer mon inscription amoureuse. Je souffrais de voir sa pâleur et ses tressaillements; je me promettais de n'aimer qu'elle. Mais dès que les charmantes folies de Dafné attiraient mes regards, dès que ses grands yeux parlaient aux miens, j'oubliais la pauvre désolée.

« Dafné s'était remise à pirouetter.

« — Qui donc peut te rendre aussi joyeuse? demanda tristement Marie.

« — Ma fuite du couvent, répondit-elle.

« Et comme elle passait près de moi, elle me jeta ce mot à l'oreille :

« — L'amour.

« La lumière l'offusquait; elle chercha un moyen naturel de l'éteindre; elle tournoya plus rapidement que jamais, elle étendit les bras et renversa le flambeau en nous criant qu'elle allait tomber étourdie. La nuit à peine revenue, je sentis une femme contre moi; je crus deviner à son souffle que c'était Dafné, et je glissai mon bras sur ses épaules; Marie s'était assise de l'autre côté, et je lui tendis la main. Près d'une minute se passa ainsi.

« — Vous ne m'aimez plus? me dit Marie à l'oreille.

« — Toujours, Marie.

« — Vous m'aimerez toujours? me dit Dafné.

« — Toujours, Dafné.

« Marie me pressa la main. Dafné se rapprocha de moi.

« — Je vous aime tant! reprit Marie.

« — J'ai tant d'amour dans le cœur! reprit Dafné.

« J'étais entre deux feux; pour un écolier d'amour, la place était dangereuse.

« — Mais ma sœur? dit Marie.

« — Il n'y a que vous au monde, Marie.

« — Et Marie? demanda Dafné.

« — Vieille histoire pour moi.

« Marie porta ma main à ses lèvres; Dafné leva sa bouche à ma joue : deux baisers sonores retentirent dans la chambre; Marie laissa tomber ma main, Dafné me repoussa. Elles s'étaient levées soudainement; je les entendis descendre l'escalier; quand je fus au dernier degré de la spirale, je les vis courant au loin. Je m'avançai vers l'étang tout surpris de moi-même; j'en côtoyai les bords emperlés de rosée; la lune mirait dans l'eau sa face qui semblait un flot intarissable d'argent; je la contemplai en songeant à la fuite de mes chères amours.

« Dafné revint sur ses pas.

« — Je ne puis rester au château, me dit-elle en m'abordant; j'ai trop peur de mon père; il me forcera de retourner parmi mes compagnes de Sainte-Gudule; or j'aimerais mieux mourir.

« — Si vous m'aimez, lui répondis-je, fuyons ensemble au château de mon père, où je suis seul; et de là nous irons à Paris, au bout du monde.

« — Allons où vous voudrez, fût-ce dans un désert, mais tout de suite.

« Nous sortimes du parc en franchissant une haie d'épines; nous traversâmes le village, qui sommeillait depuis une heure, et nous descendîmes l'escarpement de la montagne, en proie aux rêves les plus romanesques. Je marchais avec orgueil, et je regardais les champs d'alentour en souverain maître ; je me croyais grandi d'une coudée : *j'avais une femme.*

« Nous entrâmes dans ma chambre comme deux colombes dans leur nid. Dafné rougit de plaisir et de pudeur; nous nous lutinâmes comme deux enfants; elle était franche en sa joie : elle bénissait le hasard qui l'avait jetée dans mes bras; elle remerciait Dieu d'avoir protégé sa fuite du couvent; elle se moquait de l'avenir comme du passé.

« Une servante vint me prier de descendre dans la cour où un mendiant demandait à me parler : c'était Robert de Saint-Pierre. J'ordonnai qu'on lui servît à souper et qu'on lui préparât le plus beau lit du château. Je voulais que tout le monde fut heureux.

« En rentrant dans ma chambre, je fus doucement surpris de voir Dafnée endormie, la tête à demi voilée dans ses cheveux; si elle ne dormait pas, elle faisait semblant; j'éteignis la lumière en songeant à l'insouciance de cette belle enfant, qui allait si gaiement à sa perte.

« Durant un mois, nous passâmes à travers tous les enchantements et toutes les ivresses de l'amour.

« Je me rappellerai toujours ce beau ciel d'automne, ces blondes étoiles qui regardaient nos embrassements, cette blanche lune si douce aux amoureux. Nous allions au mal par des chemins trompeurs; nos pieds ne marchaient que sur la verdure, nos mains ne rencontraient que des fleurs. Tout souriait à notre amour, hormis pourtant Mercure, qui n'a jamais vu Dafné d'un bon œil.

« Il me venait de vagues échos de ma candeur perdue. Je m'aveuglais en pensant que l'amour est la seule rose de la vie qui vaille la peine d'être cueillie. Mais, comme dit la fable, l'amour est aveugle, et le plus souvent le pauvre enfant se déchire les mains pour cueillir la rose.

II

« Un matin que Dafné dormait, je sortis du château et je me mis à errer à l'aventure; je gravis la montagne : dès que je vis la vallée de Pansy, les bras me tombèrent et je me sentis chanceler.

« — O Marie! Marie! m'écriai-je; ô mes pures amours! ô mes fraîches primevères, qu'êtes-vous devenues ? Hélas! le cœur a plusieurs printemps, mais l'amour n'en a qu'un seul.

« Je pris la route du village, dans le dessein de demander à Charlotte des nouvelles de Marie. J'arrivai bientôt à la maison du garde-chasse; n'y voyant personne, j'allais ressortir, lorsqu'un ronflement sonore m'avertit que je n'étais pas seul; je crus que Charlotte dormait encore et, faisant deux pas vers le lit, j'entr'ouvris avec émoi le rideau de serge qui l'ombrageait; les cheveux roux du garde et le chat angora frappèrent ma vue; je partis au plus vite.

« Je descendis par le bois aux Grives, en pensant à me rafraîchir à la fontaine. Comme j'arrivais au-dessus du rocher, j'entrevis sous les aulnes le grand-duc de Brizailles et la belle Charlotte, qui me rappelèrent les sylvains et les dryades. Je pris un détour, je me cachai derrière un sorbier et j'admirai les gaillardises du baladin, en écoutant ses paroles galantes. Il était assis sur les feuilles, aux pieds de Charlotte, qui baissait languissamment les yeux.

« — Ah! disait-il, Dieu doit être jaloux de moi; je lui ai tant soufflé d'anges comme vous.

« Cette gentillesse fit plaisir à Charlotte; elle cacha ses mains sous son tablier et leva orgueilleusement la tête.

« — J'ai tant damné de femmes ! reprit Brizailles d'un air modeste. Le diable doit m'estimer et me craindre, je le surpasse en hauts faits.

« — Le diable est maladroit, dit naïvement la belle.

« Charlotte prenait un air moqueur et riait sous cape. Je pensais au sommeil paisible de maître Jacques et je riais aussi.

« — L'an dernier, reprit Brizailles, mes maîtresses m'ont proclamé l'Hercule des chevaliers.

« — Les pauvres femmes! s'écria Charlotte.

« L'Hercule des chevaliers attaqua sa Déjanire, qui se défendit des pieds et des mains, mais en vraie femme qu'elle était. J'apparus comme dans la tragédie.

« — Capédédious! dit Brizailles avec une fureur comique, le hasard me lutine et l'obstacle se moque de moi. Par ma flamberge ! poursuivez votre chemin, ou j'arrose ces feuilles de votre sang.

« Mais, me reconnaissant, le matamore devint humble et doux comme le plus chétif mouton d'une bergerie. Charlotte, rouge et confuse, me regardait du coin de l'œil.

« — Jacques dort d'un sommeil profond, lui dis-je.

« — Je le sais, murmura-t-elle avec dépit.

« — J'étais entré dans votre maison pour vous demander des nouvelles de Marie.

« — Elle est allée au couvent retrouver sa sœur.

« — Marie n'est plus au château?

« — Oh! mon Dieu, non! Tout le village la regrette: elle faisait l'aumône aux pauvres d'une main si délicate! Elle veillait les malades, elle priait pour les morts; jamais châtelaine ne fut tant aimée. Le marquis se désespère; il crie, il blasphème, il pleure. Il avait deux filles charmantes et le voilà seul. On dit que mademoiselle Dafné est venue ici en cachette : vous ne l'avez pas vue?

« — Marie au couvent! disais-je en me frappant le front.

« Je n'entendais pas Charlotte qui me parlait, je ne voyais que l'image de Marie. Je m'enfonçai dans le bois aux Grives sans dire adieu aux deux pigeons patus, qui se remirent sans doute à roucouler. Je marchai longtemps, en proie à la plus vive agitation et m'écriant sans cesse :

« — Marie!... Marie, je ne vous verrai donc plus !

« Comme je rentrais au château, on m'apprit que mon père devait arriver le surlendemain, qu'un paysan l'avait vu à Sainte-Marie, chez un gentilhomme de nos amis. Je courus à ma chambre et je surpris Dafné contemplant dans une glace les flots ondoyants de ses cheveux noirs. Ce tableau lui plaisait tant, qu'elle ne se dérangea pas à mon approche.

« — Voyez comme votre maîtresse est belle, monsieur le rêveur ! me dit-elle avec un sourire narquois.

« Ses épaules attiraient mes lèvres.

« — Vos embrassements ont trop de violence, monsieur, c'est bien la peine d'être blanche avec vous !

« — Je suis jaloux de tes yeux et de ta glace, ma belle Dafné.

« — Je ne vous aime plus, monsieur, car vous êtes un traître ; vous avez vu ma sœur. Est-ce que vous me trouvez belle ainsi ?

« — Belle à ravir les anges.

« — Quelle indignité ! revoir Marie ! Mes cheveux ont plus d'éclat que je ne croyais.

« — Vos cheveux effacent le jais.

« — Je ne vous demande pas si mes cheveux effacent le jais, si je suis belle à ravir les anges ; je veux savoir si Marie est toujours charmante à vos yeux.

« — Je n'ai pas revu Marie.

« — Mensonge ! Sais-tu ? la servante Ursule me chantait ce matin une belle chanson :

> Les zéphyrs se donnent aux flots,
> Les flots se donnent à la lune,
> Les navires aux matelots,
> Les matelots à la fortune ;
> Tout ce que l'univers conçoit
> Nous apporte ce qu'il reçoit
> Pour rendre notre vie aisée ;
> Et l'abeille ne prend du ciel
> Les doux trésors de la rosée
> Que pour nous en donner le miel.

« — La chanson est jolie, dis-je, mais la servante Ursule vient de m'apprendre une fâcheuse nouvelle ; mon père revient demain.

« Dafné essaya de cacher sa joie.

« — O mon affolé, il faut partir, dit-elle d'un air triste.

« — Cela fait votre bonheur, Dafné !

« — J'avoue que j'aime les voyages, mais avec toi ; j'aime les aventures, toujours avec toi. Les mêmes horizons fatiguent la vue ; les paysages ne semblent beaux qu'au premier coup d'œil ; changeons de ciel, changeons de patrie.

« — Hélas ! me dis-je tristement, Dafné n'aime déjà plus qu'elle-même ; le plaisir et la coquetterie ont endormi son âme.

« — Nous traverserons la France, reprit-elle : nous verrons Paris, nous verrons les fêtes resplendissantes de la cour ; tu n'es qu'un obscur gentilhomme ici, tu seras glorieux là-bas. Ne fais-tu pas des vers et n'as-tu pas une belle épée ? La fortune et la renommée t'ouvriront le chemin.

« — Peut-être, dis-je ; mais la fortune ne vaut pas la jeunesse que nous allons perdre et la renommée ne vaut pas l'amour. Dafné ! Dafné ! la beauté est une coupe d'or pleine de mauvais vin : prenez garde à vous, et prenez garde à moi !

II

« Je ne perdis pas de temps, je ramassai à grand'peine un millier d'écus sur les plus clairs deniers de la succession de ma mère, et avant le soir nous étions sur la route de Clérac, où j'espérais trouver un carrosse pour Paris. Je marchais à côté de Dafné, que j'avais tant bien que mal juchée sur un âne assez gaillard. Le chemin était bordé de coudrette, de buissons et de mûriers. Chaque fois que Dafné voyait une noisette ou une mûre, elle me criait gaiement de la lui cueillir ; je cueillais les mûres et les noisettes en jetant un regard à la dérobée sur le clocher de Pansy. Ce fut avec un grand émoi que je gravis la montagne, car je savais que, du sommet, je découvrirais encore mon pays bien-aimé. Je n'eus point la patience d'attendre que je fusse au haut du mont : à peine au milieu, je me retournai et j'ouvris les yeux, comme un spectateur quand on lève le rideau du théâtre. Le théâtre que je vis me parut d'une tristesse affreuse, car il était sans acteurs : notre amour ne l'égayait plus. J'oubliai l'insouciante Dafné et je plongeai mes regards çà et là sur le paysage ; la brume du soir altérait les teintes automnales des vallons ; il faisait un temps calme : les rayons de fumée s'élevaient lentement aux cieux ; l'église qui domine majestueusement les maisons du village semblait abaisser ses yeux maternels sur les paysans. A l'aspect des tourelles mélancoliques du château, je me sentis plus ému : un vent plus violent soufflait en mon âme et faisait vibrer toutes les cordes de la douleur.

« — Adieu, mes jeunes années ! m'écriai-je avec enthousiasme ; vous avez passé sous mes yeux comme de belles filles qui vont à la fête voisine ; au lieu de vous suivre, je vous ai arrêtées dans votre course ; mes mains trop avides ont effeuillé les lys de votre corsage, ma bouche trop éprise a effacé les roses de vos joues, mes embrassements impurs vous ont flétries dans votre éclat. Adieu, mon pays, adieu ! La voix du ciel m'avait dit de ne point dépasser l'horizon bleu qui m'environnait ici. Je n'ai point écouté la voix du ciel, je vais dépasser les grands chênes de la montagne, et mes illusions, ces blondes vierges qui m'éventaient de leurs ailes au soleil d'été, qui m'abritaient de l'hiver sous leurs blanches tuniques, vont me laisser en chemin; les unes iront mourir à Sainte-Radegonde, les autres à Pansy, et avec elles mourront mes premières amours.

« Mon regard flottait de Sainte-Radegonde à Pansy. Je voyais toute ma vie passée : les grands arbres, les rochers, les bois, la fumée des chaumières ; c'était une chaîne de souvenirs. Mais bientôt Dafné me rappela à grands cris :

« — Vois donc là-bas, me dit-elle, ce joli cavalier qui s'arrête sous les chênes?

« — Sans doute pour te voir passer, ma belle !

« — C'est d'un galant gentilhomme.

« Dafné glissa ses mains sur sa chevelure, ses beaux yeux s'animèrent d'un éclair passager, sa bouche s'embellit d'un sourire.

« Le cavalier était le jeune baron de Fargueil, gentilhomme d'esprit, quoiqu'un peu pédant. Je l'avais plus d'une fois rencontré à la chasse. Il était renommé dans la province pour sa fortune, son extravagance et ses belles façons. Il passait son temps à peu près comme moi, ne faisant rien, hormis l'amour. Son oncle, le cardinal Abbrattici, avait tenté en vain de lui donner le goût de l'église ; mais le jeune profane avait envoyé le cardinal au diable. Quand nous passâmes devant lui, il regarda Dafné avec une admiration insolente ; il fit bondir son cheval pour nous émerveiller. Hélas! sa peine ne fut pas perdue. Il s'éloigna de nous par un chemin de traverse, tournant la tête à chaque instant, comme pour s'assurer si nous suivions toujours la même route. Nous arrivâmes à Clérac vers la chute du jour. Comme il nous fallait y passer la nuit, nous descendîmes sans façon dans la première hôtellerie venue. L'hôtellerie était pleine, et, bon gré mal gré, en attendant une chambre, nous nous reposâmes au coin du feu de la grande salle, où deux ivrognes racontaient leurs prouesses. Dafné était bien moins effarouchée que moi; elle avait l'air d'être au spectacle. En vain je me mis devant elle pour l'abriter : elle voulait voir; elle n'était qu'au premier acte de la comédie, et la scène la plus vulgaire contentait sa curiosité.

« Or ces deux buveurs étaient Robert de Saint-Pierre et le grand-duc de Brizailles. Les yeux sans cesse attachés sur leurs pintes, ils ne nous virent pas entrer. La soirée était fraîche et la flamme petillait dans l'âtre; nous fûmes nous asseoir à l'angle de la cheminée, ouvrant de grands yeux et de grandes oreilles. Des lambeaux de mon manteau couvraient les épaules nues du vieux poëte, qui avait en outre un haut-de-chausses invraisemblable. Il frappait du poing sur la table et faisait trembler les pintes; ses regards brillaient par intervalles et terrifiaient Brizailles. Le grand-duc caressait avec fierté son fabuleux pourpoint à mille crevées, et répandait du vin sur sa fraise à mille couleurs. L'hôtelier les regardait tantôt d'un air riant, tantôt d'un air inquiet. Il nous apprit que les drôles se chamaillaient depuis la brune sur un titre de grandesse espagnole et sur la mesure d'un vers français.

« — Tu es un idiot, mais tu n'es pas un duc, dit alors le poëte.

« — Tu n'es pas un poëte, mais tu es un bélître, dit Brizailles.

« Et, sans qu'ils s'en doutassent, les deux brailleurs trinquèrent ensemble.

« — Toi grand d'Espagne! reprit Robert de Saint-Pierre.

« — Toi poëte français! reprit Brizailles.

« — Tes discours de buffle n'arrêteront pas ma renommée.

« — Tu n'empêcheras pas le noble sang castillan de couler dans mes veines.

« A ces mots, *couler dans mes veines,* Robert de Saint-Pierre s'empara d'une pinte vide, et l'ayant renversée au-dessus de son verre, il s'écria :

« — Du vin, marchand d'eau !

« — Du vin, fontaine aux ivrognes !

« — Et mes stances à Philis sont immortelles.

« — Et ma grandesse fut et sera toujours.

« — A boire ! la soif me prend à la gorge.

« — A boire ! j'ai l'enfer dans le ventre.

« — Et mon vers a douze pieds ; il en a même treize.

« — Par ma flamberge, non !

« Robert de Saint-Pierre saisit l'hôtelier par les cheveux :

« — N'est-ce pas que mon vers a douze pieds ? *Dès—l'au—ro—re—Zé—phyr—fo—lâ—tre—en—ces—prairies.*

« A chaque syllabe, le poëte frappait son hôte.

« — Aïe ! aïe ! s'écria le tavernier, votre vers est trop long.

« — Tu es un maître d'école ; il n'a que douze pieds.

« Et le poëte recommençait à frapper en répétant :

« — *Dès—l'au—ro—re...*

« Brizailles se mit à chanter de toutes les forces de ses poumons :

> Blanche dormait sur le rivage,
> Un chevalier passa par là...

« Le tavernier cria, sa fille vagit dans son berceau, son chien aboya à la porte, et bientôt un bruit assourdissant de déclamation, de chant, de cris, de plaintes et d'aboiements, remplit la taverne. Je croyais entendre une de ces symphonies promises à la fin du monde ; j'avoue que j'augurai mal des musiciens des temps futurs.

« Un cheval s'arrêta à la porte du cabaret et le baron de Fargueil entra d'un air triomphant. A son aspect, le tapage s'apaisa, et l'hôtelier alla à sa rencontre. Robert de Saint-Pierre, jugeant à la mine du nouveau venu que c'était un bel esprit, lui fit un salut respectueux et le pria très-humblement de proclamer Brizailles sot entre les sots.

« Fargueil demanda l'histoire de la querelle.

« — *Vanitas vanitatum et omnia vanitas*, dit-il en relevant sa moustache.

« — Ce grand-duc est un manant ! s'écria Robert de Saint-Pierre.

« — Ce poëte est un âne ! s'écria Brizailles.

« — Il nie mes beaux vers.

« — Il nie ma grandesse.

« — J'ai fait quatre immortelles stances à Philis.

« — Je suis duc.

« — Mes stances sont admirables.

« — Mon duché est immense.

« Les coquins trinquèrent encore.

« — Ronsard est jaloux de moi.

« — Ma noblesse inquiète le roi des Espagnes.

« — A boire à l'Apollon des Muses !

« — A boire au seigneur castillan !

« Quand les verres furent remplis, Brizailles lança son vin à la face rubiconde du poëte, qui voulut l'imiter et qui n'eut pas la force de faire un pareil sacrifice ; son bras prit un grand élan pour jeter le vin à Brizailles, mais la soif arrêta sa main et l'attira vers sa bouche.

« — Ivrogne ! dit le baladin.

« — Moi, un ivrogne? dit le poëte en trébuchant. Et c'est un buveur éternel qui me calomnie ainsi! moi, un ivrogne! ô mon Dieu! que la méchanceté des hommes va loin!

« Robert de Saint-Pierre se mit à larmoyer et à gémir.

« — *Bonum vinum lætificat cor hominis*, s'écria le baron.

« Et, charmé de sa trouvaille, il vint vers nous et nous fit un profond salut.

« — Ces drôles sont amusants, dit-il d'un air faquin; n'était la crainte de vous ennuyer, je vous ferais voir tous leurs ridicules.

« Il s'adressait à Dafné, mais je répondis :

« — Certes, cela ennuierait beaucoup madame.

« Fargueil nous fit toutes les agaceries du monde, mais ma fierté naturelle le dépita. Cependant il ne perdait point encore patience, lorsque l'hôtelier vint nous avertir que notre souper nous attendait dans notre chambre. Dafné se leva nonchalamment et me suivit comme à regret. Une fois seuls, je me jetai à son cou, je baisai ses yeux et je lui dis d'une voix troublée :

« — O ma belle Dafné, si tu savais comme je suis jaloux!

« — Mon cher amour, murmura-t-elle en m'enlaçant comme un serpent, ma bouche n'est faite que pour t'embrasser.

« Et là-dessus elle me donna des baisers sans nombre. Mais, hélas! je m'aperçus que ses lèvres avaient moins d'abandon que de coutume : déjà la bouche de ma belle maîtresse était distraite.

III

« Le lendemain nous dormions encore, lorsque le jeune baron entra étourdiment dans notre chambre, à la suite d'une servante qui venait allumer le feu. Je m'éveillai et j'entr'ouvris les rideaux en me dessillant les yeux; à la vue de Fargueil, je devins tout rouge de colère.

« — Ne vous effarouchez pas, dit-il avec beaucoup de laisser aller, je me suis trompé de porte. N'est-ce pas qu'il fait le plus beau temps du monde pour voyager?

« — Est-ce que vous allez à Paris, monsieur? lui demanda Dafné à mon grand dépit.

« — N'y allez-vous pas, madame? répondit-il.

« Je contins ma fureur à grand'peine.

« — Après tout, reprit-il, Paris est un pays charmant pour les gentilshommes, pour les belles filles et pour les poëtes. A propos, vous êtes un grand poëte, monsieur de Viau, ceux de Clérac me l'ont dit; votre tante d'Aiguillon me l'a répété cet automne, ce qui ne vous empêche pas de tenir votre épée en vrai gentilhomme. Il est beau en vérité d'être si bien favorisé de la fortune. Ah! bienheureux parmi les heureux!

« Ma colère était tombée.

« — Les grands poëtes, reprit-il, font l'orgueil d'un grand siècle: il sera beau à moi d'avoir le premier deviné votre génie et de l'avoir révélé au monde; je veux vous devancer à Paris, jeter votre nom à toutes les oreilles et vous préparer un chemin jonché de fleurs. La veuve Leroux, qui a publié des satires de messire Régnier, est de notre pays : je vous prédis à l'avance qu'elle vous payera en beaux écus au soleil vos élégies, vos sonnets et vos odes, que je ne connais pas, mais qui sont sans doute magnifiques.

« — Asseyez-vous donc, dis-je à Fargueil.

« Il mit un genou sur un fauteuil gothique.

« — Vous allez, continua-t-il, éclipser tous vos rivaux, ce faquin de Malherbe en mourra de dépit; vous serez l'astre poétique de ce temps ; vous irez à la gloire, les autres n'iront qu'au cimetière. Votre éclat rejaillira sur vos amis; et la plus grande faveur que j'implore de vous, c'est un peu d'amitié.

« — Beaucoup ! m'écriai-je.

« J'aurais dû rire des compliments outrés de Fargueil. L'homme d'esprit, c'était lui. Ses louanges, qui sonnaient encore à mon oreille comme une harmonieuse musique, enchaînaient ma jalousie.

« — Et vous serez dans le carrosse du messager? poursuivit Dafné.

« — Si je puis y trouver la moindre place.

« Le traître avait retenu le carrosse pour lui seul.

« Tout en disant cela il regardait Dafné du coin de l'œil par l'ouverture du rideau. Je ne sais pourquoi, mais toute ma fureur était éteinte : j'étais moins amoureux que la veille ; au lieu de placer ma vanité sur ma maîtresse, je commençais à la placer sur ma muse. Cependant, comme j'étais irrité de le voir si près du lit, comme la jalousie me dominait encore, je tirai le rideau en redisant les mots si connus du curé de Meudon : *La farce est jouée.*

« A cet instant, l'hôtelier vint nous avertir que l'heure du départ approchait et qu'il avait un lièvre tout chaud à notre appétit.

« — Servez-nous le lièvre dans cette chambre, dit Fargueil, et gardez-vous de nous donner du mauvais vin; il y va de vos bouteilles et de vos oreilles.

« Mon premier dessein fut d'attendre au lendemain, afin de ne point partir avec Fargueil; mais, reprenant confiance en Dafné et en moi-même, je laissai aller les choses avec assez d'insouciance.

« Dafné s'habilla dans l'alcôve, pendant que Fargueil regardait les passants par la fenêtre. Nous déjeunâmes fort gaiement et vers les onze heures nous montâmes tous trois dans la carrossée.

« — Vous n'êtes que trois? dit le messager à Fargueil.

« Il rougit et répondit quelques mots basques.

« — C'est fort bien! s'écria le messager, qui ne comprenait pas du tout.

« Je m'assis du même côté que Dafné; le jeune baron s'assit en face de nous et chercha à nous distraire par de prodigieux frais de bel esprit. Durant le jour, rien de surnaturel ne nous advint; les rosses du messager nous traînaient péniblement; il nous criait d'être patients, que ses chevaux avaient des ailes et qu'ils prendraient bientôt leur volée. Je songeais à tout et à rien; je rimais quelque tendre élégie; Dafné perdait ses pensées je ne sais où, dans les aiguillettes d'or de Fargueil; pour lui, il contemplait Dafné. Mais la nuit vint, et la scène changea dans le carrosse. J'appuyai doucement ma tête sur l'épaule de ma maîtresse et je m'assoupis. Le ciel se couvrit; un orage se forma et un éclair passa sur nous; le diable, sans doute, m'envoyait cette lumière, car je vis la main de Dafné perdue dans celle de Fargueil.

« J'eus une violente envie de jeter par la portière Dafné et Fargueil; mais un coup de tonnerre me fit réfléchir et les sauva : je contins ma jalousie, ma haine, ma fureur.

« — Ah ! traître ! ah ! traîtresse ! voilà donc l'amitié, voilà donc l'amour !

« L'eau tombait par torrents ; le messager jurait comme un damné et nous priait de remarquer l'allure fringante de ses rosses. Une des roues passant sur une pierre, le carrosse faillit verser. Dafné cria, un nouvel éclair brilla à cet instant et je vis la belle tomber dans les bras de Fargueil.

« — Le hasard est galant, dit-il.

« Je songeai que ma maîtresse était perdue pour moi et pour elle ; je me résignai, et, au lieu de m'enfuir, de la laisser à Fargueil, je me promis d'être un vivant obstacle à ses mauvais penchants ; je me promis de lutter contre la volupté, d'arrêter l'ivresse fatale qui nous entraînait. Dafné vint retomber contre moi toute palpitante ; elle eut soin de m'avertir que c'était le choc de la voiture qui l'avait agitée ainsi.

« — Ta tête sur mon épaule, me dit-elle d'une voix plus tendre.

« — Ce n'est donc point assez de Fargueil ? Il vous faut deux amants ? murmurai-je avec rage.

« — Deux amants ? Tu deviens fou.

« Dafné se mit à chanter.

« Quand nous arrivâmes à Paris, c'était le matin ; je dis adieu à Fargueil, qui ne s'attendait pas à un adieu et j'emmenai Dafné au carrefour Bussy.

« Le même jour, comme j'étais appuyé sur le balcon d'une des fenêtres, je vis Fargueil en face de moi, penché sur le balcon d'un magnifique hôtel, qui semblait s'élever dédaigneusement auprès des maisons voisines. Je rentrai dans la chambre et je tirai les rideaux.

« Dafné lisait un roman chevaleresque.

« — Les passants sont insolents, lui dis-je ; je te conseille de ne jamais te mettre à la fenêtre.

« — Jamais, dit Dafné avec empressement ; cependant, quand tu seras sorti, il faudra bien que je te regarde revenir.

« Le lendemain, la cruelle me dit, en me caressant :

« — J'aime à te voir, mon amour, j'aime à voir tout ce qui est beau comme toi, j'aime à voir le ciel... Il y a longtemps que je n'ai vu le ciel !

« Je courus à la fenêtre, j'arrachai le rideau et je criai à Dafné :

« — Voyez, madame ! — Elle sait que Fargueil est là, me dis-je en grinçant des dents.

« Le soir, on frappa à notre porte.

« — Qui vient là ? demandai-je.

« — Fargueil, répondit le baron.

« — Et que veut donc M. le baron de Fargueil ?

« — Parler à M. Théophile de Viau.

« — Théophile de Viau n'y est pas.

« Dafné tremblait, sa broderie échappa de sa main.

« — Vous n'y êtes pas ? dit-elle en essayant de sourire.

« Quelques jours se passèrent ; je croyais le baron reparti et je commençais à dormir en paix. Mais une nuit, à mon réveil, j'étendis les bras et je ne sentis pas Dafné ; je l'entrevis à la fenêtre : ce n'était pas au ciel que s'élevaient ses yeux. Je courus à elle et la saisissant par la main :

« — Que faites-vous là, madame ? lui dis-je brusquement.

« — Je regarde briller les étoiles.

« Il n'y avait que des nuages au ciel.

« — Vous regardez briller les yeux de Fargueil, madame !

« Le baron ferma sa fenêtre, Dafné rentra silencieusement dans la chambre.

« — S'il a son amour, pensai-je, au moins j'ai son corps.

« Pendant les jours suivants, une pensée jalouse m'assaillit sans relâche : c'était de faner au plus vite la beauté de Dafné ; mais, quand on a le cœur plein d'amour, comment y trouver assez de lâcheté pour flétrir son dieu ? Un soir, j'avais laissé Dafné seule à l'hôtel ; à mon retour, je ne l'y trouvai pas. Je rêvais à son absence, lorsque je vis passer deux ombres sur les rideaux de Fargueil. Je descendis à la hâte, j'allai frapper à la porte du baron.

« — Qui vient à cette heure ? dit-il.

« — C'est moi, Théophile de Viau, criai-je.

« — Et que veut messire Théophile de Viau ?

« — Voir M. de Fargueil.

« — M. de Fargueil n'y est pas.

« Dans ma fureur, je brisai la porte, je courus comme un fou dans la chambre, mais je m'arrêtai pétrifié à la vue de Dafné couchée au fond du lit.

« — Ne l'éveillez pas, elle dort, dit paisiblement Fargueil.

« Je voulais souffleter le baron, il éclata de rire.

« — Tout change en ce monde, ô poëte, me dit-il ; ne demandez donc pas la constance aux femmes : *inconstantia rerum humanarum !*

« J'avais la tête perdue, sans parler du cœur. Je m'enfuis comme un fou. Quand je revis mon lit désert, je poussai un profond soupir et je me jetai dessus avec désespoir. Le matin, le ciel pur et serein me rappela mes chastes amours, et, ranimé par leurs souvenirs, je jurai de repousser à jamais Dafné, je jurai de n'avoir plus d'autre amante que la muse.

« Quelques jours se passèrent, j'étais fidèle à mon serment; mais un soir que je rêvais à la fenêtre, mes yeux s'arrêtèrent sur Dafné, qu'un dernier rayon de soleil caressait; je me sentis frémir. Une heure après, Dafné m'avait parlé avec ce charmant sourire qui était bien le sourire de l'amour. La nuit tomba.

« Le jour reparut et me vit appuyé à la fenêtre, jetant un regard amoureux sur les rideaux qui me cachaient ma belle volage. Quand les rideaux furent accrochés, quand la croisée se rouvrit, j'étais palpitant j'étais heureux, car j'avais revu Dafné! Elle respirait l'odeur d'une rose d'automne qu'elle avait à la main et elle me regardait à la dérobée; quand elle se fut assurée que mes yeux étaient attachés sur son beau cou nu voluptueusement agité, elle effeuilla la fleur en souriant et jeta le calice dépouillé vers moi. Je pris une mine sévère, son visage s'épanouit; je souris avec dédain, elle baissa les yeux avec amour.

« Je courus chez Fargueil, qui descendait l'escalier.

« — Ah! c'est vous! Théophile. Allez donc voir cette pauvre Dafné. Je passe la matinée à la cour; la chère enfant pourrait s'ennuyer.

« Les émotions m'étouffaient; je ne pus répondre à Fargueil. Il me tendit la main, je jetai la mienne sur la garde de mon épée.

« — A ce soir, dit-il en me laissant.

« A la porte de Dafné, je demeurai longtemps incertain si j'ouvrirais ou si je descendrais; à la fin j'ouvris.

« — Je vous attendais, dit Dafné en se penchant à mon col.

« — Nos destins, reprit-elle, sont à jamais enchaînés;

6

nous devons marcher ensemble dans la vie et boire à la même coupe l'amour, la joie, la haine, la douleur. Aujourd'hui le ciel est beau et le soleil luit, embrassons-nous.

« Quand Fargueil fut de retour le soir, il s'écria gaiement d'un air résigné :

« — Je m'en doutais !

IV

« Fargueil retourna en Gascogne ; Dafné revint à mon hôtel.

« — Dafné, lui dis-je en entrant, ne frémis-tu pas en la contemplation de ta vie ? Il y a quelques mois tu étais une vierge sainte ensevelie dans un cloître ; qu'as-tu fait de ta robe blanche ?

« — Je n'étais pas le moins du monde une sainte au couvent ; en chantant les amours sacrées, je pensais aux amours profanes ; en regardant le ciel, je ne voyais que la terre ; mes prières n'étaient que sacriléges, mes serments qu'impiétés ; loin de lutter contre ma bouche, mon âme la poussait à l'amour. Mais ne nous avisons pas de raisonner ; ce n'est ni de notre siècle ni de notre âge. Embrasse-moi, mon cher amoureux, et que ce soit le dernier mot de ta morale.

« Nous fûmes bientôt de toutes les fêtes. J'avais beau me retenir à deux mains : le plaisir, la vanité, Dafné surtout, m'entraînaient vers l'abime. J'étais jaloux comme toujours, mais l'ivresse enchaînait ma jalousie ; d'ailleurs Dafné avait bien assez de briller à tous les yeux : la coquetterie étouffait son cœur ; elle voulait séduire tout le monde, elle craignait de briser son sceptre aux pieds de l'amour. Cependant elle se laissa surprendre.

« Je connus en peu de jours tous les poëtes de la pléiade. Hardy vint nous prendre une après-midi et nous conduisit à sa *Cléopâtre;* Dafné se passionna pour cette reine superbe qui bouleversait le monde avec un regard, et quand tomba le rideau, elle s'écria :

« — Est-ce que je n'ai pas été Cléopâtre ?

« Ce jour-là Hardy nous avait conviés à un souper où devaient se trouver un grand nombre de poëtes du temps ; j'étais souffrant et j'espérais n'y point aller ; mais Dafné le voulait. Le souper fut joyeux, l'ivresse versait à boire, la gaieté chantait à tue-tête, l'esprit étincelait. Tous les cœurs nous furent ouverts. C'était sans doute un charmant tableau que ces deux amoureux de vingt ans, qui entraient avec tant d'insouciance dans ce monde de vieux raffinés.

« On offrit une couronne au poëte tragique, qui la déposa sur la tête de Dafné et qui improvisa des stances en son honneur ; les convives proclamèrent ma maîtresse la reine de la fête ; je ne vis jamais Dafné si belle et si rayonnante.

« Vers la fin du souper, Dafné se pencha à mon oreille :

« — Ce fat qui est en face, me dit-elle, me marche sur les pieds.

« Je regardai l'amoureux hostile : c'était le comte de Saint-Luc ; l'ivresse et la passion animaient singulièrement ses yeux qui ne se détachaient pas de Dafné ; j'avançai mes pieds sous la table, et, comme je sentis bientôt les caresses de ceux du comte, je priai M. de Saint-Luc d'avoir pitié de mes pieds. Le comte était un homme d'esprit qui me dit en souriant :

« — Je me suis trompé.

« Dafné trouva la réponse très-jolie, et quelques minutes après ses pieds n'étaient plus à l'abri sous les miens. Le hasard ou l'amour me fit regarder sous la table, je les vis entrelacés dans ceux de M. de Saint-Luc; je pâlis et je jetai mon gant au comte. On décida que nos épées seraient croisées le lendemain. Je saluai la joyeuse compagnie et je m'enfuis comme un fou, libre encore une fois.

« — Hélas! dis-je en rentrant à l'hôtel, c'est un jour de délivrance, mais c'est comme la mort qui nous délivre de la vie.

« Le lendemain je ne trouvai pas le comte de Saint-Luc au rendez-vous.

« Du comte de Saint-Luc Dafné tomba au comte de Clermont. Je me rappelle que j'écrivis ce billet à son nouvel amant pour prouver à l'infidèle que je riais moi-même de mon cœur.

« Vous avez une maîtresse qui m'a voulu autrefois du
« bien, si vous aviez besoin du crédit que mes services
« ont mérité auprès d'elle, je l'emploierais en votre fa-
« veur : mais elle a trop de jugement pour m'avoir laissé
« ce moyen de vous obliger, et mon dédain fait que je
« trouve son ingratitude de bonne grâce; je me console
« beaucoup de ce que son amour ne change pour moi
« qu'avec son visage, et crois qu'elle m'a plutôt quitté
« par respect que par mépris. Cette vanité me persuade
« que je la dois aimer, et témoigne que je l'aime encore.
« Le temps ne ruinera jamais tant d'amour sans y laisser

« un peu d'amitié. Je vous laisse l'un et me donne l'autre.
« Après avoir été son esclave, je suis son affranchi. »

« Je me mis à combattre les souvenirs de Dafné ; je me mis à évoquer la pure et céleste image de Marie, en songeant à ces belles saisons qui m'avaient vu palpitant d'un amour divin. Il était temps encore, peut-être, de sauver mon âme des ravages du plaisir ; mais, dans la solitude, je laissai indolemment se former en moi d'autres orages : il fallait qu'ils éclatassent ; je me surpris bientôt à regretter Dafné, à songer avec délices à ses caresses si douces et si violentes.

« — O Dafné ! Dafné ! m'écriai-je, où sont tes regards et tes sourires ? où est cette épaule si blanche que tant de fois j'ai rougie sous ma bouche ?

« En vain je cherchais à m'aveugler : la femme que j'aimais, c'était Dafné. Isaure m'avait ouvert les portes du temple, Marie m'avait conduit à l'autel, mais sur l'hôtel j'adorais Dafné. Platon n'a pas le sens commun : l'amour est une ivresse, or comment s'enivrer sans mordre à la grappe ?

V

« J'errais un soir dans Paris en compagnie de trois ou quatre raffinés plus ou moins ivres, lorsqu'une femme perdue passa devant moi et me jeta un de ces regards qui viennent de l'enfer. La rue où nous marchions s'assombrissait de plus en plus et se trouvait presque déserte. La femme perdue se retourna tout à coup.

« — J'aime les hommes d'épée, me dit-elle d'une voix cassée, ce sont les plus vaillants.

« Je voulais passer outre, elle m'arrêta.

« — J'aime les hommes de cœur, reprit-elle, j'aime les marquis, les ducs et les princes.

« — Vous aimez beaucoup trop de monde, dis-je en fuyant.

« A deux pas de là, une de ses pareilles me prit la main.

« — Je suis belle, mon cher marquis, on voit le ciel dans mes yeux, les roses sur mes joues, les perles dans ma bouche.

« — Vous êtes beaucoup trop belle, dis-je en la repoussant.

« Une autre femme perdue me reprit la main.

« — Moi, je suis laide et je n'aime personne, dit-elle avec une tristesse étrange.

« Or c'était la plus jolie.

« Je lui laissai ma main; elle m'entraîna et me fit franchir le seuil d'un de ces hideux cabarets dont parle si bien mon ami Mathurin Regnier; elle me conduisit par un vieil escalier tortueux où je faillis me rompre le cou. Nous montâmes pendant une demi-heure; je croyais arriver au ciel, quand elle m'avertit que nous étions dans son paradis. Ce n'était pas le ciel. Les murailles étaient tendues de gravures sans nom; les galanteries des dieux païens étaient opposées aux gentillesses d'une troupe d'archers en belle humeur, et la vierge Marie, la reine des cieux, était lutinée par une phalange d'amours aux blanches ailes. Il y avait partout un hideux mélange de choses sacrées et de choses profanes; je vis avec frayeur un Christ d'ivoire qui restait dans sa sublime gravité devant un lit infâme. Je m'appuyai tout tremblant contre la porte, charbonnée de maximes à l'avenant du lieu ; je reposai mes yeux sur la lumière fumeuse de la lampe. La maîtresse du taudis vint me glisser son bras autour du cou ; elle était belle en vérité, mais je crus sentir un serpent et je la repoussai ; elle alla tomber sur son lit ; elle s'agenouilla et leva les yeux vers le Christ ; moi, je m'enfuis avec épouvante.

« Mais ce que j'avais vu me poursuivait sans cesse ; cette chambre de misère et d'ignominie, l'accolade de cette femme perdue, cette malheureuse qui péchait et qui priait devant le Christ, cette lampe qui avait éclairé la débauche et le repentir, tout cela avait un fatal attrait dont je rougissais, mais que je ne pouvais combattre.

« Le lendemain, je retournai, à mon insu, dans la rue noire et déserte ; les courtisanes dansaient à bride abattue dans le cabaret. J'y entrai et j'y reconnus plus d'un compagnon d'aventure ; j'étais tout palpitant et tout essoufflé comme le premier écolier venu. Bientôt la première des trois femmes perdues qui m'avaient accosté la veille me dit encore avec sa voix cassée qu'elle aimait tout le monde. La seconde arriva bientôt.

« — Je suis belle, tout le monde doit m'aimer.

« La dernière accourut et dit à ses compagnes que, si l'innocence était bannie de la terre, on la retrouverait en moi.

« Je soupai sans vergogne avec cette fille.

« Mais pourquoi vous montrer tous les abîmes où je suis tombé. Encore une fois, j'étais de la cour et je vivais comme ceux de la cour. Hélas ! la volupté est un buisson en fleurs qui vous attire par l'éclat et le parfum ; plus on veut cueillir de fleurs au buisson, plus on se déchire les mains.

« Je voulais repousser ces joies amères, je voulais repousser la volupté, mais à Paris je voyais la volupté partout; l'ardente charmeresse étreignait la grande ville dans ses bras de flamme, elle levait son front à la cour et travaillait avec le diable jusqu'au fond des églises. Un jour que je pensais à mon vieux père, qui pleurait ma fuite et ma rébellion, un jour que je rêvais à la vie toute patriarcale du château, un jour enfin que j'entendais en moi de lointains échos de ma jeunesse, je sortis à la hâte de Paris, cette mer toujours agitée, dont les vagues syrénéennes renversent les plus forts.

« J'avais aimé une courtisane, j'allais aimer une criminelle.

LIVRE V

HÉLÈNE

I

« Je me mis en route, comme un moine solitaire, le bon Dieu dans le cœur et le bâton à la main.

« Je parcourus l'ancienne province de l'Île de France, voyageant comme un poëte, m'arrêtant d'heure en heure pour admirer les splendeurs de la nature, gravissant les verdoyantes collines pour voir le soleil couchant, me reposant à toutes les fontaines pour y rêver d'amour, enfin, le soir venu, m'endormant avec délices sur le grabat d'une mauvaise hôtellerie. On touchait à l'automne, les pommes tombaient sur les sentiers, les vignes rougies appelaient le vendangeur, les chiens de chasse réveillaient l'écho des bois. Un jour je côtoyais une petite rivière, et je contemplais avec un charme infini les paysages attristés qui se déployaient sous mes yeux. Il y avait autour de moi tant de mélancolie et de sérénité, la rivière était si belle et si claire, le ciel était si doux et si pur, que j'eus le dessein de passer au moins un jour au prochain village, dans l'espoir d'y goûter enfin le bonheur facile des mœurs patriarcales. Or, au prochain village, j'allais franchir le seuil centenaire d'une auberge alléchante, gardée par un dogue endormi, quand des cris confus m'avertirent que tous les paysans du lieu s'étaient assemblés pour quelque fête ou quelque spectacle de baladin. J'atteignis la foule : horrible fête! affreux spectacle! on allait pendre une belle fille de vingt ans. La monstrueuse potence tendait son bras infatigable; déjà la victime agenouillée devant les juges écoutait la sentence de mort; elle était belle, elle était jeune, il fallait mourir. Le prévôt, qui avait des cheveux blancs, la regardait avec tristesse et compassion. Je fendis la foule et j'allai à lui.

« — Vous ne ferez pas grâce à cette pauvre fille? dis-je avec feu.

« — Elle est criminelle, répondit-il en secouant la tête et en soupirant.

« — Mais qu'a-t-elle donc fait?

« — Elle a tué son enfant.

« Mes cheveux se dressèrent, la belle coupable s'enlaidit à mes yeux, mais ses sanglots me déchirèrent le cœur et j'oubliai presque son crime.

« — Elle est si jeune! repris-je, ne la condamnez qu'au repentir; laissez faire la justice de Dieu, ne lâchez pas le loup sur l'agneau. Si le roi Louis XIII la voyait, il la sauverait!

« Tous les spectateurs s'étaient tournés vers moi.

« — Peut-on avoir pitié d'une infanticide! dit une vieille édentée, dont les yeux rouges confessaient une mauvaise vie. Hélène sera pendue, car elle s'est moquée des commandements de Dieu; elle a oublié les saintes paroles de l'Écriture. Elle a eu un amant, elle est devenue mère. La mauvaise mère! la marâtre! elle a étouffé son enfant.

« Pendant que cette vieille vipère se vengeait ainsi, je regardais la pauvre Hélène. Elle était si pâle et si défaillante, que je crus la voir trépasser. Un prêtre s'approcha d'elle, et, suivant la coutume du pays, il lui demanda en face de la mort, en face du ciel, la confession de son crime.

« — Confessez-moi votre crime, ma pauvre fille; la miséricorde du Seigneur est grande, espérez en lui.

« — J'espère en Dieu, répondit Hélène d'une voix pleine de larmes.

« Et après un douloureux silence, elle murmura en levant les yeux au ciel :

« — Je suis coupable, Dieu sait comment, et il me pardonnera.

« Elle jeta à la dérobée un regard amer sur une maison de belle apparence dont la porte était fermée.

« — Hélas! murmura-t-elle, ses marguerites sont belles encore...

« Un des juges imagina que ce regard amer d'Hélène révélait un complice.

« — Hélène, lui dit-il d'une voix sonore, j'ai deviné votre amant. Vous regardez s'il n'assiste pas à votre supplice.

« Tous les paysans levèrent les yeux vers une petite fenêtre déserte où s'encadrait souvent un jeune homme, au-dessus d'une belle touffe de marguerites sauvages. La pauvre Hélène, ne sachant que répondre, pria le valet de la haute justice d'en finir avec elle. Cet homme saisit la corde et voulut saisir la condamnée; mais je m'élançai vers lui et je le renversai à mes pieds.

« — Elle ne mourra pas ! dis-je en faisant briller au soleil la lame de mon épée.

« Le prévôt, le prêtre et les juges furent pétrifiés, les uns de surprise, les autres d'effroi. Hélène me regarda d'un œil égaré.

« — Je ne mourrai pas, dit-elle, je ne mourrai pas, ô mon Dieu ! ô ma mère ! ô mon enfant !

« Elle tomba évanouie dans mes bras. Une grande agitation souleva la foule ; les plus mutins levèrent la tête, je prévis un éclat.

« — Fuyez vite, me dit à l'oreille le prêtre ; fuyez vite, ne soufflez pas la tempête.

« — Je braverai la tempête, dis-je avec fierté.

« Le prévôt réfléchissait, les juges se regardaient en pâlissant, les paysans faisaient toutes sortes de menaces. Enfin le prévôt ordonna à ses archers de m'entraîner. Les archers s'avancèrent vers moi, mais s'arrêtèrent bientôt au bout de mon épée.

« Cependant j'allais succomber, la pauvre Hélène allait mourir, quand un carrosse doré, traîné par quatre chevaux, traversa lentement le lieu du supplice.

« — Le duc de Montmorency ! le duc de Montmorency ! vive le duc de Montmorency ! crièrent les paysans.

« Une pluie de deniers tomba sur eux, je me croyais délivré des mutins, quand tout à coup je me sentis terrasser avec Hélène.

« Le ciel m'envoya une force surhumaine ; je me relevai triomphant et je fis reculer les plus superbes. Hélène gisait sur le sol ; je la repris dans mes bras. Le duc de Montmorency descendit de son carrosse et me tendit la main ; je lui offris la main d'Hélène.

« — Ayez pitié d'elle, duc de Montmorency, dis-je d'une voix émue.

« — Ce que vous avez fait là est admirable, gentilhomme.

« — Ne pensez qu'à Hélène; on veut qu'elle meure pour un forfait qu'elle n'a pas commis.

« Le duc de Montmorency appela le prévôt.

« — Je n'ai point droit de haute justice en ce pays, lui dit-il; j'emmène pourtant cette fille à Chantilly, car j'aurai sa grâce du roi.

« Le prévôt s'inclina.

« — Je cède tous mes pouvoirs à monseigneur; mais, si Hélène n'est point pendue, les paysans se révolteront.

« Le duc de Montmorency fit tomber une seconde pluie de deniers et rentra dans son carrosse avec Hélène; puis, me tendant encore la main :

« — Votre nom? me demanda-il.

« — Mes œuvres vous l'apprendront, répondis-je orgueilleusement.

« Je disparus dans la foule; j'entendis bientôt hennir les chevaux qui reprenaient leur course aux cris de : « Vive le duc de Montmorency ! »

« Le prêtre et le prévôt vinrent à moi :

« — Vous êtes brave, dit le prévôt; mais cette fille était coupable.

« — Vous avez noblement agi, dit le prêtre; mais il faut une punition à la fille qui devient mère, à la mère qui tue son enfant; car, depuis cet hiver, voilà déjà quatre crimes pareils en ce pays.

« — La débauche est ici, pensai-je.

« Et je m'enfuis aussitôt.

« A la tombée de la nuit, j'arrivai devant une centaine de vieilles maisons ceintes d'une épaisse muraille garnie de tours et de tourelles; il y avait dans ces hautaines retraites, si bien défendues, quelque chose d'antique et de

7

sauvage qui me frappa; j'errais à l'entour, quand je vis sous le buisson d'un sentier un mendiant étendu qui se plaignait comme un mourant; j'allai pour le secourir, et je reconnus avec étonnement le vieux Robert de Saint-Pierre.

« — C'est vous, mon vieil ami? lui dis-je en le soulevant.

« Il ouvrit un œil éteint.

« — J'ai faim, j'ai froid, murmura-t-il.

« J'avais du vin d'Espagne dans une gourde, je lui en versai quelques gouttes sur les lèvres.

« — Du vin, du vin! dit-il en se ranimant; Dieu soit béni!

« Il m'arracha la gourde des mains et la vida d'un trait.

« — Je vous reconnais, poursuivit-il en me frappant sur l'épaule; est-ce Dieu ou Satan qui vous a conduit ici, dans mon beau pays de l'Ile-de-France, dans ma vieille ville gauloise, près de mon château de Saint-Pierre, que nous voyons là-bas penché sur le front de la montagne?

« La joie éclatait dans les yeux du mendiant; mais il passa à diverses reprises sa main sur son front et tomba soudain dans une sombre tristesse.

« — Hélas! reprit-il, c'est la mort qui m'a conduit ici, car j'ai pensé au cimetière de mon pays; j'ai dit adieu aux tavernes de vos provinces de Gascogne, je me suis mis en route, j'ai traversé la France comme autrefois, et me voilà, depuis ce soir, vieux mendiant où j'étais jeune seigneur. O Husson! que ne suis-je mort avec toi!

« — Quel est cet homme? demandai-je au vieux poëte.

« — Husson! Vous êtes huguenot et vous ne connaissez pas un des célèbres disciples de Calvin, un des fermes soutiens du prince de Condé et de la liberté de conscience ? Interrogez ces lieux, ils vous répondront, car ces lieux furent témoins de sa gloire et de ses malheurs. C'est le seul ami que j'eus en ce monde, et en vous racontant ma vie vous saurez son histoire. Le château de Saint-Pierre fut élevé, par ma famille, sur les ruines d'une église fondée par Louis d'Outre-Mer; nous naquîmes là, Husson et moi; nous nous liâmes dès l'enfance. Husson était orphelin, le voyage fut sa famille : le hasard l'attira en Allemagne, il vit Calvin, il suivit son école, il se passionna pour ses doctrines hardies et revint en France sous les drapeaux du prince de Condé ; pendant plusieurs années il combattit; mais, après d'éclatants triomphes, il eut ses mauvais jours, et, pour se soustraire au massacre de la Saint-Barthélemy, il accourut en cette ville cherchant un refuge; ses compatriotes étaient presque tous catholiques; poussés par leurs prêtres, ils le chassèrent ignominieusement. Husson, désespéré, pensa à son ami d'enfance ; il gravit la montagne et frappa au château de Saint-Pierre, qui lui fut ouvert comme mon cœur. Ma jeunesse dormait nonchalamment sur un lit de roses ; à la vue de Husson, ma jeunesse s'éveilla; il avait vu le monde, il avait bouleversé la France et j'avais soupiré des stances à Bacchus et à l'Amour en buvant le vin de la Côte et en lutinant les filles du pays. Je rassemblai toute mon énergie et je repoussai la mollesse qui m'énervait. J'embrassai mon ami; je pris une part de ses haines et de ses amitiés : le lendemain, nous prêchions le calvinisme dans le château de Saint-Pierre. Les jeunes gens exaltés, les mécontents, les désœuvrés, furent nos premiers auditeurs; ils devinrent nos écoliers, nos frères et nos défenseurs. En quelques mois plus de trois cents braves offrirent de nous servir et de nous suivre partout. Husson, dévoré d'ambition et de vengeance, pilla les armes des archers et chercha à s'emparer de cette ville. Ce dessein fut accueilli par nos amis avec des cris de joie. Nous nous rassemblâmes ; une nuit nous descendîmes à la porte du sud, et, après un combat de quelques heures, les gardes nous laissèrent maîtres du champ de bataille. Husson me nomma gouverneur, il demeura commandant de nos braves. Cette ville était une retraite inabordable pour nos ennemis ; ses hautes murailles avaient toujours découragé les assiégeants ; nous espérions attendre là en paix un temps plus favorable aux huguenots ; mais, au bruit de notre victoire, toute la province se leva en masse ; les soldats, les paysans, les archers vinrent nous assiéger ; le prince de Condé nous envoya des secours, et nous soutînmes le siége vigoureusement. Après deux mois passés d'une résistance inouïe, nous fûmes trahis par des lâches qui s'étaient glissés parmi nous ; ils mirent le feu à tous les coins de la ville, et Husson mourut au milieu des flammes, l'épée à la main. Avec Husson notre gloire tomba ; hormis quelques braves et moi, tous les huguenots furent massacrés. Je courus au château de Saint-Pierre, que douze de nos amis gardaient ; mais comme la ville le château fut incendié, et je n'eus de salut que dans la fuite. Depuis cette nuit fatale, j'ai mené une vie errante ; j'ai rappelé la nonchalance et la paresse, je me suis follement jeté dans la débauche du vin. Ah ! Dieu vous garde de cette débauche hideuse, elle grandit sans cesse, elle étend ses ravages, elle nous maîtrise ; nous luttons vainement contre sa puissance, elle nous brûle toujours ; nous ne pouvons éteindre son feu, qui dévore tout ce qu'il y a de grand et de sublime en nous. J'étais poëte, moi, elle a étouffé ma poésie ; ma pensée avait des ailes d'aigle pour s'élever aux cieux, la débauche a coupé ces ailes ; mon imagination était un ravissant tableau semé de paradis et d'oasis, la débauche a marché sur ce tableau, où je ne vois plus que l'empreinte de ses pieds. O paresse ! ô débauche ! que n'ai-je secoué vos chaînes perfides ! mes cheveux auraient blanchi moins vite, et je ne serais pas mort comme je vais mourir. Ma vie s'est levée belle et fleurie, comme l'aube de mai ; demain, peut-être, elle se couchera dans le fumier de Job.

« L'enthousiasme et l'ivresse du poëte s'éteignirent tout d'un coup, car il avait épuisé son dernier souffle. Après un silence de quelques minutes, il me dit d'une voix plus lente :

« — Je vais mourir.

« Je le regardai d'un air effaré et je me sentis frissonner.

« — Oui, je vais mourir, reprit-il ; Dieu ne me permet pas d'arriver jusque sur la montagne de Saint-Pierre ; je voulais mourir à la porte du château où je suis né. Ce n'était guère la peine de traverser la France pour ne pas atteindre au but ; mais c'est toujours ainsi.

« Le mendiant, qui serrait ma gourde d'une main convulsive, la porta à sa bouche et en aspira les dernières gouttes ; il se ranima tout à coup, se leva brusquement, étendit les bras et s'écria :

« — Je suis le roi du monde !

« Il retomba mort.

« — Au moins le buveur meurt dans l'ivresse, dis-je ; qui sait comment mourra le voluptueux !

II

« La lune se levait sur un ciel resplendissant d'étoiles; je gravis la montagne de Saint-Pierre, et j'allai frapper au château dans le dessein d'y faire enterrer celui qui voulait y mourir. Un valet vint m'ouvrir, je le priai de me conduire vers son maître; il me dit que son maître, le marquis de Saint-Pierre, se baignait au fond du parc. Je traversai la cour, et, après avoir longtemps attendu sur un banc de pierre, j'entrai dans le parc et je suivis une grande allée de tilleuls en fleurs; j'arrivai bientôt devant un étang parsemé d'une multitude d'îles boisées, qui se dessinaient sur la face argentée des eaux. J'étais plongé dans je ne sais quelle douce rêverie, lorsqu'un bruit semblable à un battement d'ailes m'avertit que le marquis se baignait là; j'allais m'éloigner de quelques pas, mais une ravissante voix de femme me retint sur le bord de l'étang.

« — Attends-moi, disait cette voix trop douce; mes pieds s'enchaînent dans les grandes herbes.

« J'aurais cru que ces paroles m'étaient adressées, si on n'eût répondu :

« — Je t'attends dans l'île.

« Dans la crainte d'être vu, je me jetai contre le tronc du dernier tilleul de l'allée.

« — Neptune, je vais me noyer ! reprit la femme.

« — Approche, approche encore ! Je te tends la main. Que tu es belle ainsi ! Assieds-toi là et laisse-moi boire l'eau qui coule de tes épaules, laisse-moi sécher ta chevelure sous mes baisers.

« Jamais je ne me sentis plus jaloux. Les deux amants firent le tour de l'île pour trouver une descente aisée ; en face de moi, l'homme se jeta à la nage ; la femme, à demi cachée par les liserons pendants, se laissa glisser lentement dans l'eau frémissante qui la suivit avec amour. L'amant, qui avait plongé, reparut en formant des vagues ; voyant s'enfuir la baigneuse, il courut à elle.

« Hélas ! j'avais reconnu Dafné.

« Je m'approchai du bord de l'étang ; à ma vue, la baigneuse se cacha dans l'eau.

« — Dafné ! m'écriai-je.

« — Théophile ! dit-elle en s'élançant vers moi.

« Son amant la retint.

« — Vous oubliez que vous n'avez pas de gants, ma chère.

« Il l'appuya dans l'étang.

« — Un sot vous chercherait querelle, gentilhomme ; mais, puisque vous êtes un ami de madame, le marquis de Saint-Pierre vous tend la main.

« — Cet accueil, lui dis-je, est d'un brave et loyal châtelain.

« — Par Dieu ! l'aventure est plaisante. Comment ! nous nous sommes chauffés au même feu, nous avons adoré la même belle, le diable qui me possède vous a possédé ! Voilà qui est drôle et bouffon ; le sieur Hardy ferait cinquante comédies sur notre rencontre ; nous boirons ce soir au triomphe des poëtes et des amants, car vous souperez avec nous.

« — Venez donc me chercher avec la barque, cria Dafné, qui riait comme une folle.

« Elle s'était couverte d'une large pelisse.

« — Gentilhomme, dit le marquis de Saint-Pierre, je vous charge de ce soin trop doux; moi, je cours à mon haut-de-chausses et à mon pourpoint.

« La barque était retenue par une corde attachée à une racine d'arbre; je dénouai la corde, je sautai dans la barque et je me mis à ramer de toutes mes forces vers Dafné. Elle descendit près de moi d'un air rêveur et me dit avec contrainte :

« — Il y a bien longtemps que je ne vous ai vu, monsieur.

« — Il y a bien longtemps que je ne vous ai vue, madame.

« — Vous faites toujours des vers, monsieur?

« — Vous faites toujours l'amour, madame?

« — Avez-vous revu Marie?

« — Hélas! dis-je en soupirant, que ne l'ai-je revue!

« Dafné pencha la tête.

« — Mais vous, ingrate, je ne vous demande pas qui vous avez vu.

« Dafné fit une moue charmante.

« Nous abordâmes bientôt; je lui tendis la main, nous nous égratignâmes de grand cœur en nous caressant du regard. Le marquis de Saint-Pierre revint alors.

« — Allons souper ! dit-il d'un air joyeux.

« — Allons souper ! répéta Dafné.

« — Gentilhomme, me dit le marquis de Saint-Pierre, offrez donc votre bras à Dafné.

« J'offris mon bras à l'inconstante fille ; elle s'empressa d'y glisser la main. Nous fîmes quelques pas vers le château.

« — Vous êtes du pays, gentilhomme? reprit le marquis de Saint-Pierre, qui s'amusait à effeuiller les branches tombantes des tilleuls.

« — Je suis de la province d'Agénois.

« J'appuyai, sans y penser, la main de Dafné contre mon cœur.

« Nous entrâmes au château, qui étalait un luxe inouï ; les murailles de la grande salle étaient tendues de tapisseries à ramages ; l'or des meubles éclatait aux reflets d'un lustre à mille étoiles. On nous servit à souper sur une table en ébène où brillait l'argenterie la mieux travaillée. Tout ce faste me fit penser au pauvre Robert de Saint-Pierre.

« — Eh bien, gentilhomme, me dit mon hôte, est-ce l'amour qui vous ferme l'estomac ?

« — Ce n'est pas l'amour, c'est un triste souvenir ; on vous a peut-être parlé de Robert de Saint-Pierre ? Je l'ai vu mourir ce soir.

« — Mon père ! mort ce soir ? s'écria le marquis.

« — Robert de Saint-Pierre est votre père ?

« Le marquis voulut se reprendre, mais il sentit qu'il était trop tard.

« — Oui, mon père, dit-il, à moins que je n'en aie un autre ; ne vous a-t-on pas déjà dit à la petite ville, où l'on ne m'aime pas, que j'avais les yeux de Robert de Saint-Pierre et le nez de son ami Husson ? Ne vous a-t-on pas déjà dit que ma mère n'était qu'une pauvre paysanne qui les servait ? Moi, je me moque de tous ces propos. Mais parlez-moi de Robert de Saint-Pierre : vous l'avez vu mourir ?

« Je racontai tout au marquis. Il trouva plus commode de penser que décidément celui dont il portait le nom n'était pas son père.

« — Mais vous devez bien à Robert de Saint-Pierre les honneurs de la sépulture.

« — Vous avez raison, gentilhomme.

« Et le marquis donna des ordres pour qu'on allât recueillir le cadavre.

7.

« Mais déjà un loup avait emporté la dépouille de Robert de Saint-Pierre. La tombe même manqua au pauvre poëte.

« Il était plus de minuit; Dafné, qui nous voyait mélancoliques, essaya de nous égayer; elle remplit nos verres et se mit à chanter une ronde agénoise. Mes chers souvenirs passèrent devant moi et je m'écriai :

« — Marie! Marie! où êtes-vous?

« Après avoir chanté lui-même, le marquis de Saint-Pierre s'endormit à table.

« — La belle lune! me dit Dafné; si nous allions dans le parc?

III

« Nous descendîmes les marches du perron et nous marchâmes en silence vers l'allée de tilleuls. Dafné m'embrassa.

« — Dafné, Dafné, je ne veux plus t'aimer !

« J'étreignis l'inconstante dans mes bras.

« — Le bonheur n'est qu'avec toi, me dit-elle.

« Sa tête retomba sur ma poitrine.

« — Le bonheur n'est qu'avec toi, car tu es mon premier amour, tu es le seul que j'aie aimé; les autres sont des esclaves qui servent mes plaisirs; ce marquis de Saint-Pierre me devient insupportable, et je m'ennuie comme une recluse.

« Quand nous arrivâmes devant l'étang, je sautai dans la barque avec Dafné; le cours du ruisseau qui passait là nous entraîna bientôt; Dafné s'appuya sur mes genoux et leva vers moi ses beaux yeux baignés d'amour; la barque glissait sur les eaux avec une molle lenteur, les zéphyrs versaient autour de nous l'arome des mille fleurs du jardin. J'étais joyeux et triste : je voyais d'un même regard Dafné à mes pieds, Dafné aux pieds de ses autres amants; j'étais amoureux, j'étais jaloux.

« — Tu penses à Marie? me dit Dafné.

« — Combien d'amants? lui demandai-je.

« — Quatre seulement. Théophile de Viau, le baron de Fargueil, le comte de Saint-Luc et le marquis de Saint-Pierre. Un poëte, un fou, un savant et un philosophe; tu le vois, je suis tombée de mal en pis.

« — Et comment donc as-tu passé du savant au philosophe?

« — Est-ce que je sais? Parce que le philosophe n'était pas le savant.

« — Et depuis quel temps?

« — Depuis un soir de cet hiver, où le philosophe prouva au savant que la philosophie et la science repoussaient l'amour; le philosophe oublia sa sentence à mes genoux et le savant devint sage malgré lui.

« — Dafné, tu es charmante.

« — Oui, mais je m'ennuie.

« — Tu règnes en ce château comme une reine.

« — J'aimerais mieux être reine de ton cœur.

« — Le marquis est un galant homme, il jette l'argent par la fenêtre.

« — Oui; mais, moi, je jette mon cœur et je me trouve toujours mal payée. Le marquis est un homme d'esprit; mais ses yeux sont toujours noirs. Et puis il s'endort... à table.

« La barque s'était arrêtée à l'autre bord; Dafné se jeta sur l'herbe, comme une folle enfant, et, s'accrochant à mon bras, elle se leva et m'attira vers une petite sortie dans une haie de chèvrefeuille. Elle regarda le château et la campagne et me dit d'une voix suppliante :

« — Théophile, je m'ennuie; allons-nous-en !

« — Mais où aller ?

« — Ailleurs !

« Je détournai les rameaux, nous franchîmes une haie de groseilliers épineux et nous prîmes la clef des champs.

« Nous nous arrêtâmes dans l'escarpement de la montagne, sous le morne regard de la lune.

« — Vous êtes bien pâle, Dafné.

« — Vous êtes plus pâle que moi, Théophile.

« — Dafné, nous sommes perdus. Dafné ! Dafné ! ne nous relèverons-nous donc pas vers les pures régions où l'amour humain se confond dans l'amour des anges ?

« — Mais, me dit Dafné, ne suis-je pas un ange, l'ange du mal ?

« A peine de retour à Paris, nous nous replongeâmes dans le doux nonchaloir de la volupté. Quand les gelées d'hiver vinrent blanchir mes fenêtres, nous passâmes de longues soirées, doucement appuyés l'un sur l'autre, à la vue des flammes qui petillaient dans l'âtre et qui formaient notre horizon. Que de rêves charmants, que de folles pensées, que d'amoureux embrassements ces flammes ont éclairés ! Le temps passait vite, je le voyais fuir avec regret, car ce n'était qu'aux fantaisies du cœur que je sacrifiais ma jeunesse. Dafné, plus insouciante, voyait pourtant aussi le vol rapide du temps, car elle avait peur d'être atteinte d'un mauvais coup d'aile.

« Je ne savais pas me conduire, mais je donnais de bons conseils. J'avais un nouvel ami, le baron de Bergerac, qui allait tomber sous le joug d'une indigne maîtresse. Je le sauvai de ce danger*.

---

* Je trouve dans les œuvres de Théophile cette lettre au baron de Bergerac : « Si tu donnes tant d'empire à ta maîtresse, il te sera dif-

« Ce fut vers ce beau temps que Scudéry donna au public mes premières élégies. Tous les beaux esprits, Balzac surtout, applaudirent à ma muse. Mais ma muse, c'était Dafné ; peut-être était-ce Marie. L'amour seul m'avait fait cueilleur de rimes. Je me rappelle qu'un jour ces stances me furent inspirées comme par enchantement devant le lit de ma folle maîtresse :

> Quand tu me vois baiser tes bras,
> Que tu poses nus sur tes draps,
> Bien plus blancs que le linge même ;
> Quand tu sens ma brûlante main
> Se promener devers ton sein,
> Tu sens bien, Dafné, que je t'aime.
>
> Comme un dévot qui voit les cieux,
> Mes yeux tournés devers tes yeux,
> A genoux auprès de ta couche.
> Pressé de mille ardents désirs,
> Je laisse, sans ouvrir ma bouche,
> Avec toi dormir mes plaisirs.
>
> La rose en versant son odeur,
> Le soleil donnant son ardeur,
> Diane et le char qui la traîne,
> Une naïade dedans l'eau,
> Et les Grâces dans un tableau
> Font plus de bruit que ton haleine.
>
> Là, je soupire auprès de toi,
> Et considérant comme quoi

ficile de la servir longtemps, et impossible de la posséder jamais. Puisque tu sais si bien tremper ton vin pour la santé du corps, apprends aussi, si tu peux, à modérer les appétits de ton âme ; il faut suivre son désir, mais de loin quand il va trop vite, et froidement quand il court vers le feu. Ce sont les conseils et les maximes de ton serviteur. »

Ton front si doucement repose,
Je m'écrie : « O ciel, peux-tu bien
Tirer d'une si belle chose
Un si cruel mal que le mien ! »

IV

« Une ancienne religieuse de Sainte-Thérèse, que Dafné rencontra à Notre-Dame, lui dit que sa pauvre sœur, toute en larmes, s'était ensevelie sous le voile. Déjà, à force de prier et de pleurer, elle devenait pâle comme la mort. Le cœur s'éteignait sous le cilice, ce cœur que j'avais allumé ! L'âme était toute pleine du Seigneur, cette âme qu'une fois, une seule fois, mes lèvres profanes avaient surprise sur sa bouche. Je ne saurais dire la douleur qui me vint à cette nouvelle. Jusque-là, j'espérais revoir Marie en retournant à Sainte-Radegonde ; j'espérais regretter avec elle, comme avec un ami fidèle, les pures aurores de la vie, les jours enchantés des vingt ans. Plus d'espérance ! morte à jamais au monde et à moi-même ! Ce qui me désolait surtout, c'était de savoir qu'elle pleurait au fond de sa tombe.

« — O mon Dieu ! m'écriais-je souvent avec ferveur, envoyez-lui vos anges pour essuyer ses larmes !

« Dans les premiers temps, le marquis de Vertamond avait tenté de sauver Dafné du péché ; mais le bon Dieu lui-même eût échoué. Comment arracher à l'amour une femme si belle et si folle de sa beauté ! Craignant l'éclat, M. de Vertamond s'était résigné en Dieu après plusieurs voyages à Paris, où il n'avait pu la rencontrer. Il lui avait écrit sans la toucher ; le prieur lui-même avait écrit à Dafné des lettres édifiantes, dont elle avait fait des papillotes.

« Un matin, j'ouvris ma croisée pour regarder le ciel, la neige tombait depuis quelques heures et couvrait déjà les toits ; je ressentis une grande douleur, je courus vers Dafné, qui dormait encore.

« — O mon Dieu ! m'écriai-je, nous perdons à chaque instant une parcelle de nous-mêmes ; nous mourons tous les jours.

« La neige qui rayait le ciel m'avait fait ressouvenir de ce poétique hiver où je buvais aux pures fontaines de la vie ; j'avais vu ces deux vallées voisines que borne notre montagne ; j'avais vu, dans la maison du garde-chasse, Charlotte filant près du chat angora et de l'épagneul ; j'avais vu le convoi d'Isaure, les yeux bleus de Marie, et j'étais effrayé de me sentir si loin déjà ! J'avais perdu sans retour ces virginales illusions d'un cœur tout ignorant encore, j'avais oublié ces premiers battements d'ailes de l'âme quand elle s'élance comme une blanche colombe dans la splendeur du ciel. Que de sources dans la vie ne coulaient plus pour moi !

« Dafné s'éveilla, et, me regardant d'un œil à demi clos :

« — Tu souffres ? me dit-elle.

« — O ma Dafné ! la mort ne nous tend pas les bras, elle nous poursuit depuis le berceau jusqu'à la tombe.

« Dafné se mit à rire.

« — Riez, enfant que vous êtes ! puissiez-vous rire longtemps !

« — Tu as donc entendu cette nuit le cri d'une chouette ? tu as donc vu ce matin le vol d'un corbeau ?

« — J'ai entendu la voix du remords; j'ai vu ma jeunesse dans un linceul.

« Dafné bâilla à plusieurs reprises de la plus jolie façon du monde; après quoi, elle me dit d'un air rêveur:

« — Fargueil était plus amusant.

« Je contins ma fureur, et, dès que Dafné eut mis sa robe, j'allai ouvrir la porte et je la conduisis silencieusement sur le seuil.

« Je croyais qu'elle resterait: elle partit! Elle partit sans regrets, plus légère qu'un oiseau.

« La nuit, je l'attendis et je veillai. Les yeux attachés sur mon labeur, je me laissais aller indolemment au cours de ces rêveries vagabondes qui nous arrivent à notre insu et que la moindre chose fait évanouir : une femme se trouva tout d'un coup devant moi, je levai la tête avec surprise.

« — Hélène! m'écriai-je.

« — Oui, Hélène, votre servante dévouée, Hélène qui vous doit la vie.

« — Louis XIII vous a fait grâce?

« — Le roi m'a fait grâce; mais je suis condamnée au bannissement. Monseigneur de Montmorency a appris à Louis XIII votre belle action, et Louis XIII vous a nommé gentilhomme de sa chambre.

« — Mais le roi ignorait mon nom.

« Hélène me présenta un parchemin.

« — Le roi ignore toujours votre nom, qu'il vous faut inscrire sur ce parchemin.

« — Mais comment m'avez-vous trouvé?

« — Je vous ai cherché, mon bon ange m'a conduite ici; maintenant je vais retourner à Chantilly; vous me direz votre nom, afin que je le puisse répéter au duc de Montmorency, qui a le vif désir de vous revoir.

« Je fis asseoir Hélène au foyer, et, pendant qu'elle chauffait ses mains bleuies par le froid, je la regardai à la dérobée. Ses cheveux bruns relevés découvraient un de ces fronts vastes qu'on ne voit guère chez les paysannes de son pays ; ses traits fièrement sculptés, sa pâleur éternelle, ses yeux pleins d'éclat donnaient à sa figure un caractère énergique qui me plut beaucoup, mais qui me fit peur, quand je vins à penser au crime dont on accusait Hélène.

« Je lui pris les mains, et je lui dis, en la fixant :

« — Hélène, accordez-moi votre confiance ; racontez-moi vos amours et dites-moi toute la vérité.

« Hélène baissa tristement la tête.

« — Mes amours, hélas ! pourquoi me demander ma honte et mon malheur ? Je n'aurai jamais la force de vous dire tout, puisque ma bouche s'est fermée comme par un prodige à l'instant où j'allais me confesser au prêtre que vous avez vu à mon supplice ; ne me demandez pas l'histoire de mes amours, qui m'ont éveillée dans des bruyères fleuries et qui m'ont conduit devant une potence.

« Hélène laissa échapper un cri de douleur.

« — Hélène, racontez-moi vos amours et dites-moi toute la vérité.

« La pauvre fille ne résista plus ; elle retourna dans sa première jeunesse, elle recueillit ses souvenirs et commença ainsi :

« — Mon père était un grand seigneur. Cependant ma mère n'était qu'une des servantes du grand seigneur, qui la jeta à la porte la veille de ma naissance ; ma pauvre mère accoucha, dans la grange d'une métairie, de deux enfants jumeaux, car j'ai un frère qui mendie sans doute à cette heure. J'ai grandi dans la misère ; ma mère mourut jeune; mon frère, trop vite ennuyé de mes cris et de mes larmes, me délaissa, et disparut à jamais du pays. Je demeurai seule à quinze ans, n'ayant qu'une bénédiction maternelle, n'ayant des mains que pour les tendre aux passants ou à la porte des riches.

« Un jour qu'il faisait chaud, je m'étais couchée dans les bruyères et j'y sommeillais, quand deux chiens de chasse aboyèrent près de moi; je me levai presque effrayée et je vis le fils du tabellion qui s'approchait. Je lui tendis la main comme aux autres : il la baisa, lui. Et je ne sais ce qu'il advint alors. Le fils du tabellion jeta mes haillons au feu et me fit présent d'une jupe rayée, d'une brassière bleue, d'un joli chaperon rouge. Et bientôt il jeta au feu ma jupe rayée, ma brassière bleue, mon chaperon rouge et me revêtit comme les dames du pays : les dames jalouses de ma beauté, j'étais alors plus jeune, les paysannes jalouses de ma belle robe, prièrent le ciel de m'envoyer ses malédictions; le hasard, sans doute, répondit à leurs vœux, et, comme ma pauvre mère, je devins mère avant d'être épouse. Après les douleurs de l'enfantement, le fils du tabellion vint me voir; il avait l'air effaré.

« — Hélène, me dit-il d'une voix sombre et glaciale, je t'aime; mais, si jamais on sait quel est le père de ton enfant, mon amour se changera en haine, mes soins en persécutions.

« — Hélas! dis-je, quand on me demandera d'où me vient cet enfant, que pourrai-je répondre?

« Le fils du tabellion rêva longtemps. Tout à coup, se frappant le front, il me dit :

« — Il faut que ton enfant meure.

« — Jamais! m'écriai-je en prenant l'enfant sur mon sein, — jamais!

« L'homme qui m'avait séduite sortit et me laissa ; mais ses paroles fatales vinrent me tourmenter sans relâche. Vers le soir, j'eus de mauvaises idées, et dans la nuit...

« Hélène sanglota.

« — Dans la nuit, j'étouffai mon enfant ; au moins nulle lumière n'éclaira mon crime.

« Je me sentis frissonner et mes cheveux se dressèrent :

« — Hélène, c'est une horrible chose.

« — Vous avez voulu savoir la vérité, et la vérité vous épouvante ; je m'épouvante moi-même ; et, quand ce hideux souvenir saigne en moi, j'appelle la mort à grands cris ; si la mort est trop longtemps sourde, j'irai à elle, car ma vie est affreuse ; du matin au soir, je pense à mon enfant ; du soir au matin, je le vois en songe, tantôt palpitant sur mon cœur, tantôt froid comme du marbre.

« — Vous avez étouffé votre enfant, Hélène !

« — Je l'ai étouffé, je l'ai jeté dans un puits, je me suis enfuie ; mais les méchants sont toujours reconnus, et, sans vous, j'aurais été pendue.

« Nous gardâmes un long silence.

« — Et le fils du tabellion, Hélène ?

« — Je ne l'ai pas revu.

« — Et vous l'aimez encore ?

« La voix d'Hélène s'affaiblit.

« — Quoi qu'il arrive, n'aime-t-on pas toujours son premier amant ?

« Hélène détournait la tête.

« — Ah ! pardonnez-moi, mais je n'ose plus vous regarder, car je vous ai confié ce que je ne dirai qu'à Dieu.

« — La prière et le repentir vous sauveront, ma pauvre fille.

« — Je n'espère pas : la mère sera damnée, mais au moins l'enfant est dans le ciel.

« Hélène se leva.

« — Adieu.

« — Où allez-vous, Hélène?

« — A Chantilly.

« — Mais cette nuit?

« — Je ne sais.

« — Il est deux heures du matin, il fait un temps effroyable, vous resterez ici jusqu'au jour. Vous vous coucherez là, dans ce lit.

« — Mais c'est votre lit.

« — Je travaillerai jusqu'au matin.

« Hélène se défendit beaucoup ; elle céda enfin ; je la conduisis contre le lit et je tirai les rideaux sur elle.

« — Dormez, Hélène.

« J'entendis un soupir. Je vins me rasseoir devant le feu qui s'éteignait ; j'y jetai des bûches, des écorces de bouleau et je le ranimai. Je voyais dans mon imagination Hélène sommeillant sur la bruyère, Hélène étouffant son enfant, Hélène me racontant ses amours. L'éclat de ses yeux, sa pâleur, sa beauté presque sauvage, me revenaient sans cesse ; bientôt j'oubliai l'infanticide, je ne vis plus que la jolie vagabonde séduite dans les champs ; bientôt je ressentis une secousse démoniaque qui me poussait au mal ; je me rapprochai de ma table et je pris ma plume d'une main tremblante ; j'en étais à ce point : les voluptés corporelles sont-elles indignes d'un philosophe? Je me répondis : Hélène n'a peut-être plus sa robe.

« Je parvins pourtant à me maîtriser, à fermer les yeux

sur l'image d'Hélène, à refouler dans mon cœur les mauvais désirs qui prenaient leur volée. Plus d'une heure se passa ; j'avais ajouté une stance à l'*Immortalité de l'âme*, quand je laissai tomber ma plume devant le lit.

« J'avais aimé l'ange dans le ciel, l'ange sur la terre, la fille folle de son corps ; j'allais aimer la criminelle.

« Je tendis la main et j'entr'ouvris les rideaux en pensant que je trouverais Hélène endormie...

« Hélène était agenouillée, et, les mains jointes sur son cœur, elle veillait en priant. O criminelle, que vous étiez sublime !

« Je faillis tomber à la renverse à la vue de cette pauvre fille repentante. Le reflet des flammes de l'âtre glissa sur ses yeux baignés de larmes et sur sa chevelure éparse. Mes mauvais désirs s'étaient soudainement apaisés, et, plein d'enthousiasme, je me jetai devant Hélène et je pleurai avec elle.

V

« Aussitôt qu'il fit jour, Hélène partit. La semaine suivante, la carrosse du duc de Montmorency s'arrêta sous mes fenêtres. Le duc vint frapper à ma porte ; j'ouvris en frémissant d'orgueil ; il me tendit la main et me dit :

« — Gentilhomme, je vous avertis que je ne sortirai pas sans savoir votre nom ; vous l'avez caché à cette pauvre Hélène, qui vous a cherché si longtemps.

« J'interrompis le duc et je lui dis mon nom.

« — Fort bien, gentilhomme ; ce nom sera glorieux.

Maintenant vous allez monter dans ma voiture et m'accompagner chez notre jeune roi, qui vous attend.

« Je me soumis aux ordres du duc, et nous fûmes bientôt à la cour. Louis XIII me vit avec une bonne grâce toute royale, il me fit beaucoup de louanges et me demanda des ballets et divertissements pour les prochaines fêtes.

« Je fus bientôt cité au nombre des plus raffinés de la cour. Les courtisans étaient de jeunes fous plus braves qu'orthodoxes; que Dieu me garde de retracer le tableau des saturnales ardentes, des orgies échevelées où le désœuvrement nous poussait tous! Que ce tableau s'efface à jamais de mon histoire et de mon souvenir!

« Un beau jour, je rencontrai Brizailles dans une troupe de chanteurs des rues; le pauvre diable avait assez mauvaise mine. Je lui offris de mettre mon valet de chambre à la porte en sa faveur. Il s'offensa d'abord, il leva la tête en grand d'Espagne, il parla des beautés de son art; mais, comme il n'avait pas soupé la veille, il se résigna. Ce garçon, que j'espère retrouver encore, avait en vérité le génie comique; un bon directeur de théâtre eût fait sa fortune avec lui. Il a dépensé beaucoup de verve pour rien; il aime trop la vie vagabonde, la folle liberté; aussi, quel mauvais valet j'avais là! Mais avec lui je riais de bon cœur, et on ne doit pas se plaindre de ceux qui vous ont fait rire, ni même de ceux qui vous ont fait pleurer.

« Dans le printemps de la vie, tous les chemins mènent à l'amour. Tous les chemins me conduisaient vers Dafné; j'avais beau me détourner d'elle, je la rencontrais toujours.

« Il y avait à Paris un peintre dont on parlait beaucoup

pour son génie et sa misère ; quelques mots contre la reine mère l'avaient banni de la cour : c'était un portraitiste d'un style fier et noble, d'une touche large et lumineuse. Un matin, j'allai le voir par une compassion presque fraternelle ; il était d'ailleurs de mon pays ; je le trouvai grelottant de froid, quoique le soleil de mars rayonnât dans son grenier. Divers dessins, divers vieux livres étaient épars à ses pieds ; une toile divisait sa chétive retraite, où le vent trouvait toujours passage, de quelque côté qu'il soufflât ; un grand tapis en lambeaux couvrait un lit des plus mauvais. En face de ce lit, il y avait une glace à biseaux dont les bordures dorées faisaient mieux sentir les misères d'alentour. Cette glace me surprit ; je crus d'abord qu'elle servait au peintre soit pour étudier les oppositions de lumière, soit pour étudier les métamorphoses que les divers sentiments de l'âme donnent à la figure ; le peintre m'apprit que ce beau miroir était là pour sa maîtresse.

« — Hélas ! dis-je en sortant, cette femme a bien du courage, c'est-à-dire bien de l'amour.

« Quelques jours après, je retournai chez le peintre. Légèrement inclinée devant la glace, une femme se regardait avec insouciance ; elle avait dénoué sa longue chevelure dont les flots ondoyants noyaient ses épaules, comme ces éternelles gerbes d'eau qui tombent amoureusement sur les formes antiques des naïades.

« Cette femme, hélas ! cette femme, c'était Dafné.

« — Vous ! m'écriai-je en la voyant.

« Elle releva lentement la tête.

« — Oui, moi, dit-elle avec un doux sourire. Que venez-vous faire ici, mon beau gentilhomme ?

« — Rien.

« — J'en suis bien aise ; asseyez-vous sur ce lit.

« — Vous êtes seule ?

« — Oui, seule avec mon amour.

« — Et votre amant ?

« — Je ne sais où il est ; je l'attends depuis deux heures. Je croyais que c'était lui ; mais il se serait jeté à mon cou, tandis que vous...

« Dafné fit une moue dédaigneuse et tressa ses cheveux.

« — Dafné, laissez-moi baiser votre main, non par souvenir d'amour, non par admiration pour votre blanche main, mais parce que vous êtes ici, parce que vous êtes la maîtresse d'un pauvre peintre délaissé.

« Je saisis la main de Dafné et j'y appuyai mes lèvres frémissantes.

« Le peintre survint ; la volage me sembla plus caressante que jamais ; ses yeux s'animèrent, sa voix s'adoucit encore : elle était charmante. Quand je sortis, elle m'accompagna jusqu'à l'escalier.

« — Nous nous reverrons bientôt, me dit-elle en souriant.

« Et son image adorable me poursuivit jusqu'au milieu des fêtes les plus folles. Car je courais de femme en femme, sans retrouver le miel qui parfume le cœur.

« — Hélas ! me disais-je souvent, il n'est que deux femmes pour moi dans ce monde ; l'amour de l'une donne des ailes à mon âme, l'amour de l'autre tuera mon pauvre corps. O Marie ! vous reverrai-je ? O Dafné ! pourquoi vous ai-je perdue ?

« Je fis un voyage en Hollande avec Balzac ; mais je me souviens à peine des blondes Flamandes, même de celles de Rubens ; je ne voyais pas une femme sans me rappeler Marie ou Dafné. Quand je revins à Paris, j'étais tourmenté d'un vague désir, d'une soif ardente de volupté. J'avais beau fermer les yeux, je voyais partout Dafné, cette sirène plus attrayante que celles d'Homère.

« Un soir, je me surpris sous la fenêtre du peintre. Je m'enfuis en riant de cette distraction du cœur; mais, arrivé au bout de la rue, je revins sur mes pas sans m'en douter; une lumière brillait au travers de la fenêtre: pendant plus d'une heure, ce fut l'astre de mes rêves. Il était près de minuit que je regardais encore. Le hasard ouvrit la porte de la maison; le diable, sans doute, me fit avancer de quelques pas, et le souvenir des regards de Dafné m'enleva jusqu'au haut de l'escalier. J'allais descendre sans ouvrir, mais une voix aimée m'attira contre la porte; ma main rencontra la clef et je me trouvai tout surpris dans l'atelier. Le peintre dormait, Dafné veillait en pleurant au pied du lit :

« — Silence ! me dit-elle en me voyant; il est malade.

« — Mais vous, Dafné, quelle pâleur !

« — Moi, je n'ai rien.

« — Vous êtes malade aussi !

« — Moi ! qu'importe ? mais lui, plaignez-le; voilà cinq semaines qu'il est là, n'ayant que moi seule pour consolation ; il mourra de misère, car nous n'avons plus rien; son noble orgueil l'a perdu. Et tant de génie et tant d'amour demeureront à jamais enfouis dans une tombe !

« Le malade souleva une de ses mains, Dafné se pencha au-dessus de lui et le contempla tristement :

« — Il n'est pas réveillé; il rêve. O mon Dieu ! quel affreux songe doit l'assaillir !

« — Il fait un songe charmant, car le sommeil est le repos de la joie ou le repos de la douleur; quand nous sommes gais en nous endormant, nos rêves sont tristes; quand nous sommes tristes, nos rêves sont gais.

« — Hélas !

« — Vous ne pouvez passer ainsi les nuits, Dafné.

« — Et qui les passera?

« — Moi.

« Dafné me pressa les mains :

« — Et vous croyez que je le veuille? Oh ! non. L'avare qui veille sur son trésor en confie-t-il la garde à un autre? Les soins de l'amitié ne sauveraient pas le malade, les soins de l'amour le sauveront; et ne sera-t-il pas glorieux à une femme d'avoir rendu un grand peintre à son pays? D'ailleurs, j'aime mieux une nuit d'angoisses qu'une nuit de repos, car le matin je suis fière : il me semble que le soleil me regarde avec admiration; il me semble que les chants des passereaux sont à ma louange; si j'avais dormi, les passereaux chanteraient peut-être la mort du malade...

« — Dafné, vous êtes une noble femme; mais la fièvre vous dévore, et qui sait où vous conduira tout ce beau dévouement!

« — Si c'est au cimetière, j'en remercierai Dieu, car je serai morte dignement, et Dieu ne regardera pas dans ma vie passée. Ah! les pécheurs s'effrayent pourtant devant la mort.

« A chaque instant, la tête de Dafné retombait sur son sein avec un morne abattement. Le malade se plaignit d'une voix sourde; elle se ranima tout d'un coup et s'inclina au-dessus de lui.

« — Ma belle amie, lui dit-il, laissez-moi vous voir ainsi; vous serez mon modèle pour l'ange de la douleur.

« Dafné demeura inclinée au-dessus du lit; mais bientôt cette pose fatigante épuisa ses dernières forces; elle tomba évanouie sur son amant.

« Je veillai les deux malades pendant quelques jours; mais, déjà malade moi-même, je les laissai à la garde d'un médecin et d'une vieille du voisinage. Je courus chez moi comme si j'eusse fui la mort.

« Plusieurs semaines se passèrent, j'étais toujours malade. Un matin, j'entendis les pas légers d'une femme, j'ouvris les yeux et je vis Dafné, pâle encore, mais belle comme en ses jeunes années :

« — Il n'est plus malade, me dit-elle.

« — Je vous comprends, Dafné : le peintre est sauvé, vous le délaissez ; je suis en danger, vous revenez à moi.

« — En danger ! s'écria Dafné ; je ne vous savais pas malade. Je reviens à toi parce que je t'aime. Je ne suis pas encore une sœur de charité ; mais, en attendant, je vais te guérir. Rien n'effarouche mieux la mort et tout son attirail que l'amour.

« Cela dit, Dafné m'embrassa : au même instant je me sentis reverdir. Mais le bonheur passe et ne s'arrête jamais ; à peine avais-je respiré l'air du renouveau, que le père Garasse et son complice, le père Voisin, dont j'ai mal parlé à la cour, obtinrent une enquête sur ce qu'ils appellent les fureurs de mes passions et mes irrévérences envers Dieu. On peut faire brûler un honnête homme sur deux lignes marquées de son seing. J'ai écrit tout un livre sur l'*Immortalité de l'ame:* la vengeance, qui est aveugle, y a vu des preuves d'athéisme. J'étais un brave et loyal gentilhomme, bien vu à la cour ; on parlait de mes aventures et de mes poésies. Il y avait plus d'un envieux autour de moi ; quand on jugea qu'il était facile de me perdre, ceux-là même qui me recherchaient la veille se détachèrent de moi avec éclat. Le roi m'ordonna de voyager. C'était l'exil. Mes ennemis ne furent point apaisés par mon départ ; on continua mon procès, nul ne me défendit : je fus condamné à être brûlé vif, pour avoir librement examiné quelques points de controverse religieuse. Il y a dans tous les siècles des esprits inquiets qui vont en avant, vers l'aube encore douteuse. Je crois fermement en celui qui est là-haut, mais je l'aime dans ses œuvres comme dans le ciel. Je suis sûr que le souffle qui réveille le pampre au printemps, c'est le souffle de Dieu. Tout ce que je vois avec amour est un autel où j'adore la Divinité : la javelle qui tombe sous la faux, comme la créature dont le cœur bat sous la passion.

VI

« Je traçais les dernières lignes de mon histoire, quand un bruit de voix s'est fait entendre à la porte du cachot. Les gardes m'ont averti qu'une femme voulait entrer ; je les ai suppliés de la laisser passer, et, plus humains sans doute que les autres jours, ils n'ont pas résisté. Je ne puis vous dire quelle immense joie noyait mon âme, quelles délices et quels ravissements je ressentais en moi! Une femme! un soleil dans les ténèbres. Un damné, plongé dans les flammes infernales, verrait avec moins de bonheur descendre vers lui un ange, un messager de Dieu.

« Or, cette femme s'avança silencieusement vers ma lumière, et, dès qu'elle entrevit ma figure si pâle et si amaigrie, elle tendit les bras et tomba devant moi. C'était Hélène ; je la reconnus à son front vaste et à ses grands sourcils. Elle me sembla singulièrement sombre ; ses vêtements révélaient une opulence déchue : ils étaient riches mais fanés.

« — Il y a quelque nouveau drame en sa vie, me dis-je

en la contemplant; l'amour a encore passé dans son cœur.

« Hélène tressaillit tout à coup. Je l'avais attirée à moi; elle releva lentement la tête.

« — Que ne m'avez-vous laissée mourir il y a dix ans! me dit-elle d'une voix coupée de sanglots.

« Sa tête retomba.

« — Vous avez fait une mauvaise œuvre; vous avez renversé mon échafaud; je viens vous prier à genoux de le relever. Il faut que je meure! Je suis allée criant partout que j'étais une grande coupable, que j'avais étouffé mon enfant; nul n'a voulu m'entendre, tous m'ont dit que j'étais folle, tous ont ri de mes affreuses confessions. Ayez pitié d'une misérable criminelle qui se débat contre la vie, qui appelle la mort à grands cris, mais qui n'a point la force de se tuer. Allez, courez, cherchez des oreilles qui écoutent, des juges qui condamnent.

« Hélène me regarda.

« — Mon Dieu! j'oubliais déjà que vous êtes dans un cachot, j'oubliais que vous souffrez aussi.

« Hélène se tut.

« — Mais vous n'avez pas étouffé votre enfant, reprit-elle; vous n'avez pas...

« La criminelle sanglota encore.

« — Hélène, lui dis-je, quelque nouvelle catastrophe a troublé votre vie.

Elle se cacha la tête.

« — Je suis la proie du mal; un démon me poursuit sans relâche; son regard me fascine et m'attire.

« — Hélène! Hélène! je sais votre histoire d'autrefois; j'attends la fin de la confession.

« — Vous en savez déjà trop. N'ouvrez plus l'oreille à ma voix; laissez en mon âme toutes les choses tristes qui y sont enfouies; ne faites pas saigner les plaies.

8.

« — Hélène, c'est un frère dans le malheur qui vous parle et qui vous écoute.

« Il y avait dans ma voix et dans mon regard une prière qu'Hélène ne pouvait combattre.

« — Oui, me dit-elle, je vous ai confié le commencement d'une mauvaise vie, vous saurez la fin.

« Elle essuya ses larmes et parla ainsi :

« — Le duc de Montmorency m'avait accueillie dans son château ; la duchesse était une amie pour moi. J'aurais dû trouver le calme et le bonheur près d'elle ; mais les remords et l'ennui me poursuivaient sans relâche, mais l'amour de mon amant me ravageait toujours. Il vint un temps où je regrettai de ne point être morte, un temps où je voulus mourir. Je me souviens de certaines soirées que je passais autour de l'étang de Chantilly, le regard plongé dans l'eau. C'étaient de tristes soirées ; le soleil se couchait dans un lit de pourpre : je croyais voir un lit de sang ; le vent agitait les feuilles ; je croyais entendre les plaintes de mon enfant. J'avais de violents désirs de me jeter à l'eau ; je ne fus jamais assez forte : les touffes de joncs arrêtaient mes pieds, les branches des saules retenaient mes mains. Un jour pourtant, aux pieds de la vierge Marie, je fis le solennel serment de me noyer, de me pendre, de mourir. Avant d'accomplir cet horrible serment, je voulus revoir une dernière fois le pays de mes amours : c'était au temps où les bruyères sont fleuries ; je voulus dormir encore dans les bruyères. Je sortis à la hâte de Chantilly ; je suivis la rivière, et, deux jours après, je vis l'aiguille du clocher que j'avais vue tant de fois. Je n'osai point entrer au village ; je m'assis sur une berge aride que la rivière baignait dans les grandes pluies, je perdis mon regard dans les flots bleus qui renversaient à mes pieds un bouquet de fleurs d'or ; la nuit tombait et couvrait de deuil ma solitude profonde; les eaux se teignaient de couleurs lugubres; les fleurs d'or penchaient leurs têtes et disparaissaient. Une affreuse tristesse me remplit le cœur ; le délire m'éblouit ; je fis quelques pas sur la berge et je me précipitai; mais un bras saisit ma robe : c'était le bras de mon amant... et je ne mourus point...

« Le souvenir agita singulièrement Hélène. Elle poursuivit :

« — Cette aventure doit vous paraître romanesque; que n'est-ce un roman, mon Dieu! Mon amant pêchait à deux pas de moi : des touffes d'osier me l'avaient masqué. A la vue d'une femme qui tendait les bras avec délire, d'une femme qui semblait suspendue au-dessus de la rivière, il avait laissé ses hameçons, il était accouru. Vous m'avez sauvée de la potence, il m'empêcha de me noyer. Quand il vit que j'étais Hélène, il s'agenouilla devant moi, il me supplia d'avoir pitié de lui, il me baisa les pieds. Ses baisers me rendirent la force de marcher dans la vie; son amour repoussa la mort. Il me dit que je serais indignement chassée du village si j'y rentrais; nous fûmes à quelques pas de là, dans le château d'un de ses amis qui voyageait; nous passâmes des heures de joie en ce château; mais ce n'était plus ce doux et calme amour d'autrefois, ce n'étaient plus ces ravissantes mélodies qui nous enivraient; c'était quelque chose de farouche et de terrible. Une voix du ciel me criait toujours dans nos embrassements ; « Il y a du sang entre vous! » Quand le maître du château fut de retour, mon amant lui ouvrit ma porte et lui dit : « Voilà ma maîtresse, une jolie fille, n'est-ce pas ? » Je tombai morte sur les dalles. Vous savez que j'ai un frère : mon frère était devant moi; le vagabond était devenu marquis de Saint-Pierre.

« — Le marquis de Saint-Pierre ! m'écriai-je.

« — Vous connaissez mon frère ? me dit Hélène.

« — O Robert de Saint-Pierre ! il était temps de mourir.

« — Robert de Saint-Pierre ! vous avez vu Robert de Saint-Pierre ? vous avez vu mon père ?

« Je racontai à Hélène la vie et la mort du vieux poëte.

« — Oui, dit-elle, il était temps de mourir ; au moins il n'a pas vu les infamies de ses enfants ; car, vous l'ignorez encore, mon frère fut aussi coupable que moi. L'ami de mon amant était mon frère ; le fils naturel de Robert de Saint-Pierre avait ramassé des titres de seigneurie et s'était mis en possession du château délaissé. Dans les loisirs d'une vie opulente et dissipée, l'ingrat avait oublié sa sœur mendiante ; et, quand je tombai morte à ses pieds, quand mes traits lui rappelèrent que ma mère avait eu deux enfants, au lieu de s'émouvoir de pitié, il lui prit une rage violente ; il me croyait morte ; mon apparition renversait la plus chère de ses espérances. « Une sœur ! une sœur flétrie ! dit-il en grinçant les dents ; une sœur qui est maîtresse d'un gentillâtre ! infernale rencontre ! » Ces indignes paroles résonnent toujours à mes oreilles. Il craignit que mon amant ne révélât ce secret ou ne confiât l'amour de sa sœur, et, pendant que j'étais évanouie, il le fit enfermer ; quand je revins à moi, il me dit que mon amant était parti sans retour ; je dévorai mes larmes en silence ; il essaya de me faire bon accueil ; il me dit que j'étais sa sœur bien-aimée et me parla de notre mère avec une feinte sensiblerie. Le lendemain, le hasard, ou plutôt l'amour, me conduisit vers la prison de mon amant ; j'embrassai les genoux de mon frère, je le suppliai de déchaîner son captif ; je lui promis de fuir et de ne jamais reparaître. Dans ma prière, j'avais saisi sa main ; j'y appuyai mes lèvres, et, quand je levai le regard pour lire notre arrêt dans ses yeux, je fus effrayée du feu étrange...

« Hélène se tourna vers moi.

« — Vous avez compris, n'est-ce pas? me dit-elle avec égarement.

« Je ressentis une froide horreur.

« — Vous avez compris que ce n'était pas un amour fraternel...

« Hélène frissonnait.

« — Non, c'était un amour frénétique, dont j'aurai toujours peur et dont je frémis encore. Mon frère me promit la grâce de mon amant, mais à une condition révoltante; je le repoussai avec dégoût; le lendemain, mon amant fut surchargé de chaînes et mon frère me crut domptée; je le repoussai toujours, de plus en plus indignée. Le lendemain, il m'avertit que mon amant mourait de faim. Je pouvais le sauver : il mourut. Mon frère fut assez barbare pour me traîner dans la prison à l'heure de sa mort; je n'essayerai pas de vous peindre les tristesses de ce tableau, je me sens à peine la force de vous parler de mes luttes. O mon père, ô ma mère, quels misérables enfants sont les vôtres!

« Hélène laissa tomber ses bras avec désespoir.

« — Quelle affreuse destinée, Hélène! La débauche et la misère ont tué votre père et votre mère; l'amour a tué votre enfant et votre amant.

« — Et le remords tuera le frère et la sœur.

« — Et que se passa-t-il encore au château de Saint-Pierre?

« — Quand je vis mon amant mort, je me jetai sur mon frère comme une lionne : la furie me rendait forte, je lui déchirai les joues, j'essayai de l'étrangler. Que vous dirai-je? je m'enfuis du château de Saint-Pierre, je courus chez le prévôt de la province, je lui dis que j'avais étouffé mon enfant et que je devais mourir : le prévôt me crut folle et me chassa. J'allai dire mon crime ailleurs, on me crut toujours folle, on ne voulut jamais me croire criminelle. Vous seul savez que j'ai mérité la corde, vous seul pouvez relever ce que vous avez renversé ; puis-je rester en ce monde, où je suis déchirée de remords, où je suis pourchassée d'un horrible amour, dans ce monde où j'ai vu mourir mon amant, où j'ai commis un crime horrible ? Non, il faut que j'aille ailleurs, fût-ce aux enfers !

« La malheureuse était dans une grande agitation.

« — Priez, Hélène, lui dis-je.

« Elle secoua la tête.

« — Je n'ose plus, me répondit-elle avec une voix pleine de larmes.

« — Croyez en la miséricorde de Dieu ; quelque temps encore, et vos souffrances seront calmées. Je suis plus misérable que vous ; je suis déjà mort, puisque j'ai déjà perdu toutes les douces choses de la vie : la lumière, la musique, les parfums. Je me résigne pourtant, je prie, je pleure, j'espère toujours.

« — Priez, pleurez, espérez ; mais par pitié faites que je meure.

« Hélène avait les yeux hagards.

« — Je suis donc bien faible, reprit-elle, puisque je ne puis me tuer ?

« Elle se leva tout à coup et regarda la muraille.

« — Non, non, mon sang vous épouvanterait.

« La pauvre fille se voulait briser la tête.

« — Adieu, me dit-elle, adieu ! car je sens que je deviens folle et j'ai peur de moi. Il me reste une ressource, je vais aller me jeter aux pieds de Louis XIII ; il m'a fait grâce de la mort, je le supplierai de me faire grâce de la vie.

« Je retins Hélène, qui reprit d'une voix ferme :

« — Attendez la mort; moi, je cours au-devant d'elle.

VII

« Les malheurs d'Hélène réveillèrent mes angoisses et me plongèrent dans un abîme de tristesse : je contemplai par toutes ses faces ma mauvaise vie; je me souvins avec frayeur de mes jours de volupté; je maudis les routes trompeuses qui m'ont égaré, je maudis la pécheresse qui a détourné le cours limpide de ma vie pour l'entraîner aux flots mugissants de la débauche; je maudis Dafné qui a perdu mon âme et mon corps, car je ressentirai les flammes du bûcher et celles de l'enfer, si Dieu et Louis XIII n'ont pitié de moi. Oui, je maudissais Dafné, quand Dafné se glissa dans mon cachot.

« Je la repoussai avec rudesse.

« — Dafné, lui dis-je, je ne veux plus vous voir, je vais mourir bientôt, ne troublez pas ma dernière heure.

« Dafné tomba agenouillée devant moi.

« — C'est une pécheresse repentante qui est à vos pieds; ce n'est plus Dafné qui cherchait le plaisir, c'est Dafné qui se réfugie dans la religion, qui pleure sur ses fautes, qui prie Dieu pour vous et pour elle.

« — Dafné, nous avons marché trop longtemps ensemble, n'allons pas plus loin.

« — Je vous l'ai déjà dit, je ne suis plus la coquette

ni la voluptueuse, je suis une pauvre femme qui se repent.

« — Ce n'est point ici qu'il faut implorer Dieu : allez devant l'autel, allez dans le sanctuaire, sous les yeux de Marie et du Christ; c'est là qu'il faut prier!

« Toujours agenouillée, Dafné leva vers moi ses grands yeux humides ; je me sentis frémir, l'amour corporel m'étreignait encore.

« — Dafné, fuyez ! fuyez !

« — Théophile, nous avons offensé le ciel ensemble, prions ensemble.

« La pécheresse me saisit les mains et je tressaillis.

« — Fuyez ! fuyez ! car la souvenance va me perdre ; ne me faites point ressouvenir.

« Dafné priait la Vierge. Je la regardais avec une singulière agitation, oubliant qu'elle pressait mes mains; mais son cœur, qui palpitait, m'avertit que j'étais en danger.

« — Dafné, songez que je n'ai plus que peu de jours à vivre.

« La pécheresse poursuivit sa prière et me regarda avec plus d'ivresse que d'extase.

« — Vous êtes l'ange du mal, Dafné.

« Je sentis ses bras de serpent sur mes épaules ; je voulus la repousser encore : ses mains enchaînaient mes bras, sa bouche cherchait mes lèvres. La sirène fut victorieuse : elle était pécheresse encore et non point repentante.

« — Et tu croyais, me dit-elle, que je venais prier ici? Dafné ne se repent pas : sa prière, c'est le plaisir ; j'ai menti ; ne me condamne pas, Théophile, je voulais te faire oublier les ténèbres de ce cachot, je voulais te délivrer un instant des douleurs qui te déchirent.

« — O Dafné! m'écriai-je, j'ai tout oublié! tes yeux m'ont rendu la lumière. Je n'ai pas vu mon cachot, je n'ai vu que toi. Mais d'où viens-tu?

« Dafné me baisa la main et s'enfuit.

« Que vous dirai-je encore, madame? vous savez tout, je vous ai confié ma faiblesse et mon orgueil, mes fautes et mon repentir. Je regrette que mon esprit, un peu fantasque, ait jeté des scènes bouffonnes sur un fond si triste; je regrette aussi d'avoir offert à vos yeux trop d'images ardentes et trop de marbres à demi drapés; mais j'ai voulu dire tout. J'ai vu la débauche du vin, j'ai saisi ses formes enluminées; j'ai vu la volupté corporelle, j'ai parlé de son délire. Je pouvais abréger mon récit, en taisant les fanfaronnades de Brizailles, les vaines coquetteries de Charlotte; mais Brizailles et Charlotte ont touché ma vie de si près et leurs amours me rappellent un temps si doux! Je les aime, car ce sont de joyeux amis qui m'ont souvent égayé. On se souvient toujours avec charme de ceux-là qu'on voyait à vingt ans.

« La fin de mon histoire vous est connue, madame; tout Paris, toute la France sait pourquoi je suis dans cet affreux cachot. Après m'avoir accusé d'athéisme, ou m'accuse d'être un homme de mœurs perdues; on m'accuse d'être auteur du *Parnasse satirique*, ce recueil de vers hardiment touchés qui rappellent les nudités de l'antique. Je n'ose défendre mes mœurs; mais je ne suis pas athée, Dieu le sait! *le Parnasse satirique* est l'œuvre commune de tous les poètes de ce temps. Je pourrais démasquer mes accusateurs; mais je serai vengé s'ils viennent à mon supplice, car, s'ils entourent le bûcher qui me dévorera, ils trembleront plus que moi-même : les flammes seront pour eux un présage d'enfer. Vous savez que j'ai passé six mois d'exil dans une île de l'Océan comme

Ovide en Scythie; vous avez peut-être lu mon ode au roi :

> Celui qui lance le tonnerre,
> Qui gouverne les éléments,
> Et meut avec des tremblements
> La grande masse de la terre :
> Dieu qui vous mit le sceptre en main,
> Qui vous le peut ôter demain,
> Lui qui vous prête sa lumière,
> Et qui malgré les fleurs de lis
> Un jour fera de la poussière
> De vos membres ensevelis;
>
> Ce grand Dieu qui fit les abîmes
> Dans le centre de l'univers,
> Et qui les tient toujours ouverts
> A la punition des crimes,
> Veut aussi que les innocents
> A l'ombre de ses bras puissants
> Trouvent un assuré refuge,
> Et ne sera point irrité
> Que vous tarissiez le déluge
> Des maux où vous m'avez jeté.
>
> J'ai choisi loin de votre empire
> Un vieux désert où des serpents
> Boivent les pleurs que je répands,
> Et soufflent l'air que je respire.
> Dans l'effroi de mes longs ennuis,
> Je cherche, insensé que je suis,
> Une lionne en sa colère
> Qui, me déchirant par morceaux,
> Laisse mon sang et ma misère
> En la bouche des lionceaux.

« Avant sa visite en ma prison, j'avais revu Dafné près de la fontaine des Innocents, le jour où je fus jeté dans ce cachot. Elle était avec le comte de Saint-Luc dans un magnifique carrosse; je tendis mes bras vers elle, et elle déchira ses fleurs, et elle arracha ses parures, et elle jeta tout au peuple qui me servait d'escorte.

« Je n'ai jamais revu Marie; Marie, la seule joie de mon âme, Marie, que j'adore toujours comme Dieu. Mais il ne s'est pas passé de jour que je n'aie songé à elle ; il ne s'est pas passé de nuit que sa souvenance n'ait caressé mon âme. Je vais mourir avec l'espoir de la retrouver au ciel ; car, si elle n'est pas morte, son âme n'est-elle pas déjà là-haut?

« Vous le voyez, nul homme n'a aimé ni souffert plus que moi ; banni du royaume, exilé dans des climats sauvages, j'ai senti toutes les étreintes du malheur ; l'envie m'a sans cesse pourchassé, et depuis longtemps une main de fer s'est appesantie sur moi ; j'avais des désirs plus grands que le monde, ces désirs m'ont dévoré ; j'avais une famille, elle m'a maudit, elle s'est éteinte loin de moi ; j'avais des amis, ils m'ont perdu ! J'ai quitté la terre d'exil pour la prison ; je quitterai la prison pour la tombe. Oh ! que j'étais fou de m'enivrer du vin de l'amour et de tendre la main vers la couronne des poëtes ! Volupté, Poésie, vous êtes des amies perfides : la douleur vous suit de près.

« Je ne vous parlerai plus de mes souffrances dans ce cachot. Je n'y dors point ; la nuit, ma couche est toute sanglante, puisque c'est la couche de Ravaillac. J'y suis toujours tourmenté d'apparitions funèbres : tantôt c'est le régicide qui me raconte ses tortures ; tantôt c'est la Mort qui me tend ses bras noirs ; tantôt c'est le démon qui veut me précipiter dans le gouffre éternel. Je n'ose lever les mains, je me crois entouré de flammes et de serpents. J'avais deux amis poëtes : l'un m'a oublié et l'autre m'a trahi. Je jette son nom à la vengeance, celui-là se nomme Balzac.

« Des bruits confus m'avertissent qu'avant un mois tout sera fini. Que dirai-je à Dieu, si Dieu me demande ce que j'ai fait de ma vie? Cela m'effraye, car mon repentir n'a point effacé mes fautes; d'ailleurs, je ne sais pas me repentir; une vague volupté m'entraîne, une fatale rêverie berce mon âme et l'enivre ; mon âme est semblable à ces oiseaux insouciants qui écoutent l'orage, mais qui chantent toujours.

« A cette heure, elle a pris sa volée ; elle traverse les champs de l'Agénois, elle effleure les montagnes, elle se repose à l'ombre des forêts, elle s'enivre aux parfums des cheveux de Dafné, elle retrouve le ciel dans les yeux de Marie...

« Mais la voilà qui s'arrête à la Grève, au-dessus du bûcher qui s'allume pour moi. »

LIVRE VI

L'AMOUR EN PRISON

I

Ainsi finissaient les confessions du poëte. Deux mois s'étaient écoulés pendant qu'il confiait au papier ses joies et ses peines, tout le roman de son cœur et de sa vie. Grâce à cette confession, les heures de la solitude lui furent moins amères, le passé rayonnait sur le présent, il n'était pas seul : il habitait le cachot de Ravaillac, mais avec ses souvenirs de vingt ans. Les fraîches images de Marie et de Dafné lui apparaissaient tout éblouissantes dans l'ombre éternelle.

Après avoir relu çà et là quelques passages de son manuscrit, il le remit au geôlier avec la prière de le donner à la religieuse qui devait le demander. Deux fois déjà cette femme mystérieuse qui était venue le consoler dans sa prison lui avait écrit qu'elle attendait son manuscrit et qu'elle passerait chez le geôlier pour le prendre. Dès qu'il s'en fut séparé, il le regretta, il en pleura la perte, comme on pleure un ami qui savait tout le passé.

— Hélas! s'écriait-il, j'avais perdu la tête! Cette femme avait donc une puissance divine, puisqu'elle a voulu savoir ma vie et que je ne lui ai rien caché? O Marie! pardonne-moi; j'étais fou quand j'ai dit à une autre que je t'aimais; je n'aurais dû le dire qu'à toi seule, ô Marie! Insensé! j'ai dévoilé les mystères de mon âme, j'ai chassé les vapeurs vierges qui l'entouraient comme un voile de lin; j'ai dissipé mille trésors enfouis là; maintenant, si j'y cherche mon amour, je ne l'y retrouve plus. Insensé! j'ai fouillé dans mon âme, j'y ai puisé le souvenir à pleines mains pour l'éparpiller sur les feuillets d'un livre. Les poëtes sont des misérables qui vivent pour les autres; leur âme est un miroir qui ne garde aucune trace pour eux.

Les gelées du dernier hiver avaient détaché quelques pierres aux murailles qui séparaient le cachot de la cour; les pluies abondantes du printemps avaient dégradé ces murailles, et, en s'éveillant un matin, Théophile fut ébloui par un sillon de lumière qui glissait par une fente et qui tombait dans son cachot; il en éprouva une joie si grande, que les deux sergents enfermés avec lui crurent qu'il devenait fou; il appuya ses yeux à l'ouverture et les enivra de clarté; il sentait mieux que jamais la froide horreur de sa prison.

Le soir, comme il regardait encore par cette ouverture, il vit flotter au vent des volubilis. A la vue de ces clochettes, il pâlit et frissonna; car il se souvint qu'autrefois Mercure, son alerte lévrier, avait porté une pareille fleur à Marie dans le promenoir des chênes.

Ce fut ce soir-là que Brizailles descendit bruyamment dans son cachot.

— Corbacque ! s'écria le bouffon, monstrueux geôlier ! insolent coquin !

— C'est toi ! Brizailles, c'est bien toi ! D'où viens-tu ? que sais-tu ?

— Ce geôlier est un bélitre, un rustre, un buffle, un ivrogne, et...

— Brizailles ! Voyons, dis-moi tes aventures depuis ta courageuse équipée au souper des treize.

Brizailles était pensif.

— Que viens-tu donc faire à la Conciergerie ?

— Par ma flamberge ! je viens vous voir. Vous me demandez donc mes aventures depuis ce jour horrible, ce jour fatal, ce jour de deuil...

— Ce jour enfin où tu dédaignas de souper en compagnie d'une troupe d'archers.

Brizailles leva la tête avec fierté.

— Les lâches ! s'ils étaient là, ma flamberge...

— Brizailles, je te croyais maintenant plus humble, je te croyais las d'abattre les montagnes, de renverser les forêts, de sécher les fleuves.

— Vous voulez donc savoir ma vie depuis cinq mois : mon histoire est fort simple : j'ai pleuré vos malheurs et je suis redevenu baladin. O Charlotte, quelle puissance magique avait ton regard ! Oui, j'ai égayé les paysans de Normandie et les badauds parisiens ; on m'a jeté des deniers, que j'ai jetés à mon tour dans les tavernes ; j'ai chanté, j'ai dansé, j'ai avalé des poignards, et me voilà plus amoureux que jamais de Charlotte.

— C'est à merveille ; mais tu cries comme un corbeau, les sergents t'écoutent.

Les deux gardiens s'étaient avancés vers Théophile et

Brizailles; les rires du bouffon, les paroles animées du poëte, avaient éveillé leur défiance; ils craignirent un complot, et l'un d'eux, frappant tout à coup sur l'épaule de Brizailles :

— Assez jacassé, mon cher, lui dit-il, il faut partir à l'instant.

Brizailles repoussa le sergent et frappa sa flamberge de sa main.

— Ce drôle! dit-il d'un ton dédaigneux. Capédédious! ma fureur s'allume et je crains un embrasement; les hommes de mon sang ne peuvent se maîtriser; MM. les sergents se repentiront d'avoir commencé la guerre.

La guerre ne fut pas longue; la fureur de Brizailles s'éteignit en naissant; il passa le plus humblement du monde devant les gardes, en promettant au poëte de revenir bientôt.

Rien ne changeait pour Théophile; accablé du présent, effrayé de l'avenir, il se réfugiait dans le passé, il demandait à ses souvenirs un baume salutaire à ses plaies.

Il avait, depuis quelque temps, les *Confessions de saint Augustin;* il les relisait avec ardeur.

> Mon jeu, ma danse et mon festin
> Se font avec saint Augustin,
> Dont la douce et sainte lecture
> Est ici mon contre-poison
> En la misérable aventure
> Des longs ennuis de ma prison
>
> Je maudis mes jours débauchés,
> Et, dans l'horreur de mes péchés,
> Bénissant mille fois l'outrage
> Qui m'ordonne le repentir,
> Je trouve encore en mon courage
> Quelque espoir de me garantir.

Alors que mes yeux indiscrets
Ont trop percé dans les secrets,
Jésus m'a mis en la pensée
Qu'il se fit ouvrir le côté,
Et que sa veine fut percée,
Pour laver notre iniquité.

Les psaumes de David le consolaient aussi : « Enseveli dans les ténèbres du cachot, j'aime les paroles du roi David, qui est l'âme de la dévotion. Jamais les délicatesses des poésies profanes ne m'ont touché si tendrement ni si vivement que les fermes et éloquentes méditations de ce prophète : je les ai toutes dans le cœur. »

II

Marie était morte pour le monde, Marie était religieuse; mais sans avoir prononcé des vœux éternels, comme si elle n'eût pu briser la chaîne de feu qui l'attachait à Théophile.

Cette femme vêtue d'une robe noire et couverte d'un voile blanc, cette femme toute mystérieuse qui avait consolé le poëte dans son cachot, c'était Marie. Le couvent de Sainte-Gudule perdait Dafné le matin, Marie y priait le soir. Dafné quitta Dieu pour un homme que Marie quitta pour Dieu. La pauvre fille était pleine de foi : le jour où son amant la trompa, le jour où elle cessa de croire à l'amour humain, elle crut à l'amour de Dieu ; elle changea de religion et de poésie. Elle s'enferma dans une sombre cellule ; son corps, qui eût frémi doucement aux étreintes de l'amour, ne ressentit que les étreintes meurtrissantes du cilice. L'immense solitude et l'éternel silence du cloître, la prière et le jeûne n'apaisèrent pas dans son âme le souvenir palpitant du poëte; elle lutta courageusement contre son amour, mais elle ne put le vaincre. Elle parvint souvent à renverser cette fleur de son âme, mais la fleur se relevait bientôt plus belle et plus parfumée; le temps lui-même, qui flétrit tout, passait vainement sur ce lis adoré.

Marie fut pourtant le modèle d'une grande et sainte résignation; sans avoir juré d'être à jamais une des amantes de Dieu, sa jeunesse pâlit sous les regards du Christ qui protégeait sa retraite; sa jeunesse se glaça sous le voile de plomb des religieuses.

Le couvent de Sainte-Gudule était perdu dans une gorge profonde de l'Agénois; sa ceinture de hêtres, d'ormes et de châtaigniers, le cachait à tous les regards et formait l'horizon des religieuses; l'hiver pourtant, à travers les branches nues, on découvrait l'escarpement des collines d'alentour. Marie voyait tristement revenir les fleurs des châtaigniers, le sombre feuillage des ormes, les bouquets touffus des hêtres; mais, dès que le vent d'automne détachait les feuilles jaunies, dès qu'elle pouvait entrevoir un petit bois pareil au Bois-aux-Grives suspendu au sommet de la montagne, la joie descendait dans son cœur. Sa cellule n'était pas toujours sombre, car c'était là qu'elle puisait au trésor des souvenirs. Dieu fut quelquefois oublié dans ces poétiques extases.

A part certaines heures de jalousie, Marie aimait toujours Dafné; elle demandait au ciel la rémission des péchés de sa sœur, elle pleurait sur son égarement, sur ses profanations. Mais l'image de sa sœur, l'image de Dieu même, s'effaçaient aux apparitions de Théophile. Marie aimait toujours le poëte, rien n'avait altéré l'ardeur de son amour. Le hasard lui avait apporté les premières œuvres de son amant, ces soupirantes élégies qu'eût enviées Pétrarque. Que de fois ses yeux enflammés dévorèrent celle qui commence par ces vers :

> J'ai fait ce que j'ai pu pour m'arracher de l'âme
> L'importune fureur de ma première flamme;
> J'ai lu toute la nuit, j'ai joué tout le jour ;
> J'ai fait ce que j'ai pu pour me guérir d'amour.
> En vain j'ai vu le bal, j'ai vu la comédie,
> J'ai des luths les plus doux goûté la mélodie...
> Je m'imagine, hélas ! mais bien douteusement,
> Qu'elle aura soupiré de mon éloignement.
> Désormais nous voyons épanouir les roses,
> La vigueur du printemps reverdit toutes choses,
> Le ciel en est plus gai, les jours en sont plus beaux,
> L'Aurore en s'habillant écoute les oiseaux.
> Ma fontaine d'amour est encore gelée;
> Elle attend le soleil, mon âme désolée !

En 1623, Marie avait quitté la province pour venir s'enfermer dans un monastère de Paris : c'était quelques jours avant l'arrestation de Théophile. Le père Garasse prêchait au couvent où s'était réfugiée Marie. Elle apprit ainsi les malheurs du poëte; elle parvint, après mille obstacles, à pénétrer à la Conciergerie; elle distingua confusément, dans l'horrible nuit de la prison, son dieu terrestre qu'elle n'avait pas vu depuis si longtemps; elle se fut évanouie sans la peur constante qu'elle avait d'être reconnue. Théophile ne la reconnut pas, car il croyait que Marie lui eût dit en le revoyant : *Je suis Marie.* La voix de la religieuse s'était altérée en chantant les louanges de Dieu; d'ailleurs, nul pressentiment ne l'avait averti. Marie n'était plus pour lui que la blanche vision de ses rêves, le soleil qui brillait sur ses jeunes années; son souvenir était si céleste, qu'il ne pouvait penser qu'elle fût encore une femme de ce monde; il voyait des ailes à son corps aérien, il voyait flotter autour d'elle l'écharpe des anges. D'autres auraient deviné que Marie ne s'entourait de mystère que pour mieux lire dans le cœur de son amant, pour mieux pénétrer dans les replis les plus ignorés; mais la nature étrange de Dafné, ses bizarreries charmantes, avaient toujours empêché Théophile de connaître les femmes. On l'a vu, il croyait écrire son histoire pour quelque grande dame de la cour ou quelque coquette aventureuse; certes, il ne pensait pas dévoiler sa vie à une sainte recluse; pour Marie, il se fût servi de couleurs moins ardentes.

Quand Marie eut l'histoire des amours de Théophile, elle s'enferma toute palpitante et jeta un regard avide sur les feuillets du manuscrit.

— Enfin, dit-elle avec un profond soupir, je vais donc savoir s'il m'a aimée !

Elle lut d'abord à la hâte le récit du poëte; aux premières pages, elle répéta plusieurs fois d'un ton impatient :

— Isaure ! Isaure ! toujours Isaure !

Mais bientôt elle fut radieuse, elle s'écria avec transport :

— Il m'aimait ! il m'aimait !

Aux scènes de passion, elle souffrit, elle s'agita, elle pleura.

— O Dafné ! ô ma sœur ! m'avez-vous laissé son âme tout entière ?

Quand elle eut fini de lire, elle relut, puis elle relut encore, tantôt pleine d'une sombre tristesse, tantôt rayonnante de joie.

III

Elle retourna à la Conciergerie. Cette fois, elle trouva le poëte qui marchait à grands pas, comme pour échapper aux désolantes pensées qui l'obsédaient; elle s'approcha de lui silencieusement.

— C'est vous enfin, madame, lui dit-il; je n'espérais plus vous revoir.

— Il y a longtemps que je pensais à vous; mais ce n'est point chose aisée de pénétrer ici.

Marie, chancelante, s'appuya contre le mur; l'humidité la fit reculer aussitôt. Théophile lui présenta son escabeau.

— J'ai lu votre histoire, lui dit-elle avec émotion.

— Est-ce un roman?

— Oh! non, ce n'est point un roman; vous avez aimé Marie, vous avez aimé Dafné; vous l'avez bien aimée, Dafné?

— Je vous l'ai dit, madame, Dafné fut l'âme de mon corps, Marie fut l'âme de mon âme.

Marie saisit la main de Théophile.

— Et jamais nulle autre femme ne vous fit oublier Marie?

— Avant de vous voir, jamais.

Marie fut jalouse d'elle-même.

— Oui, je vous aime, madame; l'amour est comme la rosée qui emperle les fleurs fraîches et les fleurs fanées; l'amour emperle les jeunes âmes et les âmes flétries.

— Mais Marie?

Théophile tressaillit.

— Mais vous ne l'aimez donc plus ?

— Je l'aime toujours.

Marie pressa la main de Théophile.

— Et moi?...

— C'est une chose étrange, madame; mais je vous aime...

— Qu'elle doit être belle, à cette heure, la vallée d'Over! Le Bois-aux-Grives est vert, les arbres sont en fleurs.

— Et mon amour est digne de vous, madame; c'est une de vos larmes qui brûle mon cœur.

— L'herbe est verte dans le promenoir des chênes.

— Et rien n'est chaste comme cet amour : mon âme reprend ses ailes comme autrefois.

— La mousse est soyeuse dans le Bois-aux-Grives; le mûrier tremble sur le tapis d'herbe où dormait Marie.

Théophile tressaillit encore.

— Qu'elle était charmante dans son sommeil! Il faut l'avoir vue... Il y avait tant de nonchalance dans son repos, tant de calme sur son front, tant d'amour sur sa bouche! Avec quel ravissement je me suis penché au-dessus d'elle!

Théophile pencha mollement sa tête sur l'épaule de Marie.

— Avec quelles délices mes lèvres...

Marie jeta son voile en arrière. Un baiser passionné retentit dans le cachot.

— Oh! vous êtes Marie! s'écria Théophile; vous êtes Marie, car je ne puis aimer ainsi deux femmes.

Marie murmura d'une voix mourante :

— Vous ne m'aviez donc pas reconnue?

— Je vous avais reconnue par le cœur. Vous m'avez quitté pour Dieu?

— Et je quitte Dieu pour vous.

— Oh! Marie, je vous retrouve donc; je vous revois donc; vous n'êtes pas morte et vous vivez pour moi! Mon ivresse est trop grande; le bonheur va suivre encore ma vie comme un enfant qui suit sa mère; mes chaînes sont brisées, ma prison s'écroule, mes gardes disparaissent dans les ruines! enfin le soleil rayonne aussi pour moi! Plus d'inimitiés envieuses, ni de haines de sang, mais ton amour, Marie; plus de bruits de verrous, plus de voix de geôliers, mais tes paroles si douces; plus de ces hideuses images de la mort qui me poursuivaient jusque dans mon sommeil, mais ta figure divine! Les fleurs sortent des épines, le soleil d'une couche noire : ma longue souffrance ne fut que la source de ma joie. Mon corps n'était que le cercueil de mon âme, mon âme ressuscite enfin. O Marie! nous reverrons ensemble notre beau pays.

Marie pleurait.

— Il devient fou! pensa-t-elle.

— Oui, Marie, notre pays sera notre refuge; nous fuirons Paris, car Paris est un monstre qui dévore les illusions, les enchantements, les pures amours; nous fuirons la grande ville, car la grande ville est une sirène perfide qui jette en nous le désordre, qui caresse toutes nos passions mauvaises, qui nous conduit au sein des tempêtes. Le bonheur est là-bas, Marie, puisque le bonheur est une promenade sur l'herbe avec toi, avec la vue du ciel; mes larmes ont lavé mes fautes; fuyons, fuyons là-bas et vivons seuls; oublions mes années maudites et le bonheur est à nous!

La porte du cachot s'ouvrit avec fracas : une lumière soudaine éblouit les amants. Les rêves du poëte, les images couronnées qu'il voyait dans l'ombre, venaient de s'évanouir.

Un homme traînant une longue robe noire s'avança solennellement vers lui.

— Qui êtes-vous ? demanda Théophile avec agitation.

— Le prieur de la Conciergerie.

— O mon Dieu ! s'écria Marie en se cachant la tête dans ses bras.

— Mais que me voulez-vous? dit Théophile la tête baissée.

— Vous confesser, puisque demain...

Le prieur leva la main et frappa le sol du pied.

— Puisque demain, poursuivit-il, le ciel et la terre s'ouvriront pour vous.

Marie tomba à terre en poussant un grand cri.

Théophile refusa de se confesser, disant que Dieu voyait dans son cœur. Le prieur se retira en disant qu'il reviendrait. Les gardes s'approchèrent de Marie.

— L'heure est passée, madame, lui dirent-ils.

— Non ! répondit-elle avec effroi.

— La nuit vient, madame, il faut sortir.

— Non, dit-elle encore.

Les gardes s'approchèrent davantage.

— Madame, c'est une folle résistance, il faut sortir.

Marie s'attacha à Théophile.

Marie avait tout oublié, même sa cellule.

— Je ne sortirai pas sans lui.

Théophile n'eut pas le courage de repousser Marie; les gardes attendris n'eurent pas la force de la déchaîner du prisonnier.

— Puisqu'aussi bien il va mourir, dit l'un d'eux, donnons-lui le quart d'heure d'amour.

Le poëte, brisé par tant de violentes secousses, appuya sa tête sur les mains de Marie et s'assoupit.

— Au moins, dit-elle, il vient des songes dans le sommeil de la vie ; mais, dans le sommeil de la mort, qui sait !

Théophile rêvait qu'on l'avait banni de la France et qu'il était seul dans un immense désert; des nuées de corbeaux planaient au-dessus de lui et jetaient à ses oreilles leurs croassements funèbres ; une louve en furie hurlait dans le lointain. Bientôt des vagues grandes comme des montagnes vinrent mouiller ses pieds et le glacèrent d'épouvante ; il s'agita dans les bras de Marie, qui, le croyant poursuivi de visions horribles, essaya de l'en délivrer par cette chanson qu'il aimait tant :

>Blanche dormait sur le rivage,
>Un chevalier passa par là...

Théophile s'éveilla.

— J'ai fait un songe affreux et charmant ; j'entendais les hurlements d'une louve et la voix d'une femme.

Théophile se tut et reposa son front dans les blanches mains de Marie.

— Ces corbeaux croassants, ce sont mes ennemis, ce sont les catholiques, les saints pères, les jésuites, qui s'en vont crier partout ma perte prochaine; cette louve furieuse, c'est Garasse qui me poursuit sans relâche ; cette vague qui mouilla mes pieds et me glaça d'épouvante, c'est la mort qui me touche déjà; mais cette voix si douce qui fit taire les corbeaux, qui chassa la louve, qui calma la mer....

Marie se mit à chanter.

— O Marie! j'avais oublié ta voix.

IV

Pendant que Marie priait Dieu pour Théophile, Dafné priait les hommes ; la religieuse songeait à sauver l'âme dont elle était la reine, la profane songeait à la délivrance du corps dont elle était l'âme. Depuis l'instant où le carrosse qui la traînait s'arrêta près de la fontaine des Innocents, devant le bruyant cortége du poëte, depuis l'instant où elle arracha ses fleurs et ses parures en expiation de son inconstance, elle avait fait d'héroïques efforts pour combattre les ennemis de son premier amant. Après onze mois de luttes, elle désespérait de vaincre, quand elle mit en œuvre sa dernière ressource ; elle se fit belle, elle prit sa voix de sirène, elle alluma ses grands yeux et courut se jeter aux pieds de Richelieu, qui chassait à Fontainebleau.

— Grand roi, lui dit-elle, sachant bien que le roi, c'était le ministre, je vous demande la grâce d'un grand poëte que vous aimez.

— Vous êtes si ravissante, madame, que, s'ils étaient mes captifs, je vous accorderais la grâce de tous les poëtes de France.

A son retour à Paris, Richelieu avait oublié Théophile ; mais Dafné, qui ne l'oubliait pas, l'en fit ressouvenir. Le soir qu'on promit au peuple le spectacle d'un bûcher pour le lendemain, elle courut au Louvre, elle pleura, elle fut belle dans sa douleur, elle fut victorieuse. Richelieu donna un ordre pour le parlement.

Dafné courut à la Conciergerie.

— Quelle est cette femme agenouillée là-bas? demanda-t-elle en voyant Marie.

— C'est, répondit Théophile, une pauvre religieuse qui prie Dieu pour moi.

— Des prières à Dieu! c'est bien le moment!

La pécheresse courut à la religieuse.

— Que faites-vous là? Ce n'est pas devant un mur qu'il faut s'agenouiller, c'est devant le roi. Ce n'est point sur vos mains qu'il faut répandre des larmes, c'est sur les pieds du roi.

Marie demeurait immobile.

— Allez donc, madame, allez donc! et, si vos prières ne font rien, levez votre voile, vos yeux feront plus, car le roi n'est pas ennemi des femmes, comme on le pense.

Marie sanglotait.

— Vous voilà bien, saintes femmes, mais femmes faibles! vous ne savez que pleurer.

— Dafné, dit le poëte, laissez en paix cette religieuse; ne demandez plus ma grâce, je veux mourir.

Dafné jeta un regard de reproche à Théophile.

— Mourir! mais la mort, c'est la tombe; la vie, c'est l'amour.

Dafné se retourna vers Marie, et, d'une main jalouse, elle arracha le voile de la religieuse.

— Ma sœur! cria-t-elle en tombant à genoux.

Elle embrassa Marie avec effusion. Et, comme elle sentait des larmes venir dans ses yeux :

— Ce n'est pas ici qu'il faut que je pleure, dit-elle en se levant tout à coup. Je cours achever ce que Richelieu a commencé.

La religieuse passa la nuit entière avec Théophile; elle lui fit reposer la tête sur son sein, elle lui réchauffa les mains dans les siennes; elle essaya de ranimer en lui l'espérance de la vie ; elle essaya d'endormir ses douleurs présentes en lui déroulant ses joies passées.

— O mon Dieu ! disait le poëte déchiré d'angoisses, je ne me plains pas, depuis que tu m'as envoyé un ange à l'heure de mourir ; je ne me plains pas, car la vie me fut mauvaise et la mort me sera douce : d'ailleurs, la vie n'est-elle point la mort et la mort n'est-elle point la vie? Je ne me plains pas, mon Dieu ; car, s'il est une joie dans ce monde, c'est la jeunesse, et j'ai eu ma jeunesse.

— O sainte Vierge, disait Marie, si vous n'avez pitié d'un pécheur, ayez pitié d'une de vos servantes qui intercède pour lui. O sainte Vierge, sauvez le pécheur !

Vers sept heures du matin, deux archers vinrent prier Théophile de les suivre dans la salle Saint-Louis. Le prisonnier eut une lueur d'espoir, il fit pourtant ses adieux à Marie comme s'il allait au bûcher.

La religieuse fut emportée mourante à son couvent.

V

La grande lumière éblouit Théophile, qui faillit s'évanouir à son entrée dans la salle Saint-Louis ; les seigneurs du parlement l'attendaient en silence ; il s'arrêta devant eux et leva la main sur un de leurs signes.

— Votre nom ? lui demandèrent-ils.

— Théophile de Viau.

— Votre pays?

— Sainte-Radegonde, village de l'Agénois.
— Votre âge?
— Trente-trois ans.
— Votre profession?
— Je ne fais rien hormis des vers; j'étais gentilhomme de la chambre du roi, dont la pension a toujours été servie à mes geôliers, qui semblaient recevoir, pour me faire mourir, cette pension qu'on leur donnait pour me faire vivre.
— Êtes-vous catholique romain?
— Oui, messeigneurs.
— L'avez-vous toujours été?
— Non; j'étais de la religion prétendue réformée; je me suis instruit en la foi romaine par les conférences du père Athanase et du père Arnoult; c'est entre leurs mains que j'ai fait mon abjuration. Mais pourquoi toutes ces formalités avant de mourir?
— Nous avons annulé la sentence de vos juges.

L'un des seigneurs du parlement, M. de Moncalde, s'approcha de Théophile et lui dit à l'oreille :
— Le roi vous fait grâce de la mort.
— Le roi me fait grâce! O Dafné! Dafné! murmura Théophile.

Le poëte fut remis au cachot pendant que le parlement revit les nombreuses pièces de son procès. Dafné n'y reparut pas non plus que Marie.

Mais la religieuse écrivit au poëte qu'ils se retrouveraient tous dans l'Agénois.

Le parlement déclara, en séance solennelle, que Théophile n'était pas punissable du feu; mais il le condamna au bannissement.

Le jour de ce jugement célèbre, qu'on retrouve encore aux archives, les ronsardisants, dans la joie de sa délivrance, entraînèrent Théophile à une belle fête où l'on n'osa plus chanter *les gaietés du Parnasse satirique.*

Le lendemain, le poëte écrivait ainsi au roi l'histoire de son procès :

« Vous savez, sire, que, pour montrer leur puissance, les religieux voulaient brûler un homme de cour. J'affichais une grande liberté de pensée, leur fureur tomba sur moi. Mes vers vous ont déjà dépeint mon exil et mon arrestation. Étant arrivé à la Conciergerie, dont le flux du peuple m'empêchait l'entrée, je fus enlevé dans la grosse tour, et porté tout d'abord dans le même cachot où le plus exécrable parricide a été : on y renferma deux gardes, qui furent quatre mois dans le cachot, avec aussi peu de liberté que j'en avais; le chagrin et les maladies, qui sont presque inévitables en ce lieu-là, leur firent à la fin donner licence de sortir; depuis, on m'associa des prisonniers appelants de la mort. Après avoir été six mois dans une très-grande impatience de me faire ouïr, M. le procureur général me fit l'honneur de me venir voir, sur le bruit qu'il eut d'une abstinence extraordinaire dont je me macérais depuis quelques jours. Il me parla avec des civilités et commanda très-expressément à ceux qui avaient charge de moi de me gouverner avec toute la douceur que la nécessité de leur devoir me pouvait faire espérer. En cela, il a été toujours très-mal obéi; car ces gens-là, sans se contenir même dans la rudesse permise aux guichetiers les moins humains, ont outre-passé la félonie des hommes les plus barbares. Je ne saurais, avec le respect que je dois à Votre Majesté, lui dépeindre l'horreur ni du lieu ni des personnes dont j'étais gardé. Je n'y avais de la clarté que d'une petite lampe à chaque repas; le jour y éclaire si peu, qu'on ne saurait discerner la voûte d'avec le plancher, ni la fenêtre d'avec la porte. Je n'y ai jamais eu de feu;

aussi la vapeur du moindre charbon, n'ayant là dedans par où s'exhaler, eût été du poison. Mon lit était de telle disposition, que l'humidité de l'assiette et la pourriture de la paille y engendraient des vers et autres animaux qu'il me fallait écraser à toute heure. Divers prisonniers qui ont été çà et là avec moi, s'ils en sont sortis pour vivre, peuvent vérifier mes plaintes. Pour un témoignage plus manifeste de la fureur extraordinaire qui les animait contre moi, c'est que, durant tout le temps d'une si dure captivité, où toute sorte d'objets de frayeur et de peine me tenaient toujours en nécessité de consolation, il ne me fut jamais permis de communiquer avec un religieux, ni de me faire donner un chapelet. Il semblait qu'on eût pris à tâche de me faire périr le corps et l'âme; mes accusateurs faisaient retentir les églises de médisances dont l'hôtel de Bourgogne eût été scandalisé.

« C'est alors, sire, que le père Guerin fit un voyage exprès en Bretagne pour suborner des témoins contre moi; lui-même a eu l'audace de déposer, mais il n'a osé soutenir la confrontation. Le père Margestant, supérieur des jésuites de Paris, après m'avoir dit plusieurs injures dans son collége, s'en alla solliciter M. le lieutenant civil pour faire donner mainlevée aux imprimeurs de ce ramas de bouffonneries et d'impiétés de Garassus, que j'avais fait saisir. Le père Voisin a été chez plusieurs de mes juges demander ma mort pour la défense de la Vierge et des saints, dont il leur recommandait la cause. Et voilà, sire, tout le fondement de ces crieries imprudentes dont ils ont si longtemps agité mon innocence, voilà tout ce que ce long travail de persécution a pu produire contre moi.

« J'avais fait un livre de l'*Immortalité de l'âme* qui rendait raison de ma créance. Cela était dangereux pour un étourdi ou pour un méchant; mais, moi qui avais l'esprit tendu à ma justification, et qui pour ne m'égarer n'avais autre chemin à suivre que celui de la vérité, je répondis que je n'avais point composé ce livre-là, que c'était un ouvrage de Platon, que je l'avais traduit sans m'éloigner du sens de l'auteur, et que ce n'était point par où je rendais raison de ma foi ; que, pour montrer que j'étais chrétien, j'allais à la messe, je communiais, je me confessais. On m'allégua quelques passages de ce traité, dont je me suis entièrement justifié.

« Saint Augustin, qui ne parle jamais de Platon sans admiration, m'a fourni de quoi faire approuver la peine que j'ai prise en cette traduction. Après l'examen de cette version ou paraphrase sur l'immortalité de l'âme, on ne me trouva convaincu, je ne dis pas, sire, d'une impiété, mais non pas seulement de la moindre irrévérence contre l'Église.

« Les libraires ont imprimé ensuite de ce traité quantité de mes vers, avec les ignorances que j'y ai laissées et avec les crimes que mes ennemis y ont ajoutés. J'ai éclairci la cour de tout ce qui était de ma composition et rendu toutes mes pensées manifestement innocentes.

« On m'apporta d'autres faits sur la prose d'un second tome imprimé en mon nom ; mais je fis voir clairement l'impertinence des accusateurs, qui, par des subtilités scolastiques, avaient embrouillé le sens de mes écrits, et, dans leur malice aveugle, pensant profiter de mon peu de mémoire, ils produisaient des périodes imparfaites en des choses où le mécompte d'une syllabe peut, d'une pensée innocente, faire un crime.

« On me présenta un livre intitulé *le Parnasse des vers satiriques*, dont j'étais accusé d'avoir compilé les rapsodies pour les mettre en vente. J'apportai pour ma défense la sentence du prévôt de Paris, obtenue contre les imprimeurs. Je croyais avoir fini les interrogatoires qui furent de trois journées et m'attendais à jouir du privilége d'un peu d'élargissement qu'on ne me pouvait refuser, selon les formalités du palais; mais l'hypocrisie effrontée de ceux qui sollicitaient ma mort avait rendu mon affaire de telle importance et fait estimer ma délivrance si dangereuse, qu'il fallut donner haleine aux calomniateurs, et leur accorder la licence de redresser les embûches que j'avais évitées jusque-là. On me remit dans le cachot pour quatre mois, durant lesquels les guichetiers me continuèrent leurs inhumanités avec tant d'excès, qu'on eût jugé qu'ils craignaient plus mes ennemis qu'ils ne respectaient leurs maîtres. A la seconde attaque, qui fut de quatre journées en nouveaux interrogatoires, on me représenta plusieurs manuscrits et de mes amis et de moi, où il ne se trouva, Dieu merci, non plus de crime qu'aux accusations précédentes.

« Me voilà donc délivré de ces chaînes odieuses; mais le soleil m'est moins doux qu'autrefois : je suis banni de la cour. »

Le roi ne répondit pas au poëte. Mais, quelques jours après que cette lettre eut été remise à Louis XIII, le duc de Montmorency vint avertir Théophile que le roi daignait lui accorder la grâce d'habiter encore la France, sinon Paris.

— Mon château de Chantilly vous est ouvert, dit le duc au poëte.

— J'irai y mourir, répondit Théophile comme saisi d'un pressentiment. Mais je veux aller dire adieu au pays de ma mère.

Il n'osa dire tout haut : *au pays de Marie et de Dafné.*

LIVRE VII

LES SŒURS RIVALES

I

Fargueil était revenu à Paris; il ne pouvait plus vivre sans Dafné. Dans l'ennui de son absence, dans la douleur de ne pouvoir la retrouver, il avait mangé peu à peu sa fortune avec les femmes. Ce gentilhomme de si galantes manières n'était plus qu'un raffiné de la pire espèce, c'est-à-dire un ivrogne tout barbouillé de latin. Cependant sa passion pour Dafné le ramenait çà et là à quelques nobles élans.

A sa sortie de prison, Théophile rencontra du même coup Fargueil et Brizailles.

Ils partirent un soir tous les trois pour leur cher pays d'Agénois.

— Te verrai-je, Marie? disait le poëte.
— Te verrai-je, Dafné? disait Fargueil.
— Te verrai-je, Charlotte? disait le bouffon.

Théophile avait en vain demandé Marie dans tous les cloîtres de Paris ; Fargueil avait en vain couru les fêtes de la cour et de la ville pour revoir Dafné. Ils espéraient vaguement retrouver les deux sœurs au château paternel. Théophile était jaloux à la pensée que Fargueil pût revoir Dafné, mais il ne voulait plus aimer que Marie.

Après huit jours de voyage, ils descendirent un soir dans l'unique hôtellerie de la petite ville de Sainte-Gudule, où ils passèrent la nuit.

Le lendemain, Théophile se leva le premier par une belle matinée d'automne; le soleil rayonnait, aucun nuage ne voilait la robe bleue du ciel. Le poëte s'approcha du lit de Fargueil et entr'ouvrit son rideau.

— *Per Deum atque hominum fidem*, dit le baron, laissez-moi dormir : j'ai passé la nuit après cet *intrigo demodalibus*, et ce forgeron que vous entendez là-bas m'a charmé de cette sonnerie depuis deux heures; Brizailles n'a pas dormi plus que moi; mais vous me semblez bien gai pour un homme banni ?

— Mon âme suit les transformations du ciel, répondit Théophile; quand il pleut, je suis assoupi et presque chagrin; quand il fait beau, je sens déborder en moi une joie intime; les arbres, les montagnes, les rivières, tout me semble coloré d'une teinte plus fraîche.

Fargueil, qui voulait dormir, interrompit Théophile par ce vers de Virgile :

Nec Veneris, nec tu vini capiaris amore.

Le poëte alla trouver Brizailles et l'emmena dans le jardin de l'hôtellerie.

— Capédédious! dit le bouffon à la vue d'un rosier, je vais me pâmer.

Et, les yeux clos, il s'éloigna à la hâte du rosier. Théophile crut que c'était une feinte ou une fantaisie ; mais Brizailles était pâle et presque défaillant.

— Hélas ! reprit-il, ma grand'mère avait l'âme plus ombrageuse encore : elle tombait dans une grande tristesse à la vue du vin ; elle tombait malade à la vue des cerises ; elle tombait morte à la vue des groseilles.

— Les natures changent singulièrement dans ta famille, remarqua Théophile, car je ne sache pas que la vue du vin, quelque mauvais qu'il soit, te cause une grande tristesse.

Il se fit un tumulte bruyant à l'hôtellerie ; le poëte et le bouffon revinrent sur leurs pas.

— Je ne puis repasser là, dit Brizailles en s'arrêtant tout à coup ; je jure par le diable de sauter plutôt ces palissades.

Théophile le laissa au milieu du chemin et rentra seul à l'hôtellerie. Dans la grande salle une possédée s'offrait en spectacle ; elle s'agitait, se tordait, s'effarouchait et racontait hors d'haleine qu'elle sentait dans son sein les déchirements d'une armée de démons. Quand elle vit la mine incrédule de Théophile, elle brisa une quenouille avec ses dents, elle se jeta à terre, elle se traîna sous le lit et cria comme un chat, en faisant des grimaces de pendu. Théophile s'approcha d'elle et lui parla latin, grec, anglais, espagnol ; la démoniaque ne put répondre.

— Le diable qui vous possède est bien ignorant, dit Théophile ; il ne sait aucune langue ; c'est un diable qui n'a pas voyagé.

Une voix qui sortit de la foule des curieux fit tressaillir le poëte.

— Charlotte ! s'écria-t-il.

Il allait courir à elle quand Fargueil, tout ensanglanté, lui cria par tous les devoirs de l'humanité d'accourir à son secours. Le sang que vit Théophile l'effraya : il sortit vivement de la grande salle et courut au baron.

— Oh! mon ami, lui dit Fargueil transporté de fureur, aidez-moi à me venger d'un affront : tous les anciens sont pour moi, ainsi que la plupart des modernes.

— Qu'est-ce donc? dit Théophile.

— Cet ignorant n'a jamais su les voix de Porphyre : *O quam dura res est cum incipiente rem habere!*

— Mais quelle est votre querelle?

— Le bélître m'a voulu soutenir que *odor in pomo non erat accidens.*

— Et que vous importe que ce soit accident ou substance?

— Autant qu'il m'importe d'être savant ou ignorant, d'être homme ou bête.

Théophile rit de la conséquence et suivit Fargueil dans la salle des buveurs. Le bélître était un jeune homme qui sortait des écoles et s'en allait porter les armes en Hollande; l'hôtelier et ses servantes s'efforçaient de le retenir : il était d'une furieuse colère contre Fargueil, qui lui avait donné un démenti et lui avait coupé la figure d'un coup de sa ceinture; fort chatouilleux sur le point d'honneur, il ne voulait rien autre chose qu'un duel.

— Il faudra demander pardon du démenti, dit Théophile à Fargueil.

— Nul démenti n'est sorti de ma bouche, s'écria Fargueil; je sais trop le respect que je dois à Pallas pour outrager ainsi un de ses nourrissons; j'ai seulement dit que *odor in pomo* était un accident, et je suis résolu de mourir sur cette opinion.

— Mon honneur, dit le soldat, ne dépend pas de la frénésie d'un philosophe.

— Les philosophes ne sont pas frénétiques, interrompit

10.

Fargueil ; *phrenesis enim est alienatio quædam mentis et furor animi ratione destituti.*

Là-dessus le baron leva un bras armé de sa ceinture ; le soldat leva fièrement la tête ; Théophile, craignant un nouveau combat, se jeta entre eux et parvint, avec toutes les peines du monde, à les mettre d'accord, à cette condition que Fargueil s'excuserait du démenti et que le soldat tiendrait pour accident *odor in pomo*. Les deux duellistes s'embrassèrent et trinquèrent avec beaucoup de philosophie.

Pendant leur belle querelle, l'hôtesse avait servi à déjeuner dans une salle basse. Théophile les pria de l'attendre un peu et rentra dans le jardin. Brizailles, toujours au même endroit, menaçait sérieusement le rosier de sa flamberge.

— Ne suis-je pas bien malheureux d'être si sot et si faible? dit-il en voyant Théophile. Il n'y a pas de poison pareil pour moi ; j'aime le parfum des œillets et des violettes ; mais, si je m'approche des roses, je m'évanouis tout à coup.

Théophile poussa Brizailles vers le rosier ; le bouffon grinça des dents et fit une horrible grimace.

— C'est le diable que cette odeur-là, dit-il, puisque cette odeur m'ensorcelle et me donne les convulsions d'un possédé.

Théophile raconta à Brizailles l'histoire de la démoniaque et l'apparition de Charlotte.

— Corbacque ! s'écria le bouffon, sans ces roses maudites, j'aurais vu Charlotte.

Et, flamberge au vent, il courut abattre le malencontreux rosier.

Après cet exploit, qui sera compté là-haut à don Quichote, Brizailles suivit Théophile dans la salle basse, qui était pleine d'Allemands et d'Italiens. La fougue du soldat n'était point encore apaisée ; il méditait une nouvelle manière d'éclaircissement, car il ne pouvait se contenter de certaines faces du procédé. Théophile essaya de le calmer. Fargueil, qui ne pensait plus du tout à la querelle, venait de s'approcher étourdiment de la table des Allemands ; il leur fit un sourire, les salua de la tête sans ôter son chapeau, et dit en les regardant :

— *Quantum ex vultu et ex amictu licet cognoscere, ego vos exoticos puto.*

Ces messieurs du Nord, dont la froide et nonchalante gravité rebute d'abord les plus échauffés, ne daignèrent pas seulement répondre par le moindre signe à la demande du pédant, qui, n'imputant ce silence qu'à la stupidité de la nation, poursuivit ainsi :

— *Nuper, ni fallor, appulistis ad nostrum littus, adhuc enim vobis vestes sunt indigenæ.*

A cette seconde attaque, les Allemands se regardèrent les uns les autres, et, échangeant quelques mots en leur langue, ils jetèrent un coup d'œil de travers à Fargueil, qui se tourna plein de dépit vers les Italiens. A peine eut-il le loisir d'ouvrir la bouche, que ces messieurs du Midi se levèrent respectueusement et lui firent des révérences profondes, en le priant de prendre part à leur petit repas.

— *Deus bone !* s'écria Fargueil, *quam varia sunt hominum ingenia ! tot capita, tot sensus ; tot populi, tot mores ; tot civitates, tot jura.*

— *Noi amici,* lui dirent les Italiens, *reverendissimo signor, non parliamo latino, basta a noi di sapper il volgare, ma vossignoria piglierà un seggio e farà collazione con i suoi servitori.*

— Messieurs, reprit Fargueil, vous êtes beaucoup plus

honnêtes que ces gros Allemands, mais vous ne faites pas si bonne chère ; comment diable pouvez-vous manger de la salade si matin ? *Herbæ enim nisi post rorem frigidores sunt et planè sub meridiem apponendæ.* Il faut que le soleil ait passé dessus.

— Nous le faisons pour nous rendre l'appétit, car nous fîmes débauche hier.

— *Optimè! contraria contrariis curantur et cum dicto*, dit Fargueil en revenant vers Théophile et Brizailles.

Le bouffon, qui avait déjà fait quelque brèche au déjeuner, but à la gloire du pédant et du soldat. Fargueil demanda le plus grand verre de l'hôtellerie, l'emplit jusqu'au bord et le vida d'un seul trait. Les Allemands, voyant cette belle action, se repentirent de la mauvaise idée qu'ils avaient eue de son esprit ; l'un d'eux but même à ses bonnes grâces. Fargueil, qui n'était pas irréconciliable, accueillit ce toast de fort bon cœur ; il voulut forcer ses compagnons et son antagoniste de joindre leur écot à celui des Allemands ; mais le poëte et le soldat, qui n'étaient pas des plus faibles à la débauche, résistèrent pourtant, car ils prévirent un grand débordement. Brizailles se mit entre les deux tables et but des deux mains ; Fargueil, dont l'esprit était déjà hors de gamme, flotta un moment entre les buveurs français et les buveurs d'au delà du Rhin ; mais, à la vue des grandes pintes de ces derniers, il délaissa ses compagnons de voyage.

Théophile entraîna bientôt Brizailles ; tous deux se promenèrent par la ville, dans l'espoir d'y voir Charlotte. Au détour d'une petite rue, ils rencontrèrent le saint-sacrement qu'un prêtre portait à un malade : Théophile, converti à la religion catholique, se rangea tête nue contre un mur et s'inclina ; Brizailles, entouré des fumées du vin, voulut insolemment traverser la rue où tout le monde était agenouillé ; un homme du peuple, se laissant plutôt émouvoir à la colère qu'à la piété, lui sauta à la tête et se mit à crier au calviniste. Toute la foule se souleva, et, sans un homme de robe qui se trouvait là par hasard, on l'eût sans doute lapidé. Ce brave homme fit semblant de se saisir du bouffon pour le mettre en prison ; il le conduisit chez le magistrat, en jurant aux mutins qu'il serait sévèrement puni. Théophile accompagna son maître fou. La servante du juge vint ouvrir.

— Charlotte ! s'écria Brizailles.

— Charlotte ! répéta Théophile, qui suivait toujours l'homme de robe et le bouffon.

Brizailles fut forcé d'accompagner l'homme de robe à la chambre du magistrat. Pendant la déposition, Théophile suivit Charlotte dans la cuisine.

— Je suis ici, lui dit Charlotte, depuis que j'ai eu le malheur...

Charlotte baissait la tête.

— Le malheur de devenir veuve. Mademoiselle de Vertamond a quitté Paris pour revenir au couvent de Sainte-Gudule...

— Le couvent de Sainte-Gudule ? dit vivement Théophile.

— Mais c'est le couvent dont vous voyez d'ici la flèche.

— Marie est ici ?

— Oui, elle est revenue de Paris à Sainte-Gudule, et, comme c'est la seule personne que j'aime en ce monde, je me suis empressée d'accourir auprès d'elle ; si j'étais assez riche, je me ferais religieuse ; mais, pour se marier au bon Dieu, il faut une dot ; or, Jacques ne m'a rien laissé.

— Il faut que je revoie Marie.

— Tout beau, monsieur ! c'est une retraite inabordable aux hommes ; nulles coutumes monastiques ne sont plus sévères; mais mademoiselle Marie est plus libre que les autres religieuses, et, si vous voulez, je lui dirai votre arrivée.

— Tout de suite : ne perdons pas une minute.

Brizailles reparut alors.

— Sandious! que ces mutins sont charmants, puisqu'ils m'ont conduit ici! Je te salue, ma belle, ma reine, ma déesse, je dépose mon cœur sous tes pantoufles.

Une voix aigre cria à Charlotte de ne pas oublier de plumer le faisan; la servante décrocha un oiseau tout sanglant et se mit à l'œuvre.

— Ah! vous voilà donc! dit-elle en regardant Brizailles d'un air confus.

— Oui, me voilà et plus amoureux que jamais.

— Tant pis pour vous.

— Est-ce que je ne pourrai pas boire un peu? Mon âme jette feu et flammes.

Le bouffon avait les yeux sur une bouteille de vin blanc qui ne le séduisait pas moins que les regards de Charlotte.

— Voilà tout ce que vous avez à me demander? dit la veuve inconsolée.

— J'ai bien autre chose, ma sirène.

Brizailles, que sa colère contre les mutins avait singulièrement échauffé, s'approcha de la bouteille de vin blanc.

— O ma divinité, que vous êtes encore belle! D'autres marchent vers la vieillesse, vous revenez sur vos pas.

— C'est à la bouteille que vous parlez ainsi?

— Ah! comme vos yeux petillent.

Brizailles se versa à boire.

— Quelles perles! je crois boire vos larmes!

Brizailles vida son verre.

— Vénus au sortir de l'onde avait moins d'éclat que vous.

Brizailles remplit son verre.

— Ce maudit faisan saigne encore, dit Charlotte avec impatience ; je vais passer plus d'une heure à le plumer ; il devrait être à la broche depuis midi.

— Vous êtes la plus belle femme du monde.

Brizailles vida son verre.

— Et vous êtes cause que mon âme est un incendie.

— Votre âme, dit Charlotte, devrait bien allumer mon charbon.

— O Charlotte ! ne vous moquez pas ainsi de votre amant.

Brizailles trébucha contre un seau et alla se heurter à Théophile, qui regardait par la fenêtre les tourelles du couvent de Sainte-Gudule.

Le bouffon revint vers Charlotte.

— Le faisan est-il à la broche ? cria la voix aigre de la maîtresse.

— Oui, madame, répondit doucement Charlotte.

— M'aimez-vous toujours un peu ? lui demanda tendrement Brizailles.

— Non, monsieur, répondit-elle sèchement.

— Il faut un brin de persil, Charlotte.

— Oui, madame.

— Puisque maître Jacques, dit Brizailles, est allé au diable, il faut venir à moi.

— Non, monsieur.

— Pensez à l'oignon brûlé, Charlotte.

— Oui, madame.

— Pensez à moi, ma belle.

— Non, monsieur.

Théophile fut distrait de sa contemplation par les *oui* et *non* de Charlotte.

— Et quand verrai-je Marie ? demanda-t-il.

— Hélas! monsieur, je ne suis pas la maîtresse ici.

— Vous n'êtes pas la maîtresse ici! s'écria Brizailles, qui s'appuyait contre le mur dans la crainte de se laisser choir; corbacque! vous êtes la maîtresse du monde entier et surtout de votre serviteur.

— Je ne puis sortir avant ce soir, reprit Charlotte; d'ailleurs, c'est vers ce temps-là que les religieuses sont visibles.

Théophile et Charlotte convinrent de se trouver ensemble à sept heures aux portes du couvent.

— O Charlotte! ô ma reine! criait toujours Brizailles, vos dédains me feront mourir de douleur.

Le bouffon remplit encore son verre.

— Dieu merci! dit Charlotte, le vin ne vous console pas.

— C'est une dernière rasade, ô ma mie! car la bouteille est vide, ajouta le bouffon.

Il leva le verre d'une main tremblante.

— Vous voyez, ma mignonne, jusqu'où peut conduire la douleur d'être repoussé de vous.

Brizailles suivit Théophile, qui l'attendait dans l'escalier.

— Capédédious! dit-il en sortant, il me semble que ce clocher va se renverser sur nous; cet insolent! qu'il prenne garde à lui! Les astrologues sont des ânes; la terre tourne devant le soleil comme le faisan de Charlotte devant le feu.

Quand le poëte et le bouffon arrivèrent à l'hôtellerie, il y régnait un vacarme épouvantable : les Allemands et Fargueil hurlaient comme des démons; ils se croyaient dans un navire battu par la tempête; ils tremblaient tous de faire naufrage et jetaient les meubles par les fenêtres.

— Que faites-vous donc? demanda Théophile à Fargueil.

— O Théophile! ô mon ami! priez Dieu d'avoir pitié

de mon âme, car nous sommes perdus. *Jam mihi cernuntur trepidis delubra moveri sedibus, atque adeo unà Eurusque...*

Fargueil s'interrompit pour boire.

— Nous sommes perdus, reprit-il en lançant une chaise par la porte.

Théophile voulut calmer les buveurs.

— Il n'est point de salut pour nous, dit un des Allemands qui avait beaucoup navigué; tout est perdu si nous ne jetons des marchandises à la mer.

L'Allemand prit Fargueil dans ses bras et s'avança vers la fenêtre pour le précipiter; mais tous les deux roulèrent sur les dalles baignées de vin.

Brizailles, tout chancelant sous l'ivresse, s'approcha de Théophile et lui dit tout bas à l'oreille :

— Je crois qu'ils sont ivres.

— C'est impossible, dit Théophile en riant.

— Quelle infamie ! reprit Brizailles, se débaucher en plein midi !

Le bouffon se coucha sur une table et s'endormit aussitôt. Fargueil et l'Allemand qui voulait le précipiter à la mer pour alléger le vaisseau, ronflaient sur les dalles; les autres Allemands chassaient les vapeurs du vin par celles du tabac.

II

Sur le soir, Théophile parvint à voir Marie à la porte du couvent. Elle se jeta ingénument sur son cœur :

— C'en est fait, lui dit-elle dans son effusion, je ne puis plus vivre dans une cellule, je retourne avec vous au château de Pansy, si vous voulez m'y conduire. Je sais que mon père est à la cour, je sais que le château est en ruines et abandonné ; mais je retrouverai là-bas l'ombre de ma jeunesse ; d'ailleurs, si je ne respire pas un peu, ne fût-ce qu'un jour, le parfum du pays natal, je n'ai pas six mois à vivre ! J'étais revenue ici résignée à toutes les voluptés de la prière, mais la couronne d'épines est trop dure à mon front.

Théophile baisa le front de la religieuse.

— Il y a treize ans, reprit Marie, que j'arrivai au couvent de Sainte-Gudule, le surlendemain de la fuite scandaleuse de Dafné. J'arrivai dans l'espoir de la mort, mais la mort ne vint à moi que peu à peu, comme elle fait pour les grandes douleurs. La mort commença par flétrir mes joues et mes lèvres ; la cruelle ne voulut point toucher au cœur. En vain je recherchai toutes les austérités du cloître, les meurtrissures du cilice, les souffrances du jeûne, les fatigues de la prière ; en vain j'appuyai mon front sur le marbre de l'autel, mon sein sur l'argent du crucifix : je ne pus glacer mes lèvres, je ne pus apaiser mon cœur. Tout en adorant Dieu, le dirai-je? je vous aimais ; vous m'avez suivie dans ma cellule solitaire.

Le lendemain, Théophile, Marie et Brizailles rêvaient dans un mauvais carrosse qui roulait vers Pansy. Fargueil demeura ivremort à l'hôtellerie. Jamais voyage ne fut plus charmant que le voyage du poëte et de la religieuse ; ils ne se parlaient guère, mais ils se regardaient souvent. L'avenir déroulait devant eux son monde de fées et de chimères. L'aspect du pays, changeant sans cesse, ranimait en eux des idées depuis longtemps assoupies ; les roches des montagnes, les saules des prés, les flèches des églises, replongeaient leurs âmes émues aux sources si rafraîchissantes du passé. De temps en temps, Brizailles

les égayait à propos par ses aspirations vers Charlotte qui avait pris les devants.

Ils arrivèrent le soir sur la montagne d'Orsay. Le soleil à son coucher enflammait les vapeurs flottantes de l'horizon ; de blonds nuages se dispersaient dans le ciel au gré d'un vent amoureux ; on eût dit des anges errants qui veillaient sur la nature endormie. C'était une douce et calme soirée attristée par les notes plaintives des bocages. Ils descendirent du carrosse pour mieux respirer les premiers parfums du pays natal. La vierge Marie, qui accrochait à tous les sorbiers les franges de sa robe blanche, couronna la religieuse de ces fils de lin céleste.

Ils découvrirent du premier regard les chaumières qui dominent Pansy, le clocher silencieux, les ruines du monastère de Sainte-Austrude. Un bouquet de hêtres leur masquait la façade du château ; ils traversèrent un trèfle en regain pour changer d'horizon. Le vent leur chassait à l'oreille une douce complainte d'oiseau délaissé, tout en secouant devant eux un parfum agreste de trèfle fané qu'ils respiraient avec délices. Ils aperçurent enfin cette façade orgueilleuse du château de Pansy où tant de fois en vain Théophile avait cherché la pauvre Marie. Le soleil, qui se couchait dans un lit de nuages, illuminait d'un dernier rayon les tuiles rouillées du toit. Marie vint s'appuyer en silence sur le cœur de Théophile :

— Pansy ! Pansy ! s'écria-t-elle.

— Pansy ! Pansy ! s'écria-t-il aussi.

Ils se regardèrent en frémissant. Marie pleurait ; Théophile baisa ses beaux yeux, et ces larmes si belles arrosèrent ses lèvres comme une rosée du ciel.

— Ah ! s'écria-t-il, l'âme, en s'envolant d'ici-bas, doit emporter le souvenir de ces saintes joies de la terre qui nous élèvent jusqu'à Dieu. Quand mon âme, par la grâce divine, sera dans les splendeurs du ciel, elle se rappellera cette heure toute solennelle !

Une gaze brune et transparente tombait dans le fond des vallées ; les montagnes nues semblaient relever leur front pour voir plus longtemps le soleil et lui ravir un dernier rayon. Le soleil se coucha; un nuage glissa sur lui comme un rideau. La brume lointaine, venue des marais, toucha le ciel et la terre. Les amants voyaient tout, l'herbe qui tremblait à leurs pieds, comme les grands ormes perdus au loin; ils entendaient tout, le bourdonnement des moucherons comme les sons étouffés des cloches d'alentour; rien ne leur échappait. Ils auraient vécu cent ans, qu'ils se fussent rappelé les plus légères nuances du ciel et les formes les plus vagues de la terre à cette heure suprême. Quand ils arrivèrent à l'autre bord du champ de trèfle, le bouquet de chênes ne cachait plus le monastère ni le château de Pansy; ils y jetèrent un regard avide. La poésie débordait de leurs âmes qui rouvraient des ailes de feu pour s'élever au ciel ; un saint transport effaçait en Théophile la trace de treize années de folies; il lui semblait qu'un bloc de marbre se fût détaché de son cœur, qu'un sang plus pur rafraîchissait ses veines brûlées. La religieuse oubliait les meurtrissures du cilice et s'abandonnait à ses aspirations.

Quand ils revinrent à leur carrosse Brizailles dormait sur l'herbe et prenait un bain de rosée.

Le bouffon partit en avant; les amants descendirent à pied la montagne d'Orsay. La poésie chantait toujours en leurs âmes refleuries comme un oiseau dans un buisson d'aubépines ; des rumeurs confuses s'éveillaient dans les champs sans interrompre le silence ; çà et là des lumières s'allumaient dans la vallée.

Marie se rapprochait involontairement de Théophile;

l'épaule froide et tremblante de la frileuse fit doucement tressaillir le poëte.

— Il y a treize ans, Marie, treize ans que nous sommes sortis de ce paradis de la terre, dit Théophile d'une voix émue.

— Treize ans de perdus! murmura Marie.

— Oui, perdus à jamais, car nous n'avons pas retrouvé, vous dans le cloître, moi dans le monde, un seul de ces jours heureux que Dieu nous prodiguait ici. Quelle déplorable folie de fuir le pays de ses amours! Nulle autre part le ciel n'est si doux.

Après un long silence :

— Mais où allons-nous? dit tout à coup Marie tout inquiète.

— Sommes-nous dans le chemin de Pansy? demanda Théophile à une vieille mendiante attardée.

— Oui, monseigneur, vous ne pouvez pas vous perdre, car ce chemin vous conduira sans détour devant la sainte église.

Marie reconnut la mendiante.

— Ma chère vieille, lui dit-elle en se penchant de son côté, qu'est devenu le château de Pansy?

— Hélas! ma belle dame, c'est un repaire de diables et de fantômes... Je ne me trompe pas, c'est mademoiselle Marie; le ciel vous renvoie vers nous, Dieu soit loué!

— Ainsi, ma pauvre vieille, il n'y a personne au château?

— Il n'y a que des revenants.

— Mais en quelles mains sont les clefs?

— Les clefs! il n'y a ni clefs ni portes; les murailles sont en ruines.

— Allons! allons! dit Théophile, repeuplons le château désert, chassons-en vite les fantômes.

Le cheval repartit au galop. A la sortie d'une allée de

hêtres, Théophile vit se dessiner sur le bleu verdâtre du ciel la haute façade du monastère de Sainte-Austrude et l'aile gauche du château. Le carrosse s'arrêta devant la porte gothique ; le vent y passait en hurlant et y courbait les grandes herbes ; des oiseaux de proie perchés dans les vieilles tours répondaient aux bruits du vent par des clameurs funèbres. Théophile et Marie passèrent sous l'arcade où les débris de la porte étaient encore épars, et, pendant que Brizailles conduisait le cheval à l'hôtellerie, ils traversèrent la cour.

— O mon père ! ô ma mère ! ô Dafné ! où êtes-vous à cette heure ? pensait Marie. Est-ce donc pour des fantômes que ces arbres ont des ombrages, que ces herbes ont des parfums ?

Ils arrivèrent au bas du perron ; deux tilleuls centenaires frissonnaient de chaque côté comme des vieillards refroidis. Théophile mit un pied sur la première marche.

— Arrêtez ! je vous en supplie, dit Marie ; je ne veux pas entrer, il fait trop sombre là-haut. Attendons le retour de Brizailles, qui doit revenir avec une lumière.

— Vous êtes folle, Marie. Que craignez-vous donc ? Ne serai-je pas avec vous ?

— Je ne me fie pas à vous, car vous avez aussi peur que moi.

Marie essaya de sourire et poursuivit en regardant au ciel :

— Voyez comme la lune est belle !

Théophile leva la tête et vit la lune à travers les tilleuls dont le feuillage semblait lui dérober mille paillettes d'argent.

— Hélas ! dit-il, cette pâle figure qui regarde la nuit tant de misères humaines fut toujours un mauvais présage pour moi ; c'est la face de la mort.

Une lumière soudaine brilla sous l'arcade et les pas du bouffon retentirent dans la cour. Marie courut au-devant de lui :

— Votre lanterne! dit-elle vivement.

Elle prit la lanterne et revint à la hâte près du perron.

Théophile s'était éloigné de quelques pas; elle arrivait au haut de la rampe qu'il était encore à la première marche; il la suivait en rêvant, quand tout d'un coup la lumière disparut comme si une porte se fût refermée sur Marie.

— Marie! cria-t-il.

Nulle réponse ne se fit entendre.

Il s'aventura dans la première salle; la lune y glissait de pâles filets que l'ombre du tilleul arrêtait par intervalles; il ouvrit de grands yeux et de grandes oreilles, il ne vit que des lambeaux de tapisseries qui pendaient aux murailles humides, il n'entendit que la voix du vent et les battements de son cœur.

Il poursuivit ses recherches au hasard; il entra dans une seconde salle plus sombre que la première.

— Marie! cria-t-il encore.

Marie ne répondit pas.

La frayeur posait sur lui ses mains glacées; il ressortit à la hâte. Brizailles, appuyé contre le perron, pensait à souper et tremblait à l'idée de coucher avec des esprits.

— Capédédious! marmotait-il, j'aimerais mieux la plus chétive taverne que ce château du diable, car mon estomac ouvre ses cent gueules, et j'augure qu'elles se refermeront sur des chimères.

— Brizailles, de la lumière! lui dit Théophile d'une voix brève.

— Est-ce que les fantômes ont déjà éteint la vôtre?

— De la lumière! de la lumière! répéta Théophile qui frappait du pied.

— Corbacque! ne bouffonnons pas! dit Brizailles en courant vers le village.

Il revint avec une lanterne; mais Théophile n'était plus à la rampe.

— Voyons! voyons! dit-il, les esprits ne sont pas très-féroces.

Il entra dans la salle et recula soudain de quelques pas.

— Oh! oh! la vieille a dit que c'était un repaire de diables.

Il recula jusqu'au perron et regarda autour de lui. Le grand calme qui régnait le raffermit un peu; il s'aguerrit contre la peur et rentra d'un air résolu. Comme il allait vers une porte, sa main effleura un lambeau de tapisserie que le vent agitait; il crut que c'était la robe d'un fantôme; il eut pourtant la force d'éclairer la tapisserie; mais, le reflet de la lanterne ayant passé sur une grande chasseresse qui poursuivait un cerf, il ne vit que la chasseresse, il laissa tomber sa lumière et s'enfuit en criant :

— Château du diable!

Théophile chancelant, Théophile éperdu, cherchait toujours Marie. Impatient de la lenteur de Brizailles, il s'était hasardé dans plusieurs salles; mais, un nuage ayant voilé la lune qui l'éclairait un peu, il revint à la rampe du perron. Le bouffon, épouvanté par la chasseresse, s'enfuyait à toutes jambes. Il lui cria de revenir. Brizailles s'imagina qu'un démon l'appelait et courut plus vite encore. Théophile, assailli d'idées lugubres, demeura un instant à la rampe; il se demandait si Marie était morte de terreur ou si elle était tombée dans un gouffre.

A cet instant, un long cri de douleur vint le frapper; il rentra précipitamment.

Tout à coup Marie vint tomber contre lui; il faillit s'évanouir sous elle. Un gémissement de la religieuse ranima ses forces; il la prit dans ses bras et la porta vivement sur le perron.

— Marie! Marie! qu'y a-t-il dans ce château?

Marie était d'une pâleur livide; sa tête pendait en arrière, et, sans quelques mouvements convulsifs, Théophile eût pensé qu'elle était morte. Il l'appuya sur son cœur et marcha vers l'hôtellerie dont il avait vu l'enseigne flottante une demi-heure auparavant. Une servante sommeillait sur le pas de la porte; il passa outre et s'arrêta devant Brizailles qui se chauffait paisiblement tout en dévorant une oreille de sanglier.

— Maudit coquin! s'écria Théophile.

— Je vous croyais morts l'un portant l'autre, dit froidement Brizailles.

Théophile renversa le bouffon et saisit sa chaise pour y déposer Marie.

— Du secours! du secours! cria-t-il.

L'hôtesse, qui se couchait, remit sa jupe à la hâte et sortit de l'alcôve.

— Avez-vous des sels à lui faire respirer? demanda Théophile.

L'hôtesse réveilla sa servante.

— Jeanne, allez couper du cerfeuil dans le jardin.

Elle revint vers le foyer.

— Si vous vouliez du vinaigre...

— Corbacque! dit Brizailles, en voilà.

Le bouffon présenta sa bouteille de vin.

Marie revenait à elle. Théophile, agenouillé sur les dalles, lui soutint la tête et l'interrogea du regard; mais les paupières de la religieuse s'abaissèrent aussitôt; elle murmura quelques mots sans suite et parut s'endormir profondément. Théophile la transporta dans l'alcôve, et, pendant que l'hôtesse et la servante allumaient du feu, il essaya de rompre le corset de la religieuse. Sur sa gorge émue, il saisit d'une main avide une petite croix de buis à figurines qui y laissait une violente empreinte. Comme il regardait cette relique devant la lumière d'une lampe, elle s'ouvrit et une corolle desséchée voltigea au feu ; il l'arrêta au vol et se rappela la clochette neigeuse qu'il avait cueillie autrefois pour Marie.

Sur le revers de la croix de buis, il lut, gravé en caractères presque imperceptibles, ce vers si doux à Marie :

MARIE
EST
LE SOLEIL ADORÉ
DE
MON AME

— Hélas ! dit Théophile, les douces caresses de Dafné n'ont peut-être pas eu pour moi le charme que cette clochette fanée et ce mauvais vers ont eu pour Marie. Où donc est l'amour? L'amour est-il un souvenir ou une espérance? est-ce une volupté de l'âme ou des lèvres? Est-ce Marie? est-ce Dafné?

Le feu qui s'allumait tira Théophile de ses réflexions; il glissa la croix à son cou et se retourna vers Marie, qui dormait toujours. Il pria l'hôtesse de la veiller comme sa fille et sortit dans le dessein de s'aventurer encore au château; il retrouva dans la salle d'entrée Brizailles qui s'était remis à table et qui dévorait à belles dents une seconde oreille de sanglier.

— Que fais-tu donc là, maraud? lui cria-t-il en fureur.

— Hélas ! dit le bouffon, je n'ai d'autre distraction que d'ensevelir ces oreilles malsaines.

Théophile voulait se fâcher, mais il savait que Brizailles riait de ses colères ; il se contint et lui dit de le suivre. Le bouffon fit la plus piteuse grimace du monde vers son souper, si souvent interrompu ; il se promit bien d'interrompre Théophile la première fois que le poëte réciterait une ode ou un sonnet. Il alluma la dernière lanterne de l'hôtellerie et marcha devant son maître en sifflant un vieil air de chanson basque pour se rassurer lui-même ; mais plus il approchait du château, plus son sifflement s'affaiblissait ; près d'arriver sous l'arcade, ses pieds s'arrêtèrent malgré lui ; il ne songea plus à siffler, il attendit Théophile.

— Eh bien, marche donc, lui fit le poëte.

— A vous les honneurs, mon cher maître !

— Marche ! marche !

— Je ne me permettrai jamais cette impolitesse.

Théophile, impatienté, prit la lanterne et passa ; il remonta le perron et pénétra dans tous les recoins de la vaste solitude : mort et silence partout. Brizailles le suivait pas à pas, et, quoiqu'il fût peu catholique, il se signait à toute minute et ne regardait que les aiguillettes de son maître, tant il avait peur de voir encore quelque terrible chasseresse.

Théophile ne trouva que son ombre dans le château de Pansy. A son retour à l'auberge, Marie lui dit qu'elle avait vu apparaître l'ombre éplorée de Dafné :

— Oui, j'ai vu Dafné. J'ai poussé un cri d'effroi ; un pareil cri m'a répondu. Le vent a éteint la lumière. Le vent jetait mille clameurs funèbres ; je suis tombée évanouie, croyant voir passer la mort dans ce château qu'elle a dépeuplé, car, vous le savez, il y a vingt ans, ma mère comptait onze enfants.

— En effet, dit Théophile rêveur, peut-être Dafné est-elle au château.

— Non, c'était une apparition. Mais nous la verrons bientôt, car les visions sont comme les pressentiments.

III

Marie jura de ne plus rentrer au château de Pansy, et, le lendemain, Théophile l'emmena à Sainte-Radegonde; le soleil, tiède encore, buvait la rosée qui blanchissait les champs; de longues vapeurs traversaient l'espace et se perdaient dans un flot de nuages groupés au-dessus de la montagne. Marie, toute chancelante, s'appuyait sur le bras de Théophile et penchait sa tête abattue. Ils prirent un détour pour échapper aux bénédictions des paysans; ils passèrent sur le bord du cimetière. Le regard errant de Théophile s'arrêta sur la maison de maître Jacques.

— Chat angora, lévrier blanc, Isaure, où êtes-vous? dit-il tout haut. Tout passe et s'enfuit.

Et comme il voyait le Christ veillant toujours sur les morts :

— Dieu seul reste!

Marie essuyait des larmes.

— Vous pleurez, Marie?

— Je pleure ma mère assassinée par les huguenots. Passons vite!

Ils descendirent la montagne par le Bois-aux-Grives; ils cherchèrent en vain la mousse où dormait autrefois Marie et le mûrier touffu qui l'ombrageait; un éboulement avait tout recouvert. Ils traversèrent tristement la vallée; le platane n'y était plus, la charrue avait sillonné le promenoir des ormeaux.

— Hélas! dit Marie, que sommes-nous donc venus revoir ici?

A leur arrivée, les portes du château s'ouvrirent à deux battants.

— Enfant perdu, vous voilà donc enfin? dit à Théophile sa vieille tante.

— Mon père! mon frère! s'écria Théophile.

La vieille tante montra le ciel du doigt.

— Nous sommes les débris de la famille.

— L'ange destructeur a passé sur ce château.

— Oui, mon enfant! Et tu seras bientôt seul, je me sens mourir tous les jours!

— Oh! s'écria Théophile, la terre d'exil et la nuit du cachot étaient moins tristes pour moi que ce château dépeuplé. Quelle route fatale ai-je donc suivie? Dafné, Dafné, ma vie fut un jouet pour vous! Je vous ai sacrifié les douces joies de la famille; je vous ai sacrifié la poésie de ma jeunesse, car la poésie n'accompagne pas les cœurs perdus; elle reste au pays natal.

La tante de Théophile connaissait de longue date la famille de Vertamond. Elle accueillit la religieuse comme un de ses enfants ou plutôt comme une sœur de Théophile.

Les premiers jours se passèrent en promenades; le poëte revoyait les bois, les coteaux, les prairies qu'il aimait tant; les cerisiers avaient de beaux panaches rouges; les trembles secouaient leurs feuilles argentées; les pins balançaient leurs noires chevelures; mais les yeux de Théophile ne s'arrêtaient que sur les collines arides.

— Où êtes-vous, ombrages de ma jeunesse, bruyères fleuries, mousses soyeuses, claires fontaines, où êtes-vous?

Un jour, il venait de s'asseoir avec Marie sur le bord d'un chemin sans verdure; il répétait le même cri de désespoir, quand sa vue s'arrêta sur la religieuse. C'était le matin, Marie n'avait guère dormi la nuit; la pâleur altérait ses joues, ses lèvres avaient perdu leur éclat pénétrant, quelques rides malveillantes coupaient son front.

— Qu'est devenue sa beauté? murmura Théophile.

Et le soir son cri fut plus long et plus triste; après les ombrages, les bruyères, les mousses et les fontaines, il regretta mademoiselle de Vertamond, la jeune et adorable châtelaine de seize ans, car la religieuse était une autre femme.

Le lendemain, un voile tomba de ses yeux.

— Hélas! s'écria-t-il, la nature est toujours belle, les ombrages sont toujours doux, les bruyères fleurissent encore, ces champs ne sont pas déserts, mais je n'aime plus!

IV

Un jour, la vieille tante se mit à raconter son histoire à Marie. Théophile, qui savait les plus légers détails de cette histoire assez vulgaire, sortit et les laissa seules. Depuis la veille, il désirait ardemment revoir la mystérieuse fontaine du Bois-aux-Grives; il avait soif de l'eau claire et glaciale qu'elle versait éternellement à travers l'herbe.

Il allait passer sous les grands chênes qui l'ombrageaient, quand il s'arrêta tout d'un coup à la vue d'une femme assise sur la roche et regardant tristement couler l'eau.

C'était Dafné.

La pécheresse était vêtue d'une robe fanée; les ronces du Bois-aux-Grives avaient déchiré ses souliers, les sorbiers avaient arraché sa coiffure. Ses joues pâlies accusaient de grands ravages : la volupté l'avait flétrie.

— Dafné! s'écria Théophile, Dafné triste !

Elle leva la tête, et vint se jeter dans les bras du poëte.

— Que faites-vous ici, Dafné?
— Je pleure.
— Vous pleurez?
— Oui, car je me souviens que j'ai été jeune et que j'ai été belle : je pleure ma jeunesse et ma beauté.
— Vous êtes jeune encore, vous êtes belle toujours; mais pleurez, les larmes sont la parure des yeux.
— Je ne suis pas vieille? je ne suis pas laide?

Dafné se jeta au cou de Théophile.

— Ah! toi, tu ne désenchantes pas!

Dafné baissa la tête et demeura pensive; puis elle se rapprocha de la fontaine, pencha gracieusement sa tête et se mira.

— Est-ce que mes joues ont cette pâleur livide?
— Tes joues sont toujours fraîches, mais l'eau décolore tout.

Dafné parut douter.

— Est-ce que mes yeux n'ont plus d'éclat?
— Le feu s'éteint dans l'eau.

La pécheresse se tourna vers le poëte.

— Point de mensonge, point de pitié; suis-je laide? suis-je belle?

Théophile cacha ses larmes.

— Vous êtes belle, Dafné.
— Je n'ai pas entendu.

— Vous êtes belle! vous êtes belle!

Dafné étreignit violemment Théophile.

— La vie n'est donc pas fermée pour moi; il y a donc encore des roses à ma couronne! Depuis quelques jours les épines déchiraient mon front. Je ne suis pas vieille, je puis aimer; je ne suis pas laide, je puis encore être aimée... Je t'aime, Théophile.

— Je t'aime, Dafné.

— Le premier amour ne s'éteint jamais, dit Dafné radieuse.

— Hélas! dit tristement Théophile, l'amour terrestre se réveille toujours.

Dafné se pencha encore au-dessus de l'eau et demeura quelques minutes en contemplation.

Théophile alla s'asseoir à deux pas de la fontaine, sur des feuilles rougies que le vent avait balayées du versant de la montagne; l'amour qu'il croyait éteint à jamais le tourmentait encore; le regard pénétrant de Dafné le brûlait déjà; il lui semblait que la pécheresse n'avait pas cessé de l'étreindre. La volupté reparaissait à ses yeux avec tous ses prestiges; il ne pouvait se soustraire à sa fascination, il ne pouvait détourner la vue de ses charmes enivrants; il se souvint de leurs jours de joie, de leurs embrassements, de leurs folies. Et quand Dafné vint s'asseoir près de lui, il l'embrassa avec sa belle passion des vingt ans.

— Dafné, Dafné, ne me faites pas retomber sur la terre, ne m'arrêtez pas dans mon vol, ne courbez pas mon ivresse.

Théophile et Dafné se regardaient avec des yeux baignés d'amour.

— Quelle étrange idée t'a conduite ici, Dafné?

— Le désespoir. Quand le malheur nous frappe, il s'éveille en nos âmes un cher souvenir qui déploie à nos yeux toutes les beautés de notre pays et qui nous attire à la maison natale. La repentance aussi me poussait dans ma patrie ; je voulais expier mes fautes aux pieds de la sainte de Pansy ; je voulais prier où j'avais prié dans ma jeunesse ; mais la repentance est une lâcheté, on ne doit pas rappeler Dieu dans une âme troublée et perdue d'amours profanes.

Dafné glissait entre ses doigts une petite croix de buis toute pareille à celle de Marie ; elle la portait à ses lèvres avec insouciance, ses regards s'arrêtaient souvent sur le revers. Théophile suivait cette croix des yeux, avide de savoir ce qu'il y avait de mystérieux sur le revers ; dans un mouvement involontaire, il la saisit et découvrit l'aimant qui attirait Dafné ; c'était un petit miroir ovale incrusté dans le buis. Dafné demanda sa croix.

— Voyons, dit Théophile, sans s'inquiéter de sa demande, voyons ce que renferme celle-ci. Hélas ! ce ne sont sans doute pas des fleurs desséchées.

— Elle ne s'ouvre pas ; dit Dafné, c'est une croix taillée dans la sainte Beaume ; je la porte sur mon cœur pour ne pas oublier que Dieu a beaucoup pardonné à Madeleine.

Théophile entraîna Dafné au château. A leur entrée, Brizailles, assis entre la vieille tante et Marie, leur débitait mille fanfaronnades imaginées ; la vieille tante souriait aux gais récits de Brizailles, Marie semblait étrangère à ce qui se passait autour d'elle.

Les deux sœurs furent moins heureuses que surprises de se revoir ; elles s'embrassèrent avec une froideur qui révolta Théophile.

Marie, Dafné, le poëte, la vieille tante et le bouffon passèrent quelques jours en famille ; tous avaient l'air calme; nul n'était en paix avec lui-même. Théophile sortait tantôt avec Marie, tantôt avec Dafné : la religieuse l'attirait toujours dans des champs arides ou dépouillés ; la pécheresse l'entraînait au fond des bois sous de mystérieux ombrages ; Marie aimait les froides matinées sur le sommet des coteaux, sur le bord des grands chemins : Dafné aimait les tièdes soirées dans les détours des vallons, sur les sentiers parfumés. Un jour, Théophile allait avec Marie voir la sainte de Pansy : c'était une grande statue en pierre, dont la longue robe ébréchée se voilait de plantes grimpantes et de mousses pâlies. Le lendemain, il allait avec Dafné voir une Vénus antique, oubliée à deux pas du château dans une léproserie en ruines du douzième siècle.

Théophile était toujours le reflet des deux sœurs ; avec l'une, il puisait ses pensées dans des choses saintes et pures ; avec l'autre, il songeait au plaisir. S'il n'aimait plus ardemment la religieuse, au moins était-elle un vivant souvenir de son amour ; près de Dafné, son corps éprouvait encore de violentes secousses, de grands élans de voluptés. La vue de Marie le détournait de Dafné ; mais bientôt, las du ciel, il retombait sur la terre.

— Si j'étais riche, disait-il à la pécheresse, j'aurais un superbe palais de marbre dans l'*Isola Bella*. Je serais roi de ce palais, puisque tu en serais la reine. Tu marcherais sur des tapis de roses, ô la plus voluptueuse des temps modernes !

— Si j'étais libre, disait-il à la religieuse, nous irions dans quelque gorge déserte des Pyrénées ; nous aurions pour horizon les têtes neigeuses des montagnes, nous n'aimerions que Dieu et nous attendrions là solitairement la mort.

Mais la fortune, mais la liberté n'arrivaient point, et, un

matin, avant l'aube, les deux sœurs prirent la fuite du château.

Marie avait écrit cet adieu sur le livre d'heures de la vieille tante :

Dieu me rappelle, à Dieu !

Dafné avait tracé ces mots sur un miroir :

Je m'ennuyais, à revoir !

IV

Quand Théophile s'éveilla, les deux sœurs étaient sur la montagne d'Orsay. La vieille tante vint l'avertir de leur fuite.

— Que le ciel les conduise ! je ne veux plus les revoir, s'écria-t-il avec désespoir.

La vieille tante eut un mouvement de joie, elle crut que Théophile demeurerait.

— Oui, mon enfant, que le ciel les conduise et veille sur nous !

— Où est Brizailles ?

— Avec elles sans doute.

— Et le cheval ? et le carrosse ?

— Tout est parti.

— Je les suivrai !

— Tu me laisseras seule, mon enfant ? Oh ! non, tu ne seras pas assez barbare pour cela ; j'ai soigné ton père mourant, j'ai fermé les yeux de ton frère. Aie pitié de moi, ma mort ne peut tarder, ton esclavage ne sera pas long. O Théophile ! ô mon enfant ! reste encore quelques jours !

La pauvre vieille caressait les mains de Théophile.

— Je t'aime comme mon enfant ; ne suis-je pas ta seconde mère ? Reste encore, la vie est meilleure ici ; nulle part tu ne trouveras plus de calme et de solitude.

— Mais je retrouverai Marie.

Le soleil était levé quand Théophile, monté sur un petit cheval andalous, sortit pour la dernière fois du château natal ; il fit solennellement vœu d'y revenir, mais la volupté et sa sœur, la mort, ne lui laissèrent point accomplir ce vœu.

Sur la montagne d'Orsay, il s'arrêta devant le château de Fargueil.

— Si ce fou était là ! dit-il.

Il s'enfonça dans l'avenue et frappa à grands coups à la grille.

— Où est ton maître ? demanda-t-il au valet qui ouvrit.

— Il dort, car il n'est arrivé que d'hier.

Théophile courut à Fargueil. Il le trouva assis sur son lit. A la vue de Théophile, il s'écria :

— Et Dafné ?

— Je la poursuis ; si vous voulez être du jeu ?

— Non, ma fortune s'altère, et je songe à quelque châtelaine nubile des alentours.

— Adieu, Fargueil.

— Dafné ! Dafné ! je ne veux plus me marier, car je me souviens de vos deux vers.

En des baisers permis l'amour souvent s'endort,
Et le lit de l'hymen est le lit de sa mort.

Fargueil fit sceller son cheval et suivit Théophile. Jamais cavaliers impatients n'eurent de coursiers plus alertes; les arbres, les buissons, les champs rayés fuyaient derrière eux comme par magie.

— Nous dépassons la vitesse du vent, mon cher Théophile, disait Fargueil; le pâle cheval de la mort n'est qu'un cheval de plomb. Dafné ne peut m'échapper. Il est bien entendu que je cours après Dafné et vous après Marie : point de chicanes futures.

Déjà les clochers d'Aiguillon accouraient à eux; Fargueil admirait leurs formes sveltes, leurs grands yeux noirs, leurs sveltes colonnettes; Théophile ne voyait que la poussière qui sortait des sabots de son cheval. Ils s'arrêtèrent à la taverne où Brizailles et le vieux Robert de Saint-Pierre s'étaient gravement querellés, en trinquant ensemble, sur la mesure d'un vers et sur un titre de grandesse espagnole; le tavernier fumait sur le pas de sa porte et souriait aux enfantillages d'un marmot qui se roulait à ses pieds.

— Tavernier du diable! lui cria Fargueil.

— Je suis votre serviteur très-humble, monseigneur.

— Une bouteille du fond de la cave!

— Mais vous ne descendez pas, messeigneurs?

— Deux bouteilles!

— Mais vos pauvres montures?

— Trois bouteilles! Et, si tu dis trois mots, trois coups d'épée pour toi.

— Je suis sûr qu'ils courent après la carrossée, marmotta l'hôte entre ses dents.

— Que dis-tu, roi des ivrognes?

— Vos trois coups d'épée glacent ma langue.

— Parle, ou je t'en donne six!

— Je me disais que vos seigneuries poursuivaient sans doute les deux voyageuses...

— Où sont-elles! où allaient-elles?

— Ah! par Dieu! je ne suis pas sorcier; je sais seulement qu'elles étaient conduites par un drôle qui buvait à deux mains et qui oubliait de payer. Quel buveur, sainte Vierge!

L'hôte descendit à la cave. Théophile, impatient, secoua les guides de son cheval, qui reprit soudain sa course; Fargueil avait soif; mais, dans la crainte de ne plus rejoindre Théophile, il partit aussi. L'hôte remonta en caressant déjà dans sa pensée les trois écus de Fargueil; mais le devant de la porte était désert.

— Hélas! dit-il en soupirant, être volé par des gens qu'on voulait voler! Dieu est injuste!

Après ce blasphème, le tavernier se mit à courir de toutes ses forces après les fugitifs. Un embarras de charrettes avait arrêté Théophile et Fargueil, qui n'étaient pas encore loin.

— Messeigneurs! messeigneurs! cria à tue-tête le tavernier, aussitôt qu'il les vit. J'ai oublié de vous dire quelque chose.

— Accours, *propera, furcifer, ganeo, flagellibulum, ut Plautiano verbo utar, et testudineis pedibus talarias adde plumas, Mercurii æmule.*

— Vous avez oublié de boire, messeigneurs, et voilà vos trois bouteilles.

Le tavernier arrivait près de Fargueil.

— Quoi! rustre, c'est pour cela que tu nous poursuis?

— Pendant que vous boirez, je vous dirai ce que j'ai oublié de vous dire à propos des voyageuses.

Théophile s'était arrêté à quelque distance; il revint sur ses pas.

— Raconte ce que tu sais, dit-il au tavernier.

— Je vous jure que j'ai pris ces trois bouteilles au fond de ma cave, dans la plus belle couche de sable...

— Ne plaisante pas, coquin, ou je t'étends à mes pieds!

Le tavernier présenta une bouteille à Théophile et une à Fargueil; le poëte prit la bouteille et la jeta contre le mur; Fargueil essuya le goulot de la sienne et prouva beaucoup plus de philosophie.

— Parleras-tu, buffle!

Le tavernier commença à trembler.

— J'avais donc oublié de vous dire que l'ivrogne qui conduisait les voyageuses avait les cheveux crépus et les yeux verts.

Théophile voulut assommer le tavernier; Fargueil le paya de fort bon cœur.

Les deux amis suivaient la route de Paris; mais, arrivés à l'embranchement de deux chemins, ils s'arrêtèrent et se demandèrent en même temps lequel il fallait prendre; un prêtre priait au pied d'une grande croix rouge à demi perdue dans les ronces. Théophile l'entrevit et s'avança vers lui.

— N'avez-vous pas vu passer deux femmes et un laquais?

— Oui, un carrosse s'est arrêté là, deux femmes en sont descendues : l'une, vêtue en religieuse, a prié devant cette croix; l'autre, vêtue en femme du monde, s'est assise sur cette touffe d'herbe et m'a demandé l'heure qu'il était en lissant ses cheveux. Le coche d'Aiguillon passa bientôt; la religieuse se jeta dans les bras de la femme du monde, et, après leurs embrassements, l'une monta dans le coche, l'autre rentra dans le carrosse. Vous savez sans doute que le coche prend le chemin qui est à droite de la croix, le carrosse prit à gauche. Voilà ce que je puis vous dire, messieurs.

— Mais, s'écria Théophile, est-ce la religieuse qui est remontée dans le carrosse?

— Non, monsieur, c'est la femme du monde ; la religieuse va sans doute à Paris.

En deux bonds le cheval de Théophile fut à droite de la croix. Fargueil demeura à gauche.

— Adieu, dit-il à Théophile. A vous Marie, à moi Dafné !

Le prêtre se ravisa et rappela les cavaliers.

— Messieurs, je vous trompais sans le vouloir : la religieuse est dans le carrosse, il m'en souvient maintenant ; peut-être va-t-elle dans un couvent voisin ; le carrosse en a bien pris le chemin.

— Et vous êtes bien sûr, dit Fargueil, que la profane est dans le coche ?

— Oui, monsieur.

Le prêtre se signa et disparut bientôt dans les ormes de la route.

— Voilà qui n'est pas drôle pour nous, dit Théophile.

— Changeons-nous de chemin ?

— Oui, car je suis sûr que Marie est dans le carrosse.

— Je n'ai pas votre assurance.

— Eh bien, restons où nous sommes.

— Non, si vous croyez que Dafné soit dans le coche.

Après bien des paroles perdues, les deux amis, incertains, changèrent de chemin et firent caracoler leurs chevaux.

— Oh ! disait Théophile, je ne verrai plus Dafné ; je veux m'enfermer avec Marie, et le mauvais amour n'aura plus de prise sur moi ; la religion sera mon refuge. Une fois isolé du monde, une fois dans la retraite, j'expierai les débordements de ma jeunesse.

— Oh ! disait Fargueil emporté dans les airs par son cheval, je vais te revoir, belle Dafné, sœur de Cléopâtre et de Diane de Poitiers ; je vais revoir tes grands yeux noirs qui ravissent, ta bouche qui enivre, tes mains si douces à mes lèvres! Je vais revoir ta longue chevelure et ton pied mignon, ta jambe et ta gorge de marbre rose!

V

A la tombée de la nuit, Théophile chevauchait lentement dans un chemin de traverse; son cheval harassé reprenait haleine; il lui donnait toute liberté : la bride s'était échappée de ses mains et flottait sur la crinière. Il faisait un temps calme et déjà froid; le ciel était d'une grande tristesse : de lourds nuages gris marchaient à petits pas et masquaient tout. L'horizon était vaste et varié; mais la brume le couvrait de ses mille écharpes. Le ciel vêtu de deuil et le paysage désert parlaient à l'âme de Théophile : il se sentait entraîné vers un sentiment indéfini de mélancolie; il se jetait à corps perdu dans un océan de tristesse, et c'était avec une joie farouche qu'il reposait la vue sur le cimetière du village voisin. De temps en temps il s'assurait du regard si les ornières offraient l'empreinte des roues. Un mendiant vint à passer.

— Vous avez sans doute rencontré un carrosse traîné par un cheval brun?

— Oui, monseigneur; celui qui le conduisait m'a rudoyé; mais la jolie dame du carrosse m'a donné un écu.

— Comment cette dame était-elle mise?

— Je ne sais pas, monseigneur; je n'ai vu que sa main, et je l'ai baisée, ne vous en déplaise.

— Mais vous la dites jolie ?

— Oh ! par saint Jaques ! oui, c'est une jolie femme ; car les laides ne sont pas si humaines.

— Est-ce que le carrosse était arrêté ?

— Oui, monseigneur ; à la porte d'une hôtellerie.

Théophile reprit la bride ; l'andalous leva la tête et repartit au galop ; il côtoya une longue fougeraie, une prairie noyée par les premières pluies d'automne ; il se précipita dans le village et descendit dans la cour de l'hôtellerie. L'hôtelier vint prendre son cheval.

— Vous serez servi comme un prince, monseigneur.

— Vous avez deux voyageurs ?

— J'ai du vin de Bordeaux, j'ai du vin d'Espagne.

— Un ivrogne et une religieuse ?

— J'ai des faisans et des oies. Que vous mettrai-je à la broche ?

Théophile frappait du pied avec impatience.

— Vous-même ! Je vous demande où sont vos voyageurs ?

— Ils sont couchés, monseigneur ; j'en ai beaucoup, comme toujours ; j'ai aussi des cailles et des ortolans.

Théophile laissa le catalogue vivant de l'hôtellerie et courut à la recherche de Marie : il traversa d'abord plusieurs salles dont les lits étaient déserts et pénétra dans une petite chambre noire où la lumière ne jetait que de pâles sillons ; il vit les rideaux du lit, et, devant les rideaux, des vêtements de femme.

— Marie ! s'écria-t-il.

Une grande femme se leva sur le lit.

— Vous voilà donc, mon cher Clitiphon ? Je désespérais de vous revoir. Approchez, je suis seule ; ne craignez rien, mon tyran est loin, et nous avons quelques jours à passer ensemble.

— Et sans doute quelques nuits, marmota Théophile en voulant sortir.

— Eh bien, volage, vous me fuyez déjà?

Théophile sortait; mais tout à coup une main quelque peu caressante lui saisit le bras.

— Vous êtes un traître, monsieur! Je ne vous lâcherai point; vous allez vous coucher tout de suite.

Théophile se débattit en riant.

— Vous seriez fâchée de me faire violence, madame, car je ne suis pas Clitiphon.

— C'est une feinte, c'est pour m'échapper; mais je vous répète que je ne vous lâcherai point. Allons, mon doux Clitiphon, laissez-vous conduire. Clitiphon! Clitiphon! cette résistance est indigne!

La dame embrassa Théophile.

— Vous êtes amoureuse, madame, c'est fort bien; je ne condamne pas votre cœur, mais je condamne votre acharnement à me poursuivre. Si votre véritable amant arrivait!

— Monstre! peut-on feindre ainsi! Clitiphon! Clitiphon! redevenez mon Clitiphon d'avant-hier.

La dame fit tous ses efforts pour entraîner Théophile vers son lit.

— Vous avez perdu votre amant et votre raison, ma chère, dit Théophile en se débattant toujours.

Il eut toutes les peines du monde à convaincre la dame qu'il n'était pas Clitiphon; la pauvre amoureuse, à demi morte de confusion, alla tomber sur son lit, en se promettant de se venger de sa méprise sur le véritable Clitiphon. Théophile revint sur ses pas et demanda à l'hôtelier dans quelle chambre était couchée la religieuse. L'hôte, qui avait un canard à la main, l'éleva sous le nez de Théophile.

— Par saint Roch! ce canard-là est digne du pape et de vous, monseigneur!

Théophile jeta le canard au feu et monta un escalier qui venait d'attirer son regard. Il traversa une chambre nue, il arriva dans une seconde, éclairée par une lampe mourante ; il s'approcha de l'alcôve, dont les rideaux étaient tendus et souleva ces rideaux en s'écriant encore :

— Marie! Marie!

Dafné, car c'était Dafné, ouvrit ses yeux noirs et tendit ses blanches mains à Théophile.

— Je croyais dormir cette nuit, dit-elle d'une voix charmeresse.

Le prêtre avait trompé Théophile et Fargueil ; dans son adieu au poëte, le pédant s'était écrié : — A vous Marie, à moi, Dafné! Le prêtre avait pensé que c'étaient deux démons qui poursuivaient deux anges; il crut faire une bonne œuvre en faisant un mensonge, et il espéra sauver deux âmes en péril.

Théophile avait soulevé le rideau dans l'assurance de voir Marie. A la vue de Dafné, les bras lui tombèrent de surprise.

— Toi! dit-il d'un air désenchanté.

— Je suis désolée de n'être point une autre. Adieu, monsieur ; je vais dormir.

— Ma destinée doit s'accomplir, dit Théophile. Passions infernales! je suis las de lutter contre vous ; je suis las de vous repousser. Passions! passions! je vous rouvre mes bras! je suis à vous jusqu'à la mort! Oui, Dafné, le plaisir n'aura pas une flamme, pas un fruit, pas une liqueur, pas un parfum, pas une musique dont je ne m'enivrerai; je dessécherai sa coupe sous mes lèvres ardentes toujours.

— Enfin, dit Dafné, te voilà presque raisonnable, et je ne désespère plus de toi.

— Si j'avais retrouvé Marie, j'aurais dit adieu aux voluptés de la terre; mais la destinée ne l'a pas voulu.

— Pauvre homme faible! tu suis les caprices du hasard; tu es bien à plaindre, ô poëte, tu n'as jamais eu la force de vivre à ta guise.

— Et toi, belle insouciante?

— J'ai choisi la route et je l'ai suivie sans détour; j'ai marché franchement au plaisir, je me suis fait un sceptre de ma beauté, j'ai voulu asservir tout ce qui levait noblement la tête. Et vous savez si j'eus des esclaves! Mais ce n'est point l'heure de vous raconter ma vie, vous la saurez pourtant un jour, je ne veux pas mourir sans vous faire la confession de mes défaites et de mes gloires, de mes amours et de mes haines, je ne veux pas mourir sans vous dévoiler des mystères que vous n'avez pu deviner, sans vous dire des choses qui vous feront rire ou trembler; mais vous êtes d'une morosité trop élégiaque, vous savez que je n'aime guère les élégies; rêvez un peu moins et parlez un peu plus.

Dafné se retourna.

— Dafné, vous êtes une femme étrange, il faudrait vivre mille ans pour vous comprendre; mais où allez-vous seule, sans défense, sans argent?

— Où j'allais? L'amour est un dieu : il est partout.

— Mais sans défense?

— Quelle ironie! Est-ce que je suis une des onze mille vierges?

— Et sans argent?

— Vous me faites souvenir que je n'en ai pas, mais je ne m'en soucie guère et cela ne m'empêche pas de dormir. La fortune est aveugle, et, demain à mon réveil, qui sait si sa pluie d'or ne retombera pas pour moi? Mais la fée du sommeil abaisse mes paupières et verse à mes yeux sa poudre brune; allez rêver un peu plus loin. Comme je suis miséricordieuse, je vous permets de revenir quand vous serez las de rêver.

Dafné tendit ses bras et parut s'endormir. Théophile se promena dans la chambre et réfléchit à la bizarrerie de leurs destinées.

— Nous sommes unis par un fatal lien, dit-il en se frappant le front; j'ai fait des efforts gigantesques pour le briser; je ne résisterai plus. La vie est une lutte éternelle pour les fous; je trouve le combat trop fatigant et je dépose les armes. A toi ma vie, Dafné! prends-la, caresse-la, rejette-la comme une parure qui te plaît ou qui te messied. A toi ma vie! une flamme qui, près de toi, s'éteindra plus vite, mais qui sera plus rayonnante.

Théophile se rapprocha du lit; la respiration lente et cadencée de Dafné l'avertit qu'elle dormait: à la vue de ses longs cheveux caressants, tout son amour se réveilla; il se pencha au-dessus d'elle et appuya ses lèvres avides sur ce cou odorant comme la forêt de Diane chasseresse.

— Il y a deux choses ravissantes dit Dafné en soulevant ses cils baignés : l'une est de baiser une épaule froide, l'autre est d'avoir l'épaule froide et de ressentir le baiser.

VI

Le lendemain, vers midi, le carrosse sortait de la cour de l'hôtellerie; Dafné rajustait son chaperon, Théophile la regardait et Brizailles lançait ses grands mots au cheval, qui ne s'effarouchait guère et qui marchait au pas, en dépit du bouffon. Le chemin se déroulait dans une plaine uniforme et dépouillée qui ne promettait guère de paysages changeants : c'étaient toujours des champs sillonnés, de maigres buissons épars, quelques hêtres dans le lointain ; c'étaient toujours les mêmes nuances, un horizon brumeux, un ciel chargé, un vent lourd. Quelquefois un troupeau frileux se trouvait tapi contre les bords du chemin ; quelquefois une volée de ramiers s'abattait sur l'éteule. Dafné, bientôt lasse de voir les mêmes horizons, regarda son amant ; une mélancolie profonde le dévorait, ses yeux battus s'ouvraient sur les champs, de grandes raies bleues coupaient ses joues, un souffle ardent desséchait ses lèvres pâlies.

— Les pécheurs et les pécheresses meurent jeunes, dit-elle avec une joie amère, le chemin du plaisir est le chemin de traverse dans la vie.

Théophile lui prit la main.

— Oui, Dafné, c'est le chemin de traverse dans la vie ; j'aurais dû balayer à ton passage les pierres et les ronces de ce chemin ; j'aurais dû en adoucir toutes les aspérités ; j'aurais dû te couvrir d'éclatantes parures, t'entourer de fleurs et de parfums, te servir en esclave ; j'aurais dû dépenser mes heures à effeuiller des roses à tes pieds, à t'enivrer de musique et de paroles d'amour ; j'ai stérilement usé ma jeunesse, j'ai perdu mon temps.

— Oui, tu as perdu ta jeunesse, tu as tout poursuivi sans rien atteindre. Tu voulais trop embrasser, ignorant la longueur de tes bras ; courir après la gloire, c'est courir après une poussière insaisissable. N'a-t-on pas assez de gloire, d'ailleurs, quand on a l'amour d'une belle femme ? Un doux regard tombé d'un œil de flamme ne vaut-il pas tous les lauriers du monde ? Moi, je n'ai pas perdu mon temps, j'ai trouvé ce que je cherchais, je suis arrivée où je voulais...

Dafné s'arrêta tout d'un coup; Brizailles, ennuyé de crier, s'était mis à chanter :

> Blanche dormait sur le rivage,
> Un chevalier passa par là...

Brizailles chantait fort mal, mais il chantait, et Dafné, muette, immobile, était dans le ravissement; ses beaux yeux jetaient des éclairs et versaient des larmes. Théophile la voyait pleurer avec enthousiasme.

— Dafné, Dafné! lui dit-il, pardonnez-moi, je vous accusais de ne pas avoir d'âme.

— Vous accusiez le ciel d'être sans soleil, quand le soleil vous éclairait et que ses rayons vous brûlaient.

Brizailles finit sa chanson.

— Les hommes sont ainsi, reprit Dafné; ils ne veulent pas comprendre qu'une femme qui aime par les yeux et par les lèvres puisse avoir le sentiment des choses saintes et pures; les passions n'étouffent pas l'âme : ce sont des nuages sur le soleil, les nuages se dissipent et le soleil rayonne encore.

Tous les matins, Théophile s'éveillait plus pâle et plus souffrant; un feu ardent lui dévorait la poitrine et le ravageait; tous les matins il se découvrait une nouvelle ride. Dafné cachait coquettement les désastres des années et s'aveuglait sur le mal brûlant qui lui déchirait le sein; il y avait toujours de l'amour dans ses yeux et la trace d'un sourire sur sa bouche.

La carrossée passait dans Chartres; le prévôt de la province était à la fenêtre et il reconnut Théophile, qu'il avait vu juger. Il se souvint que le poëte était condamné au bannissement, il donna ordre de l'arrêter.

Comme Théophile était un homme de marque, le prévôt ne souffrit pas qu'on le conduisît en prison : il lui fit les honneurs de son hôtel.

— Monsieur, lui dit-il en regardant Dafné, vous oubliez sans doute que vous êtes banni, que vous n'avez que Chantilly pour refuge.

— Je ne l'oublie pas, répondit le poëte, et, si vous le permettez, avant quelques jours je serai chez le duc de Montmorency.

— Comment osez-vous voyager en ce pays ! Je ne suis pas sévère, monsieur, mais le devoir me force de vous arrêter.

Dafné jeta ses yeux vers le prévôt.

— Arrêter un poëte qui a voulu revoir son pays ! murmura-t-elle.

— Du reste, reprit le prévôt, on aura pour vous tous les égards dus à votre rang, et, si madame veut rester près de vous, elle restera.

Le prévôt était troublé.

— Quelle femme ! quels yeux ! se disait-il à la vue de Dafné.

Il fit passer les amants dans une grande salle déserte où une servante vint allumer du feu. On était à la chute du jour ; l'hiver se faisait violemment sentir et Dafné s'approcha de l'âtre pour se chauffer les pieds. Le prévôt la suivit avec empressement, et, glissant une chaise près d'elle, il la pria de s'asseoir. Dafné dégrafa sa mante et la remit au prévôt, qui ne songea même pas à s'offenser et qui la déposa sur une autre chaise. Il tombait quelques flocons de neige et Théophile regardait tristement tomber la neige à travers les vitres ; le prévôt, charmé de cette distraction, rejeta son masque sévère et prit joyeux visage.

Dafné se mirait dans une grande glace à biseaux qui ornait la cheminée ; il lui dit en souriant :

— Il est fâcheux que les miroirs n'aient pas la vertu de garder le reflet des belles femmes.

Théophile, qui vint au foyer, interrompit le prévôt.

— Il neige, il neige ! dit-il en pensant à Isaure.

— Chauffez-vous, mes chers hôtes, dit le prévôt. Je vais prier ma femme de penser au souper. Vous tombez à merveille : mon fils vient de tuer un magnifique chevreuil et les métayers de Landrecy m'ont apporté ce matin une belle guirlande de cailles.

Le prévôt salua et sortit.

— Cet homme est aussi laid que ridicule, dit Dafné en s'asseyant enfin.

Le feu flambait joyeusement.

— Du reste, reprit-elle, ce gîte vaut bien une mauvaise hôtellerie. Le prévôt n'a pas l'air méchant ; il t'a fait saisir pour se désennuyer et pour avoir le plaisir de te gracier.

Théophile hocha la tête.

— Le prévôt, dit-il, est quelque lointain ami du père Garasse, et j'aimerais mieux me trouver à minuit devant une misérable taverne que d'être tombé dans ses lacs.

Dafné attisait le feu.

— Demain tu seras libre ; les révérends pères ne songent plus à toi ; Garassus est las de te poursuivre ; il t'a rayé de ses libelles.

Un bruit de pas se fit entendre. Un jeune homme entra et s'inclina.

— Il est charmant ! se dit Dafné.

Le jeune homme regarda Théophile.

— Quelle mine lugubre ! quel front élégiaque ! Théophile, que faites-vous donc ?

Théophile leva la tête.

— De Lépinaye! s'écria-t-il.

Le poëte avait reconnu un jeune seigneur de la cour qu'il voyait souvent autrefois.

— Eh! mon Dieu, oui, en chair et en os; je n'ai pas subi la plus légère métamorphose. Il n'en est pas ainsi de vous : il semble que vous sortiez du royaume des trépassés. Que faites-vous donc, ô mon funèbre ami?

De Lépinaye regarda malicieusement Dafné.

— A Paris, reprit-il, vous avez toujours une renommée du diable! Vos élégies ne passent point de mode et ma maîtresse m'endort avec vos stances. Malherbe vous jalouse toujours et vous condamne, la grammaire en main. On raconte mille choses occultes sur Balzac. On a répandu une nouvelle édition du *Parnasse satirique*. Voilà les nouvelles.

— Vous n'êtes donc plus à la cour?

— La cour est morose : Marie de Médicis rêve à quelque sombre complot, j'aime mieux chasser dans la forêt de Chartres. Vous me voyez ici dans la maison paternelle : ce vieux fou, qui vous a arrêté, n'est rien autre chose que mon père. Par Dieu! il a bien fait de vous arrêter, la rencontre est merveilleuse!

De Lépinaye prit une chaise.

— Et vous marchez toujours dans la vie une main tendue à la poésie, l'autre à l'amour? Heureux poëte! heureux amant!

Le gentilhomme jeta à la dérobée un regard à Dafné.

— Pour moi, j'avoue que la muse s'effarouche à ma voix : il me semble aussi pénible de faire des vers que d'égrener un rosaire. Vive, vive à jamais la chasse! J'aime l'aboiement des chiens, le son du cor, le cri des cerfs aux abois, le battement d'ailes des faisans.

Les yeux de Lépinaye s'animaient.

— Vivent à jamais les femmes! J'aime les voix mourantes, les yeux languissants, les chevelures éparses, les gorges soulevées! Voyons, voyons! la mélancolie messied à nos fronts! Égayons-nous, mon cher : le vin de mon père est aussi vieux que lui, buvons!

Le prévôt reparut sur le seuil de la porte.

— Je vous l'avais dit, mon père, l'homme que vous avez eu la bienveillance d'arrêter est un de mes chers amis : une mauvaise action peut avoir de bonnes suites, vous le voyez.

Le prévôt fit la grimace.

— Du reste, mon pauvre Théophile, votre punition sera légère; mon père m'accorde son droit prévôtal, et je vous condamne à passer seulement une nuit avec nous : nous ne sommes pas dans le cachot de Ravaillac!

Le prévôt s'était assis près de Dafné.

— Et, pendant que ce vieux fat essaye d'être galant auprès de votre maîtresse, parlons du temps passé : vous souvient-il de nos orgies chez Du Bosquet? Que de vin répandu! que de femmes fanées! Du diable si d'autres avaient des belles alors : toutes étaient pour nous!

On servit à souper.

— A table! à table! soyons verts et gais!

Le souper fut plus bruyant que joyeux; au dessert pourtant, les visages s'animèrent et la mélancolie du poëte s'envola. Le prévôt disait toujours des galanteries à Dafné, qui riait sous cape; le fils du prévôt, ennuyé de voir un vieillard aux prises avec une si belle fille, fit naître à propos une querelle entre son père et Théophile ; et, pendant que le poëte et le prévôt discouraient chaleureusement, il jeta à l'oreille de Dafné cette déclaration burlesque, mais dans le goût du temps :

— J'avais le dessein d'assiéger votre cœur, madame ; mais je craignais de mourir avant la conquête, foudroyé par vos regards !

— Je vous fais grâce du reste, dit Dafné qui n'aimait pas les longs propos.

Le lendemain, Théophile partit seul.

Dafné lui cria par la fenêtre :

— Vous ne m'attendez pas, mon bel ami ?

Théophile ne répondit pas.

— Eh bien, qu'il s'en aille ! répondit Dafné. Nous avons beau nous fuir, nous nous retrouvons toujours.

LIVRE VIII

AUBÉPINE

I

Comme Dafné, le bouffon quitta Théophile, qui revint à Chantilly, plus irrité que jaloux. Le château était désert: le duc de Montmorency faisait la guerre aux Anglais et la duchesse passait l'hiver à Paris. Le poëte voulut se tourner vers Dieu, mais il y avait trop de femmes à Chantilly[1].

---

[1] « Vous aurez de mes nouvelles par moi-même, écrit-il au duc de Nevers si vous prenez la peine de me venir voir à Chantilly, je suis enchanté de tous les plaisirs. Les champs à mon avis, ont quelque chose d'innocent et d'amoureux qui ne se rencontre point dans le tumulte des grandes villes. Et la douceur des conversations dont je jouis depuis deux mois, flatte si fort mon humeur, que je ne puis me ressouvenir de Paris, qu'avec un dégoût de tout ce que j'y ai trouvé autrefois de plus agréable, et je me sens aussi contraint de m'en éloigner par ma propre inclination, que par la nécessité de mes affaires; cette constance que je fais paraître en

Il se réfugia dans un pavillon perdu au milieu des grands arbres du parc. C'était une charmante retraite toujours silencieuse, toujours ombragée; on y arrivait par des sentiers bordés de myrtes, de grenadiers, d'épines blanches et de jasmins touffus; de vieux ormes se balançaient au-dessus du toit aigu; les fenêtres, encadrées dans des sculptures mauresques, s'ouvraient sur un balcon orné d'une balustrade et regardaient le majestueux étang du parc à travers le feuillage varié. Une gueule de lion grimaçait au-dessus de la porte en ogive; le lierre, qui tapissait la muraille, lui formait une chevelure toujours verte. Rien n'était plus romantique que les alentours de ce pavillon, qui semblait oublié de tous. L'herbe, étoilée de mille fleurettes sauvages, revêtait le parterre d'une couleur éclatante qui ne s'altérait qu'au milieu de l'hiver; une petite source s'échappait des jasmins et courait en toute hâte vers l'étang : la pauvre vagabonde se plaignait de sa course éternelle et semblait se jeter avec désespoir

ma persécution est plus un bonheur de mon esprit qu'une vertu de mon courage; j'aurais tort de m'en estimer plus honnête homme, mais j'ai raison de m'en croire plus heureux. Je trouve que mon naturel est une plus douce philosophie que celle que les livres enseignent, et que les sectes ont prêchée. Après la crainte de Dieu, il n'y a rien, qui ne puisse légitimement céder à nos fantaisies et à nos opinions. La plupart des choses que les hommes donnent à la vanité de la réputation et à la conduite de la vie, sont des fondements incertains, où le plus souvent des desseins très-pernicieux trouvent de l'appui. Ces présomptions de sagesse et de magnanimité font de grands désordres dans la société civile, et donnent aux âmes les plus saines, des maladies, dont les remèdes sont extrêmement chers et difficiles. Cette sorte de vie ne me rendra jamais ni riche ni coupable. J'aime si peu la fortune, et abhorre tant la vanité, que j'ai conclu d'être toujours pauvre. J'aime mieux être en repos sans rien gagner, que travailler pour du bien, qu'on ne peut ni perdre ni conserver qu'avec inquiétude. Il n'y a qu'un seul bien visible : c'est la femme. Il n'y a qu'un seul bien invisible : c'est l'amour. »

dans le grand lit humide comme une naïade égarée. Un escalier en spirale conduisait à la chambre du pavillon, dont l'ameublement était fort simple : on n'y voyait qu'un lit de chêne recouvert d'une courtine de velours rouge à grandes franges, deux chaises à dosserets, une table gothique soutenue par quatre colonnettes torses, enfin quelques ornements; divers livres étaient sur la table : les *Confessions de saint Augustin*, les *Psaumes de David*, les *Amours de Pétrarque* et les poëtes du temps. L'aspect de cette chambre était austère et froid. Point de tableaux sur les murailles à noires tentures, point de fleurs sur le balcon. Une sainte mélancolie se répandait partout et la lumière ne jetait qu'un pâle reflet à travers les vitraux peints.

Isolé dans cette retraite, Théophile voyait tristement passer sa vie, lac limpide, troublé par l'orage, qui avait retrouvé son calme, mais qui avait perdu sa transparence. Le soleil levant le voyait appuyé sur la balustrade du balcon; le soleil couchant le voyait dans les sentiers perdus ou sur les bords de l'eau. Il n'allait guère au château qu'à l'heure des repas; il vivait le plus solitairement du monde et n'entrait jamais dans Chantilly. Tous les matins il lisait ses poëtes aimés, il rouvrait ses œuvres, il en effaçait les images trop vives, les teintes trop ardentes; tous les soirs il ajoutait une strophe à son poëme : *le Bosquet de Sylvie*. C'est une belle peinture, pleine d'éclat et de couleur, tout embaumée des senteurs d'avril et de septembre. Le nom est resté au bocage célébré par le poëte.

Il lui arrivait souvent de suivre la source qui courait devant le pavillon et qui se perdait sous les roseaux; dans ses rêves poétiques, la pure image de Marie, les formes païennes de Dafné, passaient et repassaient devant lui; il fermait les yeux sur l'une, il ouvrait de grands yeux sur l'autre, mais il voyait plus longtemps la pécheresse que la religieuse. Le mal marchait à grandes journées ; son sang lui brûlait les veines ; souvent il descendait du pavillon, il se jetait sous le jasmin et plongeait ses lèvres desséchées à la source ; mais l'eau n'éteignait sa fièvre que pour un instant, car, à peine de retour dans sa chambre, le feu le dévorait encore. Pareil à tous les mourants, il s'aveuglait sur sa fin prochaine ; plus il avançait vers la tombe, plus il se rattachait à la vie. L'espérance l'endormait tous les soirs et le réveillait tous les matins, quand il n'était endormi ni réveillé par quelque paysanne aux robustes appas à qui il enseignait l'amour.

La fin de l'automne, l'hiver entier, les premiers jours du printemps, s'écoulèrent sans qu'il advînt nul changement au château de Chantilly.

Théophile mit un peu d'ordre à ses œuvres. Ce fut alors que Scudéry publia le premier volume. Je lis dans les *Nouvelles œuvres*, éditées par Mayret, cette lettre à Scudéry :

« Puisque ma conversation est publique, et que mon nom ne se peut cacher, je suis bien aise que tu fasses publier mes écrits, qui se trouveront assez conformes à ma vie, et très-éloignés du bruit qu'on a fait courir de mon esprit. Je sais bien qu'on a parlé de moi comme d'un homme à périr pour l'exemple, sans que jamais l'Église ni le Palais aient repris mon discours ni mes actions. Et depuis qu'il me souvient d'avoir vécu parmi les hommes, je n'en ai jamais pratiqué qui ne me soient encore amis. Tous ceux qui parlent mal de moi ne sont ni de ma conversation ni de ma connaissance. Je puis me vanter d'avoir assez de vertu pour imputer à l'envie les médisances qui m'ont persécuté. Ces outrages ne m'ont point affligé ni détourné le train de ma vie. Je sais que les injures de ma fortune ont fait celles de ma réputation. En mon bannissement, j'étais infâme et criminel; depuis mon rappel je suis innocent et homme de bien. Et la même façon de vivre qui s'appelait autrefois débauche, s'appelle aujourd'hui réformation. Les esprits des hommes sont faibles et divers partout, mais principalement à la cour, où les amitiés ne sont que d'intérêt ou de fantaisie. Le mérite ne se juge que par la prospérité, et la vertu n'a point d'éclat que dans les ornements du vice. L'éloquence n'a plus de grâce qu'à persuader le libertinage et les mauvaises mœurs. La pointe et la facilité de l'esprit ne paraît plus qu'à médire; être habile, c'est bien trahir. La raison est inconnue, la religion encore plus, le roi n'entend que des révoltes, Dieu n'entend que des impiétés, tant le siècle est maudit du ciel et de la terre. Les gens de lettres ne savent quasi rien de ce qu'ils doivent savoir, la plupart des juges sont criminels, passer pour honnête homme, c'est ne l'être point. Dans ce rebours de toutes choses, j'ai de l'obligation à mes infamies, qui au vrai sens se doivent appeler des saveurs de la renommée. Sur cette foi je ne changerai ni mon nom ni mes pensées. Je veux sortir sans masque devant les plus rigoureux censeurs des écoles les plus chrétiennes. Je ne sache ni latin ni français, ni vers ni prose de ma façon qui redoute la presse ni la lecture des plus délicats (je parle pour la conscience), car, du style et de l'imagination, je ne suis ni fort ni présomptueux. Et cette publication est plutôt de l'humilité de mon âme que de la vanité de mon esprit.

« Je suis ton,

« Théophile. »

Un soir d'avril, le poëte, penché à son balcon, regardait la face brunie de l'étang, quand il entrevit une robe flottante dans le feuillage transparent d'un saule ; il descendit à la hâte, marcha sans bruit vers le saule et s'arrêta à une distance de quelques pas. Une femme bizarrement vêtue s'inclinait au-dessus de l'eau et regardait autour d'elle avec des yeux égarés ; il essaya de saisir les traits de cette femme, mais ce fut en vain, car une branche pendante tremblait devant elle et lui formait un voile. Elle murmurait quelques paroles confuses qui se perdaient dans le souffle du vent.

Cette apparition romanesque frappa Théophile et l'émut violemment ; il s'avança en silence vers l'étang, mais la femme qu'il entrevoyait s'enfuit tout à coup ; il la suivit : elle courut jusqu'à la sortie du parc, qui n'était séparé des champs voisins que par un ruisseau bordé de mûriers sauvages ; deux vieilles planches recouvertes de mousse formaient là un pont chancelant où elle s'aventura sans crainte ; en abordant à l'autre rive, elle se déchira les pieds aux épines ; Théophile entendit un cri de douleur. Après s'être éloignée de quelques pas, elle revint et glissa ses mains dans les ronces, et, quand elle vit jaillir le sang, elle se mit à rire, mais du rire sec et terrible des agonisants et des fous. Elle reprit sa marche rapide à travers les champs en fleurs, elle arriva bientôt à l'entrée de Chantilly et s'arrêta devant une chétive maison qui semblait demander l'aumône aux passants.

La vision mystérieuse franchit précipitamment le seuil de la chétive maison ; Théophile, qui l'avait toujours suivie, vit se fermer la porte ; il écouta longtemps et longtemps une plainte étouffée déchira son cœur. Il reprit le chemin du château, ne voyant que cette femme étrange qui se glissait dans le parc, pour contempler l'étang et qui se déchirait les mains aux épines.

La nuit se passa sans qu'il pût dormir ; ses oreilles

étaient toujours ouvertes aux plaintes de cette femme; le jour suivant lui parut d'une morne lenteur. Plein d'impatience et d'agitation, il vit passer les heures; dès que les teintes brunes du soir se répandirent dans le parc, il s'appuya comme la veille sur la balustrade du pavillon; le soleil disparut, l'horizon enflammé s'éteignit, la nuit couvrit la terre et le ciel, mais les bords de l'étang étaient toujours déserts. Il les côtoya, il secoua de ses pieds les gouttes de rosée suspendues aux herbes. Un bruit de feuilles le fit tressaillir, il se retourna et vit flotter une robe; esclave de sa curiosité, il se jeta étourdiment à la rencontre de celle qui la veille l'avait tant tourmenté. Il l'atteignit bientôt.

— Qui êtes-vous, madame, qui êtes-vous ?

— Une folle !

— Hélène ! s'écria-t-il.

C'était Hélène.

— J'ai peur de vous.

— Je la croyais morte, dit Théophile.

— Ne regardez pas, ne regardez pas dans l'étang !

Hélène ferma les yeux.

— Sauvez-vous, car vous n'avez pas le droit de me troubler ainsi.

— Elle est folle ! dit-il.

Il lui prit les mains.

— Hélène, n'ayez pas peur de moi, je suis votre ami, je sais vos malheurs.

La folle regarda Théophile avec des yeux hagards.

— C'est mon sauveur ! dit-elle.

Elle se jeta dans ses bras.

— Vous pensez toujours à moi ; vous n'oubliez pas Hélène ; vous êtes le seul.

Hélène regarda encore autour d'elle.

— Nous sommes dans un désert; asseyons-nous sur l'herbe et je vous finirai ma confession.

Après un silence :

— On dit que je suis folle, ne le croyez pas ; on dit que je suis folle, parce que je viens souvent la nuit regarder dans cet étang.

Hélène se pencha au-dessus de l'eau.

— Il n'est pas encore l'heure !

— Mais que voyez-vous dans cet étang, Hélène?

La folle sourit.

— Vous ne devinez donc pas?

— Vous voyez des roseaux?

Hélène prit un air moqueur.

— Vous voyez, comme autrefois, de grandes fleurs d'or se couchant dans l'eau?

La folle se rapprocha de Théophile et lui dit à l'oreille :

— Je vois mon amant, je vois mon enfant; tous deux sont au ciel et le ciel n'est-il pas dans cet étang? Quand ce grand nuage sera passé, quand les trois étoiles trembleront sous les osiers, ils reparaîtront comme hier ; ils me tendront les bras; ils m'appelleront à eux. Je suis bien lâche! je n'ose pas me lancer à leur rencontre; car il faut traverser l'étang et l'eau est si froide encore !

Hélène s'étendit sur le bord de l'étang et trempa sa main dans l'eau.

— Toujours froide! Mais le soleil sera plus ardent demain qu'aujourd'hui.

Théophile releva Hélène.

— Vous ne vous doutez pas des extases qu'ils ont au ciel : c'est une joie éternelle qui ne s'altère pas ! Oh les ravissantes symphonies! Mais le nuage est passé, les trois étoiles brillent sous les osiers !

La folle se tut et jeta un regard avide dans l'étang.

— Voyez-vous! voyez-vous! Qu'il est beau, mon enfant! Quel ange charmant dans son écharpe blanche!

Hélène recula avec épouvante.

— Ne regardez plus! ne regardez plus!

Elle se mit devant Théophile.

— Fermez les yeux, je vous en supplie! Par pitié, n'écoutez pas! Vous verriez deux cadavres, vous entendriez les plaintes d'un enfant qu'on étouffe et d'un homme qui meurt de faim!

La folle tomba agenouillée, se releva, se suspendit aux branches d'un saule et s'enfuit tout à coup.

— A demain, dit-elle à Théophile.

Le poëte la suivit.

— Hélène, laissez-moi vous conduire au village.

— Oui, car j'ai peur quand je traverse cet enclos; j'ai peur quand je vois la masure. Cette masure me rappelle des choses lugubres!

Quand Théophile et Hélène arrivèrent devant la masure, une vieille en sortit avec un balai.

— C'est mon amie, dit la folle.

La vieille s'inclina et les laissa passer.

— Voilà notre palais! s'écria Hélène.

Théophile fut frappé de l'étrange aspect de ce misérable réduit. Quelques racines de vignes se consumant dans le foyer jetaient par intervalles une lumière qui blanchissait les murailles et qui glissait en tremblant sur des ailes de chauves-souris, sur des carcasses de hiboux et d'orfraies pendues au plafond en forme de cercle cabalistique.

— C'est une vieille sorcière, dit Hélène; elle a fait un pacte avec le diable: toutes les nuits elle va dans le bois voisin, elle cueille des feuilles de chêne, elle y imprime la marque du sabbat, elle conjure Satan de souffler dessus et les feuilles de chêne se changent en feuilles d'or ou d'argent.

Hélène pria Théophile de s'asseoir sur un banc de bois renversé au coin du feu.

— Oui, c'est une vieille sorcière, reprit-elle ; tous les soirs c'est elle qui m'envoie à l'étang du parc et qui fait apparaître mon enfant. Autrefois elle était au service du duc de Montmorency, qui ne pense guère à nous au milieu des fumées de la guerre. Nous sommes délaissées, nous mourrons de misère !

La vieille rentra.

— Sainte mère de Dieu, que la nuit est froide ! dit-elle en se signant. Et ma pauvre Aubépine qui ne revient pas !

Elle s'approcha de l'âtre et déposa d'autres racines sur le brasier.

— Chauffez-vous, monseigneur, chauffez-vous ma fille.

Hélène était tombée dans la torpeur. La vieille balança une de ses mains au-dessus de la tête de la folle et murmura quelques mots en mauvais latin.

Théophile donna sa bourse à la vieille et sortit à la hâte. Le lendemain, avant la nuit, il était au château de Saint-Pierre.

— C'est indigne à vous, dit Théophile au marquis, c'est indigne à vous de laisser mourir votre sœur dans la misère.

— C'est bien plus indigne à vous de m'avoir ravi la Dafné, dit en riant le marquis.

— Hélène est devenue folle : je ne sais pas de femme plus malheureuse sur la terre ! Courez, courez à elle.

— Et que faites-vous de la Dafné, gentilhomme ? A-t-elle perdu ses yeux éclatants, a-t-elle retrouvé les roses de ses joues ?

— Les yeux de votre sœur se sont éteints dans les larmes; les nuits d'angoisses ont pâli ses joues.

— Par le diable! je vous jure que la Dafné est la plus ravissante maîtresse du monde! elle a des baisers qui enivreraient Dieu et Dieu fera très-bien de lui fermer le paradis, car elle y damnerait les anges.

Théophile, irrité par le ton railleur du marquis, se leva et voulut sortir; mais le marquis le retint.

— Voyons, gentilhomme, parlons d'Hélène. De votre maîtresse à ma sœur, vous me faites passer d'un tableau charmant à quelque chose de funèbre. Je me résigne pourtant.

— Je vous répète qu'Hélène languit dans une misérable folie; elle s'est réfugiée chez une vieille qui prie Dieu et le diable pour elle.

— Et que puis-je faire? Ma sœur est une précieuse. Elle et son amant sont venus s'ébattre amoureusement dans ce château comme de roucoulantes tourterelles dans un bosquet. Ma vertueuse sœur s'est imaginé que j'étais un monstre parce que je ne souriais pas à ses plaisirs, et son amant a voulu teindre sa flamberge dans mon sang. J'ai prévenu ce dessein quelque peu lugubre, mais ma conduite est sans tache. Si Hélène veut revenir au château, les portes lui sont ouvertes; si elle veut rester près de sa vieille, je ferai rouler vers elle quelques écus. Comment usez-vous la vie, gentilhomme?

— Mal.

— Je me rappelle qu'autrefois je devais vous conduire à quelques lieues d'ici, dans une retraite où la véritable passion s'épanouit en toute liberté. Du reste, nous pouvons remettre la partie à demain, si vous le voulez.

— Oui. Voyons cette débauche sans limites. Mais n'oubliez pas votre sœur.

Le lendemain, l'aube rougissait à peine l'orient, que Théophile et le marquis de Saint-Pierre s'étaient mis en route ; ils chevauchaient sur les bords d'une montagne et se racontaient les étrangetés de Dafné. Une heure après le lever du soleil, ils se trouvèrent dans une gorge profonde, en face d'un vieux donjon d'architecture saxonne perdu dans des bouquets de chênes et de marronniers ; les abords en étaient charmants ; les avenues verdoyaient sous de vieux tilleuls entrelacés qui formaient un dôme transparent, où les bouvreuils chantaient le mois de mai ; des bocages couvraient les flancs des deux montagnes qui s'étendaient au nord et au midi ; une petite rivière roulait ses eaux bleues devant le donjon et traversait l'immense parc par mille détours capricieux.

Théophile et le marquis de Saint-Pierre descendirent dans une petite barque où deux jolies filles pêchaient depuis le matin.

— Voyez, dit le marquis au poëte, voyez comme mon ami est un homme sage ! il a renversé le pont de cette rivière, car il veut qu'on arrive chez lui doucement balancé par les flots.

De belles paysannes demi-nues saisirent les rames et la barque glissa bientôt vers une arcade en ogive où elle aborda. Les voyageurs passèrent la grille et s'enfoncèrent dans le parc. A la sortie d'une charmille touffue, ils découvrirent un cabinet de mousse perché sur une gigantesque branche de tilleul, dont le jeune feuillage formait une ombre rafraîchissante sous les caresses frémissantes des brises matinales : c'était un charmant nid d'amour qui ne touchait pas la terre et qui restait loin du ciel ; on y grimpait par une échelle de soie ; la rivière roulait sous lui, des milliers d'oiseaux chantaient au-dessus, toutes les couleurs se déployaient autour ; les cieux, les eaux, les arbres, les fleurs, y avaient des teintes plus belles, plus vives et plus changeantes ; tous les parfums s'élevaient là, comme l'encens à Dieu.

Un homme, nonchalamment appuyé sur l'épaule nue d'une jeune femme, écoutait une lointaine musique et regardait d'un air rêveur les galanteries des papillons qui poursuivaient leurs sveltes maîtresses sur le trèfle sauvage et sur les flots frissonnants de la rivière.

— Voilà la reine du jour, dit le marquis à Théophile, car cette femme n'est pas seule ici; mon ami est un pacha qui s'entoure des plus belles filles du royaume; il y a tous les matins de grandes luttes de séductions et la belle qui triomphe est couronnée par les autres.

Le marquis parlait à son ombre, Théophile s'était enfui; Théophile avait reconnu Dafné dans la *reine du jour*.

Le marquis appela le poëte, mais le poëte était déjà dans la barque où pêchaient les esclaves.

Et déjà la barque abordait à l'autre rive, quand le marquis revint à l'arcade.

— Est-ce le diable qui vous emporte, mon cher ? cria le marquis.

Théophile, oppressé par la colère, ne put répondre. Le marquis ne vit bientôt plus qu'un nuage de poussière qui couvrait le cheval emporté du poëte.

Quand Théophile fut sur la montagne, il voulut jeter un dernier regard sur le donjon. De blanches vapeurs suspendues dans l'espace voilaient chastement cette voluptueuse retraite.

— O Dafné, s'écria Théophile, vous êtes partout où règne la débauche! j'étais donc condamné à vous revoir dans ce lupanar ! ô pauvre femme, que Dieu prenne pitié de vous !

Le soir même, le poëte fut de retour à Chantilly ; mais l'image de Dafné le poursuivait sans cesse ; il la repoussait vainement, elle flottait toujours sous les yeux de son imagination. Il alla chez la vieille ; rien n'était changé, Hélène ne cessait pas d'être folle et la sorcière conjurait toujours le diable.

II

Quelques jours après, il traversait le parc. A la vue d'une jolie enfant de quinze ans qui cherchait des coquillages dans le sable orange d'une allée, il s'arrêta soudain et la contempla avec admiration ; jamais il n'avait vu de beauté plus charmante. Elle était blonde ; ses yeux, d'un bleu de pervenche, avaient une douceur infinie ; de légères teintes roses animaient ses joues merveilleusement fraîches. Les vierges célestes des vieux maîtres allemands ont moins de pureté que n'en avaient les lignes ondoyantes de sa figure. Théophile était dans le ravissement ; il suivait les molles ondulations de son cou pâle et velouté, de son corps frêle et presque diaphane ; il voyait du même regard les jeux et les caprices de ses petites mains à demi perdues dans le gravier et de ses pieds mignons couverts de sable. Le soleil secouait sa poussière d'or sur son chaperon bleu et sur son corselet de velours noir ; elle semblait étrangère à tout ce qui se passait autour d'elle ; elle cherchait toujours ses coquillages, mais avec une lenteur insouciante. A chaque nouvelle trouvaille, elle s'écriait d'une voix adorablement perlée : Couleur de rose, couleur du ciel, couleur de neige !

Elle fut distraite par l'heure qui vint à sonner ; elle se leva et s'enfuit en sautillant comme un oiseau. Quand elle passa devant Théophile, elle sourit en faisant la moue ; dès qu'elle se crut masquée par un rideau de grenadiers, elle retourna vivement la tête et regarda le poëte à la dérobée.

Théophile, violemment ému, courut au pavillon en essayant de lire dans son âme les nouveaux feuillets qui s'ouvraient ; il revint bientôt dans le jardin, mais l'enfant était partie. En vain il regarda mille fois à travers les grenadiers.

Une jeune servante lavait sa jupe au-dessous d'une petite cascatelle qui bondissait dans un bassin de pierre ; il s'approcha d'elle, il lui parla de la jolie blonde au chaperon bleu.

— C'est Isaure, c'est Aubépine, lui dit la servante.
— Isaure ! s'écria-t-il.
La servante fut surprise de l'animation de ses traits.
— Ce nom-là n'a rien d'étrange, reprit-elle. On l'a surnommée Aubépine parce que la vieille sorcière de la masure l'a baptisée hors l'église avec une belle branche d'aubépine, mais son nom de chrétienne est Isaure.

Théophile s'éloigna de la cascatelle, et, quand il se retrouva dans la solitude, quand son agitation fut calmée, il se replongea dans sa vie passée ; son âme reprit son vol vers Pansy ; il revit les nappes de neige étendues sur la montagne, il revit le cercueil de la trépassée, il entendit la voix funèbre des cloches, les chants lugubres des psaumes, et s'écria comme inspiré : « Isaure, je t'ai retrouvée ; cette angélique enfant, c'est toi ; ton âme a passé dans son corps. »

III

Isaure était morte dans l'hiver de 1610 ; on était au printemps de 1626 et Aubépine avait quinze ans. D'après les peintures de Charlotte, Isaure était d'un blond tendre et délicat ; le bleu pâle de ses yeux leur donnait une douceur ineffable ; sa figure avait l'idéale pureté ; or, l'enfant n'était-elle pas le reflet d'Isaure ?

Cette étrange pensée s'enracina dans l'âme ardente du poëte.

La nuit, la trépassée lui apparut en songe.

— Voici l'heure de m'aimer, lui dit-elle en secouant les lambeaux de son linceul.

Théophile reconnut la jolie enfant qu'il avait vue cherchant des coquillages. Il s'élança vers elle, mais ce n'était qu'un fantôme.

— J'ai retrouvé mes premières amours, dit-il en s'éveillant ; la vie est éternelle ; les fleurs sortent de leur tombe, et l'âme d'Isaure, au lieu de s'envoler au ciel, s'est envolée au corps de cette charmante enfant. Aubépine, Aubépine ! tu seras mon premier et mon dernier amour. Je t'ai aimée il y a quinze ans quand tu te nommais Isaure, je t'aime aujourd'hui avec la même candeur. Te me parles du ciel où tu es allée, mon âme ira bientôt là-haut emportant ton souvenir si pur et si doux !

Le matin, Théophile descendait au château, quand il rencontra la servante qui lavait sa jupe la veille.

— Un beau jour de printemps, Ursule?

— Oui, monsieur ; les fleurs vont bellement s'épanouir.

— Les enfants vont cueillir des violettes dans le parc. Est-ce que la jolie blonde d'hier ne cherchait pas des coquillages tout à l'heure ? J'ai cru voir cette adorable enfant au travers des grands chênes.

— Vous vous êtes trompé, monsieur; l'intendant a chassé hier Aubépine.

Théophile tressaillit.

— Chassée!

— Oui, monseigneur; l'intendant n'ose la regarder en face, car sa grand'mère est sorcière, et tout le monde craint ses maléfices.

— La grand'mère d'Aubépine est cette vieille qui a recueilli Hélène?

— O mon Dieu oui! La vieille harpie fait bien du mal au village, et le Seigneur nous ferait une belle grâce, s'il l'envoyait au diable.

Théophile courut à la masure de la vieille. C'était le dimanche, l'enfant jouait au volant sur le devant de la porte ; elle se mettait dans de charmantes petites colères contre le vent, qui la lutinait. La vue de Théophile ne la troubla nullement et ne lui fit pas perdre un seul coup de raquette. Elle avait l'air de danser en courant ; son joli bras lançait dans les airs, avec une grâce infinie, son volant dont les plumes teintes ressemblaient à des fleurs mises en bouquet.

Théophile entra dans la masure : la vieille, seul au coin du feu, suivait la forme des flammes qui s'élevaient, pa. intervalles, d'un monceau de feuilles de chêne et de buis bénit. A chaque transformation, elle s'agitait singulièrement, elle passait tout d'un coup de la joie à la tristesse et de la tristesse à la joie.

Quand elle vit Théophile, elle fit une petite grimace qu'elle s'empressa de cacher sous un sourire.

— Je vous salue, monseigneur! Hélène n'est pas là : la pauvre femme prie Dieu. Elle s'est hasardée d'aller à la messe; elle s'est jetée dans la procession qui passait là-bas devant la croix de pierre. Mais asseyez-vous sur ce banc et attendez-la. Elle ne peut tarder, car la messe va finir.

Théophile, ne sachant que dire, retourna vers la porte et regarda Aubépine qui bravait la fatigue et l'ardeur du soleil.

La vieille, troublée dans ses sortiléges, sépara le buis des feuilles de chêne et vint bientôt à lui.

— N'est-ce pas, monseigneur, qu'elle est belle, ma fille, qu'elle est fraîche, qu'elle est gracieuse?

— C'est la plus adorable enfant que j'aie vue!

La vieille s'approcha d'Aubépine.

— Aubépine, il faut vous reposer.

Elle saisit le bras de l'enfant qui fit un bond et s'enfuit en riant avec tant de légèreté, qu'elle semblait mollement soulevée par le vent.

— Aubépine, si vous êtes méchante, vous n'aurez plus d'images.

L'enfant accourut à sa grand'mère et lui fit des caresses. La vieille, attendrie, s'assit sur le pas de la porte.

— C'est ma seule joie dans ce monde, dit-elle à Théophile; aussi, voyez comme je la pare de la tête aux pieds. Voyez quel joli chaperon, quel joli corselet! je vendrais mon âme pour l'embellir!

— Sa mère est morte? dit Théophile.

— Oui, morte! il y a quinze ans, morte le jour de la naissance de son enfant. Je m'en souviendrai toujours : c'était pendant les neiges de l'hiver.

— Pendant les neiges! s'écria Théophile.

Et s'éloignant pour cacher son émotion :

— Je ne doute plus, reprit-il; cette enfant, c'est l'Isaure de Pansy. *Voici l'heure d'aimer*, m'a-t-elle dit en songe. Aimer! Je suis épuisé de mauvaises passions, ce serait un crime. Mon âme est dévastée par l'orage, l'âme de cette enfant est pure : ma vie a été le miroir de toutes les voluptés, son existence n'a réfléchi que l'azur des cieux. Nos âmes ne sont pas sœurs, et Dieu verrait avec horreur l'union d'une âme vierge et d'un cœur perdu. Pourtant, l'orage n'a pas tout dévasté : un autre printemps passe en moi; mon âme n'est pas aride; des fleurs s'épanouissent dans les replis les plus cachés; leurs chastes parfums me plongent dans d'ineffables extases. Le noir torrent n'a pas troublé toutes les sources; leurs vagues murmures me bercent toujours. Je puis aimer encore !

Théophile arrivait à son pavillon; et, comme il suivait des yeux un corbeau qui lui jetait à l'oreille son cri funèbre, il vit Dafné indolemment penchée sur le balcon.

— Le corbeau m'avait averti : je ne m'étonne plus de l'apparition de l'oiseau de mauvais augure.

Théophile fit semblant de ne pas voir Dafné, il rebroussa chemin et se perdit dans le parc.

La pécheresse le suivit et l'atteignit dans un bosquet.

— Théophile, lui dit-elle en l'enlaçant, je viens mourir près de toi.

— Avec moi? répondit le poëte en se déchaînant.

Plus que jamais il fut effrayé de la pâleur de Dafné.

— Vous me repoussez, maintenant que je joue de mon reste.

Dafné pleurait; Théophile l'appuya sur lui et but ses larmes dans un baiser.

— Voilà la plus douce caresse que mes yeux aient sentie ! s'écria Dafné.

— C'est le marquis de Saint-Pierre qui vous a dit mon refuge ?

— Le marquis de Saint-Pierre est ici : il vous cherche, il cherche sa sœur. Le voilà.

Le marquis allait entrer dans le pavillon. Théophile alla à sa rencontre.

— Vous êtes introuvable, mon cher ; il y a deux heures que je cours partout. Vous voyez que je fais preuve d'amour fraternel ; que je me souviens de ma sœur. Où est Hélène ? Je commets aujourd'hui deux bonnes œuvres : je rends à autrui ce qui est à autrui.

Le marquis prit la main de Dafné et l'offrit à Théophile :

— Et je viens arracher Hélène des griffes de la vieille sorcière.

— Dites plutôt des griffes de la misère.

Des griffes du diable si vous voulez ; mais courons au repaire de la vieille.

Tous trois prirent le chemin du village. Quand ils arrivèrent à la masure. Hélène feuilletait son livre d'heures et trébuchait à chaque pas.

Le frère s'approcha de la sœur. Hélène pâlit et recula.

— Ne nous étranglons pas, ma chère ; vous avez des ongles qui me font peur.

Théophile s'avança vers la folle.

— Ne craignez plus rien de votre frère : il a expié ses fautes par le remords, le temps a effacé jusqu'à la trace du mauvais désir dont vous fûtes victime ; oubliez tout comme lui ; retournez au château de Saint-Pierre ; échappez à la misère qui vous tue.

— Et si le mauvais désir revient, qui me défendra de mon frère ? dit Hélène.

— Moi; car j'irai souvent vous voir, vous consoler, vous dire d'espérer.

La folle retomba dans cette somnolente torpeur qui l'affaissait souvent. La vieille accourut et fit le signe de la croix au-dessus de sa tête.

— Aubépine, cria-t-elle à l'enfant qui tressait des primevères de l'autre côté du chemin, apporte-moi la tasse brune et des cendres de buis bénit.

Aubépine se mit à sautiller vers la masure.

La vieille dit à Théophile et au marquis qu'Hélène était dans le sommeil de la folie et que, grâce à ses philtres et à ses sortilèges, elle se réveillerait à la raison. Théophile regardait Aubépine à la dérobée. L'enfant sortit de la masure et passa devant Dafné; le regard du poëte rencontra celui de la pécheresse : il y eut pour tous deux une révélation.

Aubépine, étrangère à tout ce qui se passait autour d'elle, déposa la tasse brune et les cendres de buis bénit aux pieds de sa grand'mère, et, en deux bonds, elle franchit le chemin qui la séparait de ses primevères.

Le marquis de Saint-Pierre riait de pitié à la vue de la vieille, qui marmottait des oraisons et qui semait des cendres devant les yeux à demi clos d'Hélène. Bientôt las de ce tableau, il repoussa la sorcière, il lui jeta quelques pièces d'or et prit le bras de la folle.

Toujours plongée dans la torpeur, elle ne fit nulle résistance.

Et, le même jour, le frère et la sœur partirent pour le château de Saint-Pierre.

IV

Dafné avait pris une petite maison à Chantilly, mais elle ne quittait pas le pavillon de Théophile.

On touchait au mois de juin ; dans les alentours de Chantilly, ce n'étaient que neiges de fleurs, ombrages rafraîchissants, brises odorantes, nappes de verdure emperlées de rosée. Tous les soirs, Théophile s'appuyant sur Dafné, Dafné s'appuyant sur Théophile, faisaient de douces et lentes promenades dans les champs. Ils se reposaient souvent ; les paysans qui les voyaient passer si pâles, si frêles, si chancelants, se disaient entre eux que ce n'étaient plus que des fantômes.

Un soir les amants gravissaient la pente onduleuse de la colline pour s'asseoir sur une roche à demi cachée dans les grandes herbes.

— Il semble que nous allons au cimetière, dit Théophile qui perdait le souffle. Dafné, haletante, tomba près d'une épine blanche et fit tomber Théophile.

— Ne me parle jamais ainsi, dit-elle en tressaillant.

— Non, ma belle Dafné, la mort est loin, la vie nous entoure, les arbres sont verts, les blés grandissent, la sève est partout ; il nous reste encore de beaux jours.

Dafné pressait la main de Théophile, qui frémissait au souvenir de leurs jeunes embrassements.

— Dafné, dit-il avec feu, je mourrais pour un de tes baisers.

Ses bras, esclaves d'un désir ardent, s'ouvrirent pour étreindre Dafné. La pécheresse penchait avec amour son beau cou de cygne, mais elle pâlit tout à coup : elle avait vu le cimetière de Chantilly.

— Quels yeux effarouchés, ma belle?

— Oui, des yeux effarouchés, c'est en vain que je les ferme sur les objets funèbres; ce matin j'ai vu un hibou, ce soir je vois un cimetière. Je ne puis détacher mon regard de ces croix lugubres; ô mon Dieu, ai-je donc perdu sans retour mon insouciante gaieté?

Dafné sourit.

— Folle! je ne suis pas changée, mais ta tristesse éternelle rejaillit sur moi et par instants je ne songe pas à m'en défendre. Voilà un tableau qui n'est pas si lugubre que ces tombes blanches; voilà Aubépine qui cherche des fleurs.

— Isaure! s'écria Théophile.

Dafné n'entendit pas, elle appelait Aubépine. A la voix de Dafné l'enfant se retourna.

— Viens, mon petit lutin, tes cheveux t'aveuglent, je les tresserai.

Aubépine se pencha en arrière et secoua sa chevelure sur son cou.

— Je tresserai tes cheveux, et je les attacherai par un nœud de rubans.

Le nœud de rubans fit sourire Aubépine, qui s'approcha.

Théophile et Dafné la dévorèrent du regard.

— Tu es charmante, Aubépine! tes cheveux ressemblent à des rayons de soleil, tes yeux sont d'un bleu plus beau que le ciel.

L'enfant abandonnait sa chevelure à Dafné et effleurait capricieusement un bouquet de violettes qu'elle avait cueilli sur la colline. Dafné arracha un ruban rose à son corsage et lui noua les cheveux.

— Que me donneras-tu pour récompense, mon petit lutin?

Aubépine offrit les restes de son bouquet.

— Et puis?...

L'enfant pencha sa joue vers Dafné; Théophile se sentit jaloux.

Dafné appuya ses lèvres sur la joue d'Aubépine, qui bondit et disparut dans les buissons.

— Elle est belle, dit Dafné! avec adoration. Que c'est beau d'avoir quinze ans!

Le poëte, qui regardait sa maîtresse, fut effrayé de sa pâleur soudaine.

Pour complaire à Théophile, la femme de l'intendant permit à Aubépine de jouer dans le parc; tous les jours la svelte enfant accourait joyeuse et folâtre; elle poursuivait les papillons, elle cueillait des marguerites, elle cherchait des coquillages. Théophile savait l'heure de son arrivée, il ne la quittait pas des yeux; souvent il était distrait de sa contemplation par Dafné, qui errait aux alentours et qui jetait à Aubépine des regards étranges.

Quand le soir revêtait sa robe toute mystérieuse et que le vent secouait l'arome des fleurs, Théophile pensait à Dafné et le corps étouffait l'âme; mais la nuit passée, le corps s'endormait et l'âme s'éveillait; la nuit passée, Théophile fuyait Dafné, et rêvait aux yeux bleus d'Aubépine. La joie de l'âme suivait la joie du corps.

Ce fut en ce temps-là, qu'une muse amoureuse lui inspira ces stances où l'amour a des soupirs ardents;
— ces stances si belles, si pleines d'harmonies sauvages

et de parfums agrestes ; — tableau digne de la galerie de Giorgione.

LA SOLITUDE

Dans ce val solitaire et sombre,
Le cerf qui brame au bruit de l'eau,
Penchant ses yeux dans un ruisseau,
S'amuse à regarder son ombre.

De cette source une Naïade
Tous les soirs ouvre le portal
De sa demeure de cristal,
Et nous chante une sérénade.

Les Nymphes que la chasse attire
A l'ombrage de ces forêts,
Cherchent les cabinets secrets
Loin de l'embûche de Satyre.

Un froid et ténébreux silence
Dort à l'ombre de ces ormeaux
Et les vents battent les rameaux
D'une amoureuse violence.

Ma Dafné, je te prie, approche,
Couchons-nous sur ce tapis vert ;
Et, pour être mieux à couvert,
Entrons au creux de cette roche.

Mon Dieu! que tes cheveux me plaisent!
Ils s'abattent dessus ton front ;
Et, les voyant beaux comme ils sont,
Je suis jaloux quand ils te baisent.

Belle bouche d'ambre et de rose,
Tout entretien est déplaisant,
Si tu ne dis en me baisant
Qu'aimer est une douce chose.

D'un air plein d'amoureuse flamme,
Aux accents de ta douce voix,

LA PÉCHERESSE

Je vois les fleuves et les bois,
S'embraser comme a fait mon âme.

Si tu mouilles tes doigts d'ivoire
Dans le cristal de ce ruisseau,
Le Dieu qui loge dans cette eau
Aimera s'il en ose boire.

Présente-lui ta face nue,
Et tes yeux avec l'eau riront,
Et dans ce miroir écriront
Que Vénus est ici venue.

Vois-tu ce tronc et cette pierre?
Je crois qu'ils prennent garde à nous,
Et mon amour devient jaloux
De ce myrte et de ce lierre.

Viens, ma charmante, que je cueille
Tes baisers du matin au soir.
Vois comment, pour nous faire asseoir,
Ce myrte a laissé choir sa feuille.

Vois le pinson et la linote
Sur la branche de ce rosier;
Vois trembler leur petit gosier,
Vois comme ils ont changé de note.

Approche, approche, ma Dryade,
Ici murmureront les eaux,
Ici les amoureux oiseaux
Chanteront une sérénade.

Prête-moi ton sein pour y boire
Des odeurs qui m'embaumeront:
Ainsi mes sens se pâmeront
Dans les lacs de tes bras d'ivoire.

Je baignerai mes mains folâtres
Dans les ondes de tes cheveux,
Et ta beauté prendra les vœux
De mes œillades idolâtres.

V

A la fin d'un beau jour, Théophile et Dafné étaient assis devant la source du pavillon ; ils écoutaient en silence la voix aigue d'un merle perché au-dessus d'eux et suivaient des yeux le cours plaintif de l'eau, quand Aubépine vint se jeter à leurs pieds ; la pauvre enfant était tout effarée ; elle fuyait un dogue qui avait brisé sa chaîne et qui sautait joyeusement autour d'elle.

— Qu'as-tu donc, ma belle ? dit Dafné en asseyant Aubépine sur elle.

— J'ai peur du chien qui m'a renversée dans l'herbe.

Le dogue caressait Théophile.

— Le chien n'est pas dangereux, mon petit lutin, il t'a fait la guerre en riant.

Aubépine s'échappa des bras de Dafné et s'agenouilla près de la touffe de jasmin.

— Vous me fuyez, Aubépine ?

L'enfant essoufflée s'appuya sur ses mains et trempa sa bouche vermeille dans la source ; mais ses mains glissèrent sur l'herbe, elle tomba. Théophile s'élança vers elle et la releva. Dafné, qui vit la soudaine agitation de son amant, voulut lui arracher Aubépine des bras ; Théophile résista et il survint une lutte étrange.

Pendant la lutte l'insouciante Aubépine regardait passer les nuages.

La nuit, la pécheresse croyant que Théophile dormait mit sa robe à la hâte et sortit. Théophile, qui ne dormait pas, la vit disparaître dans l'escalier. Cette fuite soudaine au milieu de la nuit, le jeta dans une grande surprise ; il en chercha la cause, mais ce fut en vain. Dans son tourment, il courut sur le balcon pour voir quelle route suivait Dafné ; il vit sa forme blanche dans les saules de l'étang ; une sinistre idée le frappa ; mais la forme prit un détour et s'éloigna précipitamment de la nappe d'eau que la lune argentait. Toujours inquiet, il descendit du pavillon et marcha sur les traces de Dafné qu'il entrevoyait toujours ; elle s'avançait à grands pas vers le village ; le ruisseau qui servait de limites au parc l'arrêta quelques secondes, elle le franchit et s'enfonça dans un sentier qui traversait un immense champ de seigle en fleur.

— Où va-t-elle ? où va-t-elle ? disait Théophile, qui couchait les épis d'une main agitée.

Il la suivait sans cesse du regard. A travers les cerisiers et les pommiers, il entrevit la masure de la vieille : ce fut un éclair pour lui.

— Dafné croit aux sortiléges, pensa-t-il ; elle va voir la sorcière.

Quand Dafné arriva devant la masure, la vieille en sortait ; Théophile se cacha derrière un sorbier et écouta avidement ; mais il ne put saisir que des lambeaux de phrases.

— Vous sortez si tard, ma chère vieille ?

— Sainte Marie Mère de Dieu, que vous m'avez fait peur ! Ah ! je vous reconnais, vous êtes la belle dame du château.

— Où allez-vous donc à cette heure ?

— Où je vais ? où je vais ? ne me le demandez plus, ma belle dame ; sachez seulement que je ne suis jamais là, quand sonne minuit.

Aux clartés de la lune, Théophile découvrit une joie farouche dans les traits de Dafné.

14.

— Et vous laissez Aubépine seule ?
La vieille montra la clef de la masure.
— S'il arrivait malheur à cette pauvre enfant ?
— Dieu veille sur les anges et je ne crains pas le démon.
La sorcière était radieuse.
— Non, je ne crains pas le démon ! Mais vous-même ma belle dame, d'où vient que vous êtes ici à cette heure ?
— Je viens la nuit, parce que je n'osais venir le jour ; j'ai recours à vous, il me faut un philtre pour redevenir jeune.
— Demain, si la rosée est abondante, j'irai cueillir des herbes, et avant midi...

Un bruissement de feuilles empêcha Théophile d'entendre les autres paroles de la vieille, qui s'inclina bientôt devant Dafné et qui disparut dans un enclos.

La pécheresse regarda longtemps la masure et revint sur ses pas en murmurant :

— Elle est belle ! elle est belle, Aubépine !

Théophile prit un détour et se mit à courir pour arriver avant elle au pavillon. Quand elle rentra, il fit semblant de dormir et glissa sa main sur ses yeux afin d'être spectateur ignoré.

Dafné s'avança silencieusement vers le lit et s'assura du sommeil de Théophile.

— Elle est belle ! dit-elle encore.

Elle jeta son mantelet sur le dosseret d'une chaise, elle passa dans sa chambre et s'approcha du miroir avec la lampe.

— Et je suis laide, moi !

Elle contempla son image avec une angoisse infinie.

— O mes beaux yeux nacrés, vous ne rayonnez plus !

Elle essuya ses paupières baignées.

— Ô ma bouche, quel sourire funèbre tu formes ! ô mes joues, quelles teintes livides ont voilé vos roses ! ô mon front, quelles rides fatales ont coupé ta surface de marbre !

Dafné changea de pose.

— Laide ! toujours laide ! dit-elle avec fureur.

Elle saisit avec désespoir le cadre de la glace.

— Pourquoi me mirer encore ?

Elle jeta la glace par la fenêtre.

— Je ne me verrai plus.

Elle revint près du lit de Théophile.

— O mon Dieu ! pour devenir pendant une heure belle comme cette enfant, j'irais aux enfers pendant un siècle.

La souffrance de Dafné passa dans l'âme de Théophile ; il plaignit la pécheresse.

— Mais moi, dit-il, n'ai-je pas perdu ma poésie comme elle a perdu sa beauté ?

VI

Quelques jours après, Théophile vit Aubépine qui sommeillait dans le parc, à l'ombre des grands ormes ; elle avait auprès d'elle une couronne de fleurs sauvages et un volant presque déplumé qu'elle regardait à travers les blondes franges de ses paupières. Un rayon de soleil, glissant entre les branches, tremblait amoureusement sur elle et changeait la couleur de ses habits. Théophile fut frappé de sa pâleur.

— Aubépine, vous dormez si matin?

L'enfant leva ses paupières, mais le sommeil les baissa au même instant.

— Je ne dors pas, dit-elle de sa voix si douce et si perlée.

Sa main blanche et transparente saisit la couronne de fleurs sauvages et la passa devant les yeux de Théophile.

— Je tresse une couronne pour Dafné.

Anbépine laissa retomber sa main.

— C'est votre amie, Dafné?

Aubépine sourit.

— Je meurs de sommeil. C'est que je n'ai guère dormi la nuit passée.

Le visage de l'enfant devint couleur de pourpre.

— Vous n'avez guère dormi? Qui vous en a donc empêchée?

— Je ne sais pas, dit Aubépine toute confuse et se cachant la tête de ses petits bras.

Théophile pensa à la vieille, et crut qu'Aubépine avait assisté à quelque sortilège nocturne.

Dafné survint.

— Dafné! voyez donc la pâleur de cette enfant.

Quelque chose d'étrange se répandit sur les traits de Dafné qui dit à Aubépine :

— Mon lutin, ne soyez pas si nonchalante; allez me cueillir des violettes sur les bords de l'étang; courez vite.

L'enfant, charmée d'échapper aux regards scrutateurs de Théophile, se suspendit à la robe de Dafné et se mit à sautiller vers l'étang; mais elle s'arrêta bientôt hâtelante, étourdie, et se soutint contre le tronc d'un saule. Théophile devina les palpitations de son cœur au flux et au reflux de ses épaules; il voulut aller à elle, mais Dafné le retint.

— C'est effrayant comme cette enfant est changée depuis hier !

— Tu perds la tête, tu deviens fou ! Aubépine est toujours pleine de fraîcheur et d'éclat ; le soleil t'éblouissait.

Dafné s'étendit près de Théophile et s'accoudant sur lui :

— Je dois te dévoiler ma vie ; si tes yeux ne sont pas pleins de ces vierges diaphanes que ton âme pourchasse, de ces blondes chimères qui voltigent par essaims dans le ciel où tu rêves ; si tes yeux ne voient rien, ouvre-les sur moi ; si tes oreilles ne sont pas pleines de célestes symphonies, ouvre-les à ma voix.

Dafné sourit :

— Voilà un début merveilleusement lyrique, mon poëte, on sent que ton souffle a passé par là.

Théophile regardait Aubépine.

— Ce n'est pas Aubépine qu'il faut regarder.

Dafné devint rêveuse.

— Aubépine, c'est une de tes blondes chimères ; tu n'as rien rêvé de plus beau, de plus svelte, de plus divin ; tu n'as jamais vu d'yeux si angéliquement bleus, de bouche si célestement amoureuse ; tu n'as jamais vu de chair si transparente et si délicatement rosée, de formes si pures et si ondoyantes ; dans tes courses poétiques à travers le ciel de ton imagination, rien ne t'a plus charmé que ces pieds légers qui sont des ailes et que cette chevelure d'or à reflets d'argent.

Cette peinture avait singulièrement enthousiasmé Théophile.

— O Dafné, que tu sens bien la beauté corporelle !

— Tu veux dire que la beauté de l'âme m'est étrangère. La beauté de l'âme ! qu'est-ce donc ! crois-tu que ton âme soit plus belle que la mienne, parce que tu es un poëte ? Te crois-tu plus poëte que moi parce que tu as soupiré des élégies ? Il y a dans mon âme des élégies plus brûlantes et plus tristes que toutes celles que j'ai ouïes ; la poésie est dans l'âme comme un rossignol dans la branche...

Théophile voulut interrompre Dafné, qui lui glissa la main sur la bouche.

— Je veux n'entendre que des baisers.

Théophile baisa sa main.

— Je ris de pitié quand je vois des parfileurs de rimes qui se croient les seuls poëtes du monde. Si la paresse n'était une des grandes voluptés de l'âme, si je n'aimais par-dessus tout les nonchalantes rêveries, je ferais des vers aussi, des vers plus beaux et plus harmonieux que les vôtres, des vers si palpitants, qu'ils éveilleraient des désirs inconnus. Je craindrais d'ailleurs, en touchant une corde de mon âme, de la rompre et de la perdre à jamais. O Théophile, j'ai l'âme grande et belle, les plus violentes passions ne l'ont pas endormie : elle a toujours nagé dans des flots d'ineffables délices. Que de mondes n'a-t-elle pas vus ! Que de palais de marbre et d'or n'a-t-elle pas élevés ! Elle m'a couronnée reine du ciel et reine de la terre ; elle a secoué sous mes pieds plus de roses que le vent n'en effeuilla depuis un siècle ; elle a brodé ma robe de diamants qu'eût enviés Cléopâtre ; elle a plongé dans les mers et m'en a recueilli les plus belles perles. Mon âme n'était pas une sœur ennemie de mon corps, et mon corps, qui sentait jaillir ses ravissements, ne l'étouffait pas. Je ris aussi de pitié quand j'entends condamner la créature visible, quand on me prêche que l'âme doit déborder sur le corps, quand on me dit qu'il faut se flageller pour éteindre ses désirs, ou se laisser stoïquement dévorer par leurs mille aiguillons. Ce sont d'étranges sottises rêvées par je ne sais quel philosophe qui n'avait plus de sens.

— O Dafné ! s'écria Théophile, le corps c'est le démon, l'âme, c'est Dieu.

— Ignorant ! parle-moi d'amour et ne me parle pas de Dieu, car tu ne sens pas Dieu comme moi ; Dieu n'est à tes yeux qu'un beau vieillard penché sur la terre pour contempler le bien et le mal ; moi je sens que Dieu est l'âme des plus belles choses du monde ; je sens qu'il est toutes ces belles choses.

Dafné prit la couronne de fleurs sauvages.

— Ce parfum, c'est Dieu ; ces fleurs, c'est Dieu. D'après ce que vous en dites, vous autres, ce n'est qu'un envieux qui réprime tous nos mouvements de joie, qui punit horriblement tous nos plaisirs. Vous êtes insensés ! Dieu nous ressemble, puisque nous lui ressemblons ; Dieu aime les scènes de bonheur et fuit les scènes d'angoisses ; je suis sûre qu'il ne voit pas les gens qui souffrent.

Théophile voulut encore interrompre.

— Tu vas me répéter que les larmes sont la parure des yeux, et que tu aimes mieux me voir pleurer que sourire? Il faut des joies à l'âme, il faut des joies au corps; l'âme descend dans le corps comme une goutte de rosée dans le calice d'une fleur; le corps n'est pas plus indigne de l'âme que la fleur de la rosée.

Théophile saisit la main de Dafné.

— O Dafné ! pouvez-vous profaner ainsi les délices éblouissantes dans les voluptés aveugles? Vous ne comprenez rien aux ravissements de l'âme. Écoutez-moi : j'ai passé ma vie sans une heure de vraie joie, entraîné en même temps par des rêves fuyant dans l'azur et par des désirs furieux et indomptés. Je t'ai aimée, Dafné, mais j'ai aimé Marie; j'ai abandonné mon cœur à la louve aux dents blanches comme à la colombe aux ailes de neige. Je n'ai pu m'arrêter ni à l'une ni à l'autre. Quand j'étais avec Dafné, je songeais à Marie; quand je contemplais Marie, je ne voyais que Dafné. Ah! puisque Dieu, en nous jetant sur la terre, nous semait dans le cœur un souvenir du ciel, pourquoi n'a-t-il pas permis que sa créature s'enivrât d'un amour à la fois terrestre et céleste, par la lèvre qui frémit comme par l'âme qui voyage dans les nues. Il m'est arrivé deçà delà de croire en vous voyant, ô Dafné! que vous étiez la femme cherchée par le poëte, que je cueillerais des lis dans votre âme comme des roses sur votre bouche; mais vous êtes née, Dafné, pour la terre, pour les joies de la terre, pour les passions de la terre. Toute votre beauté vous la portez sur la figure. Vous n'avez pas ce rayonnement intérieur qui donne à Marie un charme si doux et si pur, qui la fait belle comme ces vierges des vieux tableaux dont on ne voit que les yeux, tant ils sont baignés de lumière surnaturelle. Vous le dirais-je, Dafné? quand j'ai vu apparaître Aubépine si belle par le contour et par l'ineffable douceur du regard, j'ai senti que j'allais l'aimer comme j'aime Marie et comme j'aime... Dafné.

Dafné regarda Théophile avec amertume.

— Tu ne me comprends pas, lui dit-elle, ma pensée s'enveloppe d'un nuage qui l'emporte je ne sais où. Je vais devenir plus simple, et te raconter sans rien omettre, tout ce qui m'advint sur cette terre d'amour.

— Tu serais charmante si tu voulais commencer par la fin, dit Théophile.

— Non, car je ne confesserai jamais la fin de ma vie.

La physionomie douce de Dafné changea singulièrement.

— Voilà Aubépine, dit-elle; à demain mon histoire.

Elle s'enfuit vers l'enfant ; Théophile tendit en vain les bras pour la retenir

— Étrange mystère ! pensa-t-il ; une sorcière, un philtre, une vierge, une femme perdue...

VII

Théophile vit dans le lointain la pécheresse et l'enfant qui disparurent dans les bosquets du parc ; il voulait les suivre, quand Fargueil accourut vers lui de l'air du monde le plus joyeux.

— Quel charmant refuge ! s'écria le baron ; vous êtes dans un palais !

— La rencontre est merveilleuse ! dit Théophile ; est-ce un lutin couleur de rose qui vous amène en ce pays ?

— C'est un lutin plus funèbre : je croyais venir à votre enterrement ; mais, à ce qu'il me paraît, vous n'êtes pas mort. Le révérend père Garasse m'avait dit avant-hier que vous trépassiez dans les bras de la belle pécheresse ; le révérend père m'a trompé. Marie aussi vous croit aux portes du trépas.

Au nom de Marie, Théophile tressaillit ; il avait presque oublié la religieuse.

— Marie ! Marie ! dit-il, en saisissant le bras de Fargueil, vous l'avez vue ?

— Si vous n'avez pas perdu la souvenance, vous vous rappelez ce maudit embranchement de chemins, ce fatal Y, cette croix de Dieu, ce prêtre du diable...

— Après ! après !

— Vous avez suivi le carrosse, j'ai suivi le coche ; vous avez trouvé la femme que je cherchais, j'ai trouvé la femme que vous cherchiez ; le diable sait vos aventures en route, Dieu sait les miennes : j'espérais voir Dafné joyeuse dans le coche ; j'ai vu Marie éplorée, Marie qui vous fuyait, qui retournait à Paris ; où elle attend la mort dans le tombeau du cloître. Moi, je me suis distrait avec les femmes de hasard ; j'ai souffleté Malesherbes qui me reprochait d'être pédant ; j'ai bataillé avec les fats de la cour ; je me suis enivré avec les beaux esprits du temps : voilà mes aventures.

— Mais vous avez vu Marie à votre départ de Paris.

— Oui ; ma cousine d'Orsay est au même couvent que la châtelaine de Pansy...

— Je devine. Et qui donc lui a dit que j'étais mourant ?

— Mais le révérend père ; qui prêche à son couvent et qui est monté en chaire il y a deux jours pour apprendre aux recluses que les voluptés perdaient l'âme en dévorant le corps, c'est-à-dire que le poëte Théophile, le fléau du siècle, se mourait de débauche.

— Garasse ne se trompait pas : oui, la débauche perd mon âme et brûle mon corps ; il y a du feu dans mes os et mon âme est une proie pour l'enfer. O Fargueil ! La débauche est la tombe des belles et grandes choses ; c'est un monstre hideux, craignez ses griffes enflammées, ses griffes qui plongent en nous, ses griffes impitoyables qui nous déchirent sans cesse. Une heure de délire nous ravit un trésor de fraîcheur. Que de pures délices j'ai perdues à jamais dans un embrassement ! Que de chimères roses se sont envolées au bruit de mes orgies ! J'avais dans mon âme un si beau monde et ce monde est devenu si laid ; mes pensées étaient des vierges charmantes, voltigeant dans les cieux, se mirant dans les lacs, s'endormant sur les roses, leurs blanches écharpes ondulaient autour de moi et caressaient mon front rayonnant. Ce ne sont plus à cette heure que des vieilles édentées, se traînant péniblement sur la terre, ne trouvant plus de lacs pour s'y mirer, plus de roses pour y dormir et déchirant mon front brûlé. Je voyais des nymphes aériennes, je ne vois plus que des filles perdues.

— Tout beau ! compère et compagnon. Ne vous croyez-vous pas damné sans rémission pour avoir ainsi Dafné ! Mais vous êtes un saint.

— Je suis un saint ! Je suis un lâche esclave de mes passions. Dafné n'est que le symbole. Combien qui gravitent autour d'elle ! A Paris, j'ai descendu tous les degrés ; ici le croirez-vous, avant le retour de Dafné, j'avais institué un harem.

— Et vous avez bien fait ! Il y a de belles paysannes en ce pays. Vive à jamais l'amour !

— Ne croyez pas qu'il y ait de l'amour dans la débauche ! L'amour est une pure et sainte larme tombée du ciel dans le cœur humain : quand la débauche nous touche, cette larme est séchée ! Je n'aime pas Dafné, mais les mauvais désirs me poussent vers elle : sa main attire ma main, mes lèvres attirent ses lèvres.

— *Amen !* cria Dafné, qui venait de s'approcher.

Elle fit une pirouette charmante et pencha sa bouche vers Théophile en donnant à baiser sa main à Fargueil.

Elle était belle encore par l'amour, belle encore par l'attitude comme un rêve de Praxitèle.

VIII

Théophile, craignant le retour en son château de la duchesse de Montmorency, n'offrit point de gîte à Fargeuil, qui prit son repas et son sommeil dans la mauvaise hôtellerie du village.

Fargeuil passait une grande partie du temps avec Théophile ; il arrivait au pavillon tout les matins dans l'espérance d'y voir Dafné ; mais la pécheresse fuyait Fargueil et même son amant ; elle errait aux lieux les plus solitaires du parc, toujours plongée dans d'amères rêveries ; les jardiniers racontaient qu'ils l'entendaient s'écrier souvent : Mourir !

Une nuit, Dafné se leva en soupirant, mit ses pantoufles, passa sa robe et s'avança avec de la lumière vers un miroir appendu au-dessus d'une console. Elle déposa le chandelier et regarda son image d'un air abattu.

— Ah ! si seulement, dit-elle, je redevenais belle pendant une heure.

Théophile comprit trop tard ces paroles. Elle passa dans le cabinet voisin et revint bientôt avec une plume, de l'encre et du papier. Elle écrivit pendant plus d'une heure, ne s'arrêtant que pour regarder dans le miroir où elle voyait Théophile et où elle se voyait. Il avait l'air de dormir et elle y fut trompée. Quant elle eut fini d'écrire, elle lui parut toute étourdie ; elle vint à lui en chancelant, elle le contempla avec un soupir, elle l'embrassa avec un soupir, elle partit avec un soupir.

Il était si loin de prévoir *où elle allait*, qu'il n'eut même pas un pressentiment. Dafné avait coutume d'écrire certaines choses que ses lèvres ne voulaient pas dire. Il croyait trouver quelque enfantillage du cœur dans sa lettre. Il se leva pour l'aller prendre. Au lieu d'une, il en trouva deux. La première était pour sa sœur.

« Je t'embrasse. Adieu, Marie ! prie pour moi ; tes prières vont là-haut.

« Dafné. »

Il voulut appeler Dafné, il avait perdu la voix ; il voulut courir à elle, mais où courir ? Il était tout chancelant du coup terrible qui venait de frapper son cœur. On a vu d'ailleurs qu'il était mortellement atteint depuis longtemps déjà. Il saisit la seconde lettre, qui était pour lui : il la dévora d'un seul regard.

« Prends patience, mon cher amour, c'est la dernière fois que je suis infidèle. Tu ne devinerais jamais avec qui ? c'est avec la mort.

« Tu seras moins jaloux que de coutume ; pourtant, quand on part avec la mort, on ne revient pas. Ce qui me console, c'est que tu ne lui as pas laissé grand'chose à faire. Si je t'avais trouvé un peu plus mauvais chrétien, j'aurais joué de mon reste avec toi ; j'aurais fini la vie et commencé la mort par un baiser. Mon âme fût restée sur tes lèvres ; mais n'en parlons plus. Tu vas te récrier, tu vas me demander pourquoi je me dépêche tant d'en venir là ? Je n'avais d'autre asile que l'ennui et le regret, c'est-à-dire le couvent. Les belles femmes sont faites pour l'amour comme le soleil est fait pour la lumière. J'étais belle, j'ai fait l'amour. Pardonne-moi, mon pauvre poëte, si j'ai lui pour tout le monde ; pardonne à mes yeux qui pleurent s'ils ont jeté des rayons çà et là dans des cœurs profanes. Que voulez-vous? Aussitôt que je m'ennuyais, je m'imaginais perdre mon temps. Et vous savez comme le temps de la beauté passe vite. Pardonnez-moi tous mes péchés ; je t'assure, mon cher Théophile, que, si le bon Dieu me faisait refleurir, je recommencerais de la même façon ; je te l'ai dit déjà, le chemin du plaisir est le chemin de traverse dans la vie, un chemin touffu où les oiseaux chantent, où les fontaines murmurent, où les buissons parfument le vent. Il faut être bien malavisé pour suivre l'autre chemin. Mais voilà que je ne sais plus ce que je dis. J'ai beau faire, je ne suis pas si calme que j'en ai l'air. Mon pauvre cœur, qui ne voudrait pas en finir sitôt, s'agite de toutes ses forces. Ah! mon cœur, pourquoi s'abuser encore? Taisez-vous, mon cœur !

« Donc, mon cher amour, quand un nuage passe sur le soleil, le ciel est dans l'ombre. Eh bien, un nuage a passé sur ma beauté, l'ombre se répand autour de moi, l'ennui revient avec plus d'acharnement. Pourquoi assister à l'agonie de mon amour? Je n'aurais plus qu'à baisser les yeux sur ces cimetières où les souvenirs et les regrets s'agitent comme des ombres. Pourrais-je voir encore ce beau ciel de l'espérance? Non! non, mes regards ne s'élèvent plus si haut. Tu comprends bien que je ne pouvais aller m'éteindre sous les pierres du couvent. Qu'aurais-je offert à Dieu? Mon âme? mais, moi, j'ai l'âme dans le cœur : bien des jours se fussent passés avant que l'ange du Seigneur eût effacé *les iniquités de mon cœur* pour rendre la liberté à mon âme. Le repentir est sans doute une belle œuvre ; j'admire Madeleine au pied de la croix et je te jure que, s'il te prenait la fantaisie de te faire crucifier, j'irais mourir au pied de ta croix dans un grand cri de douleur.

« Mais où en suis-je donc? je babille comme si je n'avais rien à faire... Je te regarde dormir, mon pauvre amoureux ; dans sa pâleur, ta tête est si belle sur l'oreiller, qu'il me vient le désir d'aller me coucher auprès de toi ; je serais mieux là qu'où je vais. Je me réveillerais demain sous tes baisers. Mais non, le miroir est là qui me conseille de partir; d'ailleurs, savez-vous, méchant, que vous ne m'embrassez plus? on dirait que c'est pour l'amour de Dieu. Vous me parliez si peu, que j'avais le temps de compter vos baisers. Hélas, j'en perdais un tous les jours. Cela n'empêche pas que tout à l'heure, avant de partir, je vous embrasserai de tout mon cœur et de toute mon âme. Que te dirai-je encore après cela? Adieu donc? Si l'âme revient çà et là, mon âme reviendra sur ton cœur pour veiller sur lui. Va, mon cher Théophile, laisse aller ton cœur où il voudra, je ne veux pas que mon souvenir l'enchaîne. Fais comme moi, voyage toujours dans le pays des aventures; seulement n'oublie pas que je t'ai aimé par-dessus tout. Adieu! mon cher amour, je meurs en fermant mes bras sur ton image que j'emporte dans la mort.

« Dafné. »

Après avoir d'un seul regard dévoré ces lignes arrosées de larmes, Théophile s'habilla en toute hâte, descendit d'un bond l'escalier et courut au hasard. En moins d'une minute, il eut franchi la haie et le ruisseau, il arriva devant l'étang. La nuit était sombre; il ne vit d'abord que les vieux saules frissonnants et la morne surface de l'eau.

— Dafné! murmura-t-il d'une voix funèbre.

Il entendit un sanglot, un soupir, un gémissement. Bientôt au bord de l'eau, à demi cachée dans une touffe d'oseraie, Dafné lui apparut blanche comme une ombre. Il alla tomber à ses pieds, dans ses bras, sur son cœur.

— Plaignez-moi, lui dit-elle d'une voix éteinte, je n'ai pas la force de mourir, j'ai peur de la mort comme un enfant. Et pourtant j'ai bien plus peur de la vie.

— Vous êtes folle, ma pauvre Dafné, lui dit-il en se ranimant ; comment avez-vous de pareilles idées?

— Ne parlons pas de cela, de grâce... j'ai froid... j'ai froid jusqu'au cœur.

Il la prit tendrement dans ses bras et l'emporta jusqu'au pavillon. Quand elle fut recouchée, elle murmura :

— Après tout, il vaut mieux mourir ici que là-bas.

Elle essaya de sourire.

— Je voulais me coucher au fond de l'étang, reprit-elle ; j'ai regardé l'eau, j'ai vu le ciel, j'ai eu peur. Ah! quel maudit pas à faire! comme le cœur empêche la tête! je suis tombée sur l'herbe au lieu de tomber dans l'eau. Et pourtant, Dieu m'est témoin que j'ai fait de mon mieux pour la mort. Tu te souviens, mon cher Théophile, qu'autrefois je ne faisais pas tant de façons avec l'amour. Comme j'y allais vite et de bon cœur ! C'est égal, je n'ai pas perdu mon temps et je n'en serai point pour ma peine : je sens que je suis revenue avec la mort ; la mort m'a glacée là-bas.

Théophile la reprit dans ses bras et l'appuya sur son cœur.

— Tu ne mourras jamais par là, lui dit-il.

Elle avait déjà une fièvre assez violente qui commença à l'inquiéter. Au bout de quelques heures, la fièvre prit un mauvais symptôme ; la pauvre Dafné eut le délire, ses beaux yeux s'allumèrent à cet éclat fatal qui est le feu de la mort. Il la veilla avec toute la tendresse d'un frère et d'un amant.

Le lendemain, après un sommeil assez calme, elle se réveilla presque gaie, tant elle était née pour la joie.

Le matin, Théophile allait à l'hôtellerie de Fargueil, quand il vit Aubépine agenouillée au bord d'un seigle et cueillant des bluets. Il y avait deux jours qu'elle n'était venue au château ; Théophile inquiet, pensait à visiter la vieille. Il s'approcha de l'enfant, qui lui tournait le dos ; il la contempla avec amour. Il avait oublié sa pâleur ; mais quand il fut en face d'elle, quand la pauvre fille leva vers lui ses regards mornes et son pâle visage, il ressentit une douleur infinie. Aubépine était flétrie ; sa bouche, si rose et si fraîche, s'était fanée en quelques heures.

Théophile effrayé de cette métamorphose, s'éloigna rapidement. « Si belle ces jours passés et déjà si laide ! » dit-il avec une horrible agitation. Il chercha à dévoiler cet affreux mystère : sa pensée flotta autour de la sorcière et de Dafné ; mais toute pénétrante qu'elle fût, elle ne découvrit rien ; elle ne put voir dans les replis du cœur de la pécheresse, elle se perdit en vain au milieu des sortiléges de la vieille.

Fargueil n'était point à l'hôtellerie : Théophile rentra dans le parc.

Dafné marchait tristement vers le pavillon ; il allait l'atteindre, quand il s'arrêta, étrangement surpris en la voyant effeuiller les fleurs qui bordaient son passage et les fouler du pied avec un singulier plaisir ; elle attaquait surtout les plus jeunes et les plus belles. En traversant une pelouse ombragée de myrtes et de grenadiers, elle se détourna de son chemin à la vue d'une cascatelle qui bondissait dans un bassin de marbre sculpté. Elle alla s'incliner au-dessus de l'eau et recula soudain avec un mouvement de colère. Elle prit une petite branche qui gisait à ses pieds et la trempa dans l'eau, qu'elle agita longtemps, pour en troubler la belle limpidité.

Théophile aborda Dafné.

— Vous fanez les fleurs, ma belle profane ; vous altérez la transparence des eaux.

Dafné avait les yeux errants comme un meurtrier en face de sa victime.

— Oui, dit-elle, je fane les fleurs parce que les fleurs sont belles ; je trouble les eaux parce que les eaux sont pures...

Théophile trembla. Ces paroles n'étaient-elles pas une révélation ; le corps d'Aubépine n'était peut-être qu'une fleur pour Dafné... et son âme une eau limpide...

— Puisque tu as tant de plaisir à faner des fleurs, dit Théophile en glissant son bras au corsage de Dafné, je veux t'en faire une couche.

— Une couche ? dit-elle en tressaillant. Ce sera le lit nuptial de la mort.

— Puisque le mal est fait, pensait Théophile, qu'au moins Dafné meure dans la joie et l'oubli.

Le soir, les mille facettes prismatiques d'un candélabre étincelaient dans le pavillon ; toutes les fleurs du monde la rose, l'œillet, la marjolaine, le muguet, le jasmin et le chèvrefeuille s'y trouvaient assemblés comme des cavaliers et des jeunes filles au milieu d'une fête ; c'étaient de toutes parts les plus belles couleurs et les plus doux parfums.

Théophile et Dafné étaient assis nonchalamment devant une table de mosaïque chargée des débris d'un gai souper ; ils écoutaient avec ravissement les sérénades des rossignols et les plaintes amoureuses des ramiers ; ils mêlaient souvent à cette harmonie roucoulante et perlée un bruit de baisers qui résonnaient longtemps à leurs oreilles ; ils aspiraient avec délices les senteurs mêlées des fleurs où se perdaient leurs pieds.

Cependant Théophile, très-malade sans le savoir, ne pensait qu'à la mort.

— La mort ! la mort ! s'écria-t-il tout à coup.

— Quel cri funèbre !

— Dans ces roses il y a des asphodèles ; nous nous sommes couchés sur les fleurs de la mort.

— Oui, peut-être demain nous serons étendus dans la couche des trépassés ; mais nous ne sommes pas à demain.

La pécheresse répandit sa longue chevelure sur le front attristé du poëte ; elle le berça et l'endormit bientôt comme un enfant.

Quand Théophile s'éveilla, il était seul dans le pavillon ; il étendit les bras, il chercha dans le lit de fleurs, Dafné n'y était plus...

Il descendit à la hâte du pavillon.

La nuit était belle et pure ; les mille paillettes de sa robe tremblaient au ciel.

Les brises, enivrées de l'arome des fleurs, sommeillaient sur le jeune feuillage, qui frissonnait d'amour.

La lune, qui se reposait de sa course sur la montagne, couvrait la vallée d'un blanche nappe de lumière.

Les rossignols du parc chantaient leurs amours sous les verts balcons de leurs maîtresses éveillées.

C'était une belle et poétique nuit ; mais Théophile n'en voyait pas la splendeur.

Il n'entendait ni les voix mourantes du vent ni les chansons des oiseaux.

Il allait, il allait, pâle, tremblant, égaré. Il ne sentait pas les ronces qui lui déchiraient les pieds, les branches qui lui battaient la figure.

Il s'arrêta tout coup avec angoisse.

Ses regards errants avaient passé sur les roseaux de l'étang et s'étaient reposés sur une robe blanche. Il chancela ; pendant quelques secondes il ne put avancer.

— Noyée ! dit-il d'une voix sourde.

Il fit quelques pas vers les roseaux. Les roseaux ne

touchaient pas le bord de l'étang ; il franchit la distance qui le séparait de l'îlot où ils étaient.

— Noyée ! répéta-t-il en tombant à genoux.

Il voulut regarder la morte, mais ses longs cheveux étaient épars autour de sa tête et la lune se couvrit d'un voile noir.

IX

La même nuit et à la même heure, Marie descendait de carrosse devant une hôtellerie de Chantilly. La religieuse, qui savait le poëte mourant, voulait le revoir une dernière fois. L'amour mettait le pied sur le devoir. Et d'ailleurs n'était-ce pas encore une des austérités du cloître que le spectacle de l'agonie d'un homme aimé ?

A son arrivée, Fargueil, accoudé sur la pierre de sa fenêtre, regardait les scintillantes étoiles et s'abandonnait à quelque rêve couleur de rose. En voyant un vêtement de recluse, il reconnut Marie, ou plutôt il devina que c'était elle. Il courut à sa rencontre et lui offrit ses services.

— Je rends grâces à Dieu de vous trouver à cette heure, lui dit Marie ; un affreux pressentiment me poursuit depuis hier ; je veux revoir Théophile et j'ai peur d'arriver trop tard.

— Il est temps encore, madame ; un pèlerinage au château voisin m'a empêché de passer avec lui ce dernier jour ; mais calmez vos frayeurs, il n'est pas si mal et j'espère bien mourir avant lui.

— Mais vous ne l'avez pas vu depuis hier ; un jour est un siècle pour les malades. Ayez pitié de mon tourment, monsieur ; courons ensemble au château.

Fargueil s'empressa d'accompagner la religieuse. Comme il était fort tard et qu'il connaissait la sortie du parc, il aima mieux ne point éveiller les valets et passer par là.

Avant de voir le pavillon, Fargueil et Marie furent éblouis par les lumières resplendissantes du candélabre.

— Voilà qui m'étonne beaucoup, dit Fargueil. Il semble qu'on vous attende et qu'on vous prépare une fête, à moins que ce ne soit une galanterie de Théophile à Dafné.

— Théophile n'est pas seul ! dit Marie d'une voix émue.

— Vous ignorez que la Dafné est venue à Chantilly ?

— Je sais tout maintenant.

Marie chancelait.

— N'allons pas plus loin.

— Mais Dafné, c'est votre sœur, dit étourdiment Fargueil.

Marie se troubla.

— Oui... ma sœur... marchons, marchons.

Il montèrent au pavillon.

— Pas âme qui vive ! voilà qui m'étonne davantage, dit Fargueil.

Marie, haletante, tomba sur la molle couche de fleurs.

— Où sont-ils donc ?

— Je ne devine pas.

Fargueil se reprit aussitôt :

— Je crois pourtant qu'ils se promènent dans le parc ; les nuits de mai sont douces aux malades ; si vous le permettez, madame, j'irai les avertir que vous êtes là.

— Allez, allez, et dites-leur qu'ils se hâtent.

Quand Marie fut seule dans le pavillon, elle se releva

et contempla avec égarement les lumières et les fleurs.

Elle fit quelques pas en rêvant.

— Les amantes des hommes s'endorment sur des roses, dit-elle ; les amantes du Seigneur veillent sur des prie-Dieu.

Après un silence :

— O ma sœur ! nous avons changé de route dans la vie : tu as aimé, j'ai prié. Les femmes sont faibles, il leur faut un appui : ô Dafné ! tu t'es appuyée sur les hommes, je me suis appuyée sur la croix ; un bras caressant t'a fait une ceinture, le cilice m'a meurtrie. Nous étions belles toutes les deux : ta beauté a ébloui les hommes, ma beauté a pâli sous un voile de plomb ; tu mourras dévorée de voluptés, je mourrai dévorée de rêves coupables. Dieu nous a donné à toutes la robe du plaisir ; tu l'as revêtue, ô Dafné ! moi, je l'ai rejetée...

Marie avait passé sur le balcon. Les rossignols chantaient leurs dernières élégies.

— A toi la musique, Dafné, à toi les promenades par les nuits de mai, à toi les lits de fleurs, à toi toutes les ivresses ! A moi toutes les larmes !

La religieuse se reprit :

— Mais à moi le ciel et à toi les ténèbres... si je ne priais Dieu pour toi plus que pour moi-même.

X

Quand se dissipa le nuage qui voilait la lune, Théophile tout palpitant, tout éperdu, détourna la longue chevelure de la morte et regarda.

— Hélène! s'écria-t-il, Hélène!

En effet, c'était la pauvre folle qui était revenue à l'étang de Chantilly, pour mourir là où elle voyait son enfant.

Il prit une main de la morte; cette main roidie lui échappa.

— O criminelle, vous voilà donc morte! Comme vous l'aviez dit, vous avez couru au-devant de la mort; moi, je l'attends toujours. Hélas! je n'attendrai pas longtemps. Mais Dafné! où est Dafné?

Théophile laissa Hélène et courut à la masure.

Un solennel silence régnait alentour; la lune regardait avec mélancolie le vieux toit de chaume.

Il s'approcha de la porte qui était close; tremblant de la tête aux pieds, il écouta avec angoisse.

Il n'entendit rien.

Il essaya de voir à travers les interstices de la porte et du contrevent.

Il ne vit rien.

— Dafné! Dafné! où es-tu?

Il fit le tour de la masure, les yeux errants, le cœur oppressé.

La sorcière, tapie sous la haie d'épines de son jardin, se jeta devant lui.

— Silence! lui dit-elle en appuyant sa main sur la bouche.

— Qu'y a-t-il? dit le poëte.

— Silence! silence! parlez bas et baissez la tête.

Un feu étrange brillait dans les yeux de la vieille.

— Ne l'effarouchez pas, elle est là dans les bruyères, voyez plutôt flotter sa robe.

— Mais où donc?

— Sous la croix; elle s'avance! elle s'avance! Il y a

plus d'une heure qu'elle est là, attendant qu'Aubépine soit seule.

— Et quelle est cette femme?

— Cette femme, c'est Satan qui perd une âme.

Théophile, dévoré par la fièvre, ne pouvait plus se tenir debout.

— O Dafné! dit-il entre ses dents.

La vieille se signa.

— Un pacte fatal, poursuivit-elle, m'attire toujours à minuit dans les bois, or c'est à minuit...

La vieille leva les yeux au ciel.

— La fille de Berthe qui veille toutes les nuits, là-bas où vous voyez de la lumière. la fille de Berthe m'a crié hier en ricanant que Dieu punissait mes maléfices, qu'une vampire entrait la nuit dans ma maison. Il y a deux heures que je suis là. O seigneur Dieu! protégez-moi.

Théophile écoutait la vieille avec une violente agitation.

— C'est Dieu qui vous envoie. Vous savez que je suis maudite et délaissée de tous ; ne me maudissez pas, ne me délaissez pas ! Jetez-vous avec moi sur la vampire ; délivrons ma chère Aubépine.

La vieille regardait toujours vers la croix.

— Voyez ! voyez ! la voilà qui vient ; silence surtout.

Théophile reconnut la nonchalante démarche de Dafné. Sa première pensée fut de courir à elle ; mais il se contint, il eut la force d'attendre une nouvelle scène du drame, il eut la force de retenir la vieille.

Dafné s'avança jusqu'à la porte de la masure et tourna la tête pour s'assurer si nul ne la voyait.

Le grand chemin était désert; elle n'entendit que le bruissement des feuilles.

Elle avait une clef ; elle entra furtivement. Théophile

n'eut plus la force de retenir la vieille qui se précipita sur Dafné.

A peine Théophile fut-il entré à son tour dans la masure que la pécheresse s'enfuit en repoussant la vieille qui se mit à courir après sa proie avec une légèreté d'oiseau. Elle l'atteignit dans les bruyères et la renversa en glapissant.

Quant Aubépine, à peine éveillée, se vit seule avec Théophile dans la masure, elle courut à la porte, aveuglée par ses cheveux, qui lui formaient un voile d'or.

Dès qu'elle vit dans les bruyères les ombres gigantesques de la vieille et de Dafné, elle prit son vol vers le lieu du combat.

Le poëte, éperdu et mourant, brisé par tant de secousses, tenta aussi un effort ; mais il fut plus faible que la faible enfant : il tomba sur le seuil, ses yeux éblouis se fermèrent soudain. Plus d'une minute passa ; des bruits confus remplissaient ses oreilles, de vagues souvenirs se pressaient dans son âme.

Tout à coup un grand cri de douleur vint le frapper ; il se sentit renaître, il rouvrit les yeux et s'élança vers les bruyères. Les ombres gigantesques s'étaient évanouies ; la vieille aux mains crochues n'était plus là, ni la pécheresse, ni l'enfant.

Il retourna au pavillon, déchiré par les mille griffes de la souffrance ; une fièvre ardente le brûlait ; il chancelait à chaque pas, tous les arbres du chemin lui servaient d'appui.

Quand il repassa sur le bord de l'étang, ses yeux s'arrêtèrent encore sur le cadavre d'Hélène.

— O Robert de Saint-Pierre ! s'écria-t-il, voilà donc les fruits de la débauche !

Et, comme son regard s'élevait au ciel, il entrevit Marie penchée sur la balustrade du balcon, mollement éclairée par la lumière pâlie du candélabre.

— Dafné! toujours Dafné ! dit-il.

La distance et l'agitation du feuillage l'empêchaient de reconnaître la religieuse. Il arriva sous le pavillon sans que Marie l'aperçût. Plongée dans une extase profonde, elle avait les yeux au ciel. Il monta rapidement la spirale; dès qu'il fut dans la chambre, il saisit le dosseret d'une des chaises qu'il voulut lancer au candélabre.

La voix de Marie arrêta sa main.

— Est-ce un songe ? dit-il en regardant la silhouette de Marie sur le balcon.

Une joie du ciel illumina son front chargé d'orages; sa bouche si sombre s'épanouit.

— Marie! Marie! dit-il encore.

Il allait se jeter sur le balcon, mais des paroles de regret s'échappaient toujours du sein de la religieuse. Il écouta.

— Oui, ma sœur, disait-elle, les hommes se sont agenouillés devant toi; je me suis agenouillée devant Dieu.

Théophile alla tomber aux pieds de Marie.

— Ne regrettez pas, ne regrettez pas d'avoir été un ange ; n'enviez pas le mauvais chemin et priez Dieu qui vous en a détournée.

Marie, effrayée par l'apparition de Théophile, rentra précipitamment dans la chambre.

— Est-ce vous? Est-ce bien vous? dit-elle en tressaillant.

— Oui, c'est moi, ou, plutôt, c'est l'ombre de moi-même ; je ne suis pas mort et je me demande si je suis vivant. N'ayez plus de regrets, Marie! les joies mondaines sont les sources des plus grands maux ! Vous ne savez donc pas où mène la volupté ? Vous ne savez donc pas... Oh! je ne vous dirai rien...

Théophile tomba agenouillé devant Marie.

— Vous avez bien fait de venir; au moins, avant ma mort, je reposerai ma vue sur une femme du ciel, sur une blanche colombe qui n'a pas souillé ses ailes ici-bas. Mes yeux sont las de Dafné, las comme d'un ciel toujours noir, comme d'un torrent qui roule éternellement des ruines et des débris ; près d'elle, mon âme ouvre ses mauvaises portes et je suis entraîné par les flots impétueux qui débordent en moi.

Théophile appuyait sa bouche sur la main de Marie.

— O mon Dieu ! je mourrai en te rendant grâces, puisque Marie sera là.

Égaré par sa joie et par le souvenir de Dafné, le poëte semblait fou.

— Il faut pourtant que je vous dise tout; il faut que je vous dévoile cet horrible mystère; il faut que je vous éclaire jusqu'au fond du gouffre ! Il y a dans ce village, ou plutôt il y avait une charmante enfant, si frêle qu'un souffle l'eût brisée ! Jamais je n'avais vu si belle et si douce fille. Après vos yeux adorables, ô Marie ! je n'avais pas vu d'yeux si ravissants. Un regard de ces beaux yeux donnerait des ailes à l'âme la plus terrestre. Cette charmante enfant venait souvent cueillir des fleurs et jouer dans le parc; je la contemplais avec délices ; je suivais du regard toutes ses folâtreries ; c'était une gracieuse chimère que je croyais animée par une âme chérie. Un jour, je vis ses joues pâles ; le lendemain, les joues furent plus pâles ; quelques jours après elle chancelait, ses yeux s'étaient éteints... Mais vous ne pouvez rien comprendre à cette métamorphose?...Voilà les folles passions, Marie, voilà les folles passions ! Elles se couchent sur des roses, mais les roses sont de la couleur du sang et du feu. Ne regrettez pas leur lit, c'est une fournaise ardente; ne regrettez pas leur sommeil, c'est une mort qui ne repose pas de la vie.

Disant ces mots avec exaltation, Théophile était tombé mourant sur les fleurs.

Marie, glacée d'épouvante, le regardait d'un œil hagard; elle demeurait immobile devant lui, comme une blanche statue.

Fargueil rentra.

— Secourez-le, lui dit-elle, car je suis plus morte que lui.

Fargueil effaré prit Théophile dans ses bras et le transporta sur le lit qui était à demi caché dans les fleurs

Le poëte se ranima.

— Fargueil! Fargueil! je ne puis rester là! emportez-moi loin d'ici, sur l'herbe du parc : le grand air me rapprochera des montagnes du ciel...

Théophile voulut se relever, mais ce fut en vain.

— Au moins, reprit-il d'une voix sourde, brisez ce candélabre, repoussez ces fleurs maudites, effacez jusqu'à la trace de Dafné; donnez-moi un crucifix, donnez-moi mes livres saints et faites venir un prêtre.

Marie s'approcha du poëte.

— Oui, oui, Marie, vous serez mon confesseur; la bénédiction d'un ange comme vous doit m'absoudre auprès de Dieu, car vous êtes un messager du ciel. Priez pour moi, Marie, je tremble... J'ai été faible dans la vie, je suis plus faible à la mort. Oui, je tremble; priez pour moi...

— Mais ma sœur? où est ma sœur? demanda Marie.

— Priez pour elle, répondit funèbrement Théophile.

— Ma sœur est morte! s'écria la religieuse.

— Dafné morte! répéta Fargueil avec angoisse.

— Quelle indigne lâcheté! dit le poëte en se frappant le front. O Dafné, vous êtes toujours restée au-dessus de moi.

— Mais vous l'avez donc tuée ? demanda Marie avec terreur.

— Je l'ai abandonnée à la fureur d'une mère qui voulait venger sa fille. Maudissez-moi, Marie! maudissez-moi, Dafné! Mais déjà je n'étais plus qu'un spectre.

Marie recula avec épouvante.

— Il est peut-être encore temps de la sauver. Courez, Marie; courez, Fargueil! A l'entrée du village, vous verrez une vieille masure; c'est là... et, si la masure est déserte, allez en face dans les bruyères... Je cours avec vous.

Théophile s'évanouit.

Fargueil voulut entraîner Marie à la masure.

— Mais nous ne pouvons le laisser seul.

— Et votre sœur, madame, votre sœur que peut-être on déchire, on étrangle, on étouffe!

Marie courut à l'escalier; mais cet élan n'était qu'une feinte.

— Courez à elle, monsieur, dit-elle en s'appuyant sur une chaise; je suis brisée, je chancelle... je ne puis aller...

Fargueil s'enfuit, laissant la religieuse.

Marie se rapprocha du lit; elle contempla la figure défaite de Théophile.

— Est-ce que je ne vais pas mourir, moi? O mon Dieu, faites-moi cette grâce de m'appeler à vous!

Le poëte se souleva; il ouvrit ses yeux éteints.

— Dafné! s'écria-t-il, qu'est-elle devenue, la pauvre femme? Et Aubépine? et la vieille? Morte! morte! morte! n'est-ce pas? Je suis un lâche!

Marie, qui croyait Théophile en proie au délire, essaya de le calmer.

— Ma sœur n'est pas morte et vous la verrez bientôt.

— Non, non, je ne veux plus la voir; c'est une fatale

sirène qui souillerait mon lit de mort. Un son de sa voix, un regard de ses yeux me fascine et me perd ; je l'entendrais chanter dans les enfers, que je me damnerais pour courir à elle.

Fargueil vint se précipiter comme un fou dans le pavillon.

— Le bruit se répand que la vieille sorcière a tué Dafné.

Théophile se leva soudainement ; Marie poussa un cri.

— Vous ne savez pas que j'aime Dafné ! reprit Fargueil ; vous croyez que mon amour est une fantaisie ? toute mon âme est dans ses yeux.

Fargueil, à moitié ivre comme toujours, pleurait comme un enfant.

Et, comme Théophile et Marie le regardaient sans lui répondre, il sortit en éclatant dans sa douleur.

La violente agitation et la fièvre ardente endormirent bientôt Théophile.

La religieuse veilla au pied du lit. Le sommeil de Théophile était la préface de la mort.

Marie suivait tous ses mouvements avec terreur ; elle tremblait qu'il ne se réveillât plus.

LIVRE IX

LES BOHÉMIENS

I

La nuit et le jour se passèrent sans qu'il survînt de changement ; la fièvre poursuivait ses ravages, Théophile souffrait comme un martyr païen, ne se consolant pas dans l'horizon du ciel.

Le soir, le soleil couchant glissa ses rayons sur lui à travers les grands arbres et les vitres bleues et rouges.

— Quel beau soleil ! dit-il avec admiration. Hélas ! c'est la dernière fois qu'il rayonne pour moi, c'est un regard d'adieu !

Il tendit son bras vers Marie.

— Votre main ? murmura-t-il d'une voix affaiblie.

Comme il caressait la blanche main d'un œil éteint et d'une bouche déjà morte, une musique lointaine et des cris joyeux lui vinrent à l'oreille.

— De la musique ! de la joie ! Dieu ne veut donc pas

que ma mort soit pieuse ? voilà les bruits de la terre qui ressaisissent mon pauvre cœur.

La musique s'approchait.

— La musique ! la poésie du souvenir !

Un éclair brilla dans l'œil du poëte.

— Marie ! Marie ! entendez-vous ? des chansons de notre pays !

Le même éclair passa dans les yeux de la religieuse.

Cependant la musique s'approchait toujours.

— Mais c'est un songe ! reprit Théophile ; on vient à ce pavillon !

Une voix claire et voilée par les sons d'un hautbois et d'un tambour de basque chantait *les Roses de la belle*.

Le malade écouta avec ivresse :

> Blanche dormait sur le rivage,
> Un chevalier passa par là :
> — La belle, monte ma sauvage.
> — Chevalier, nenni pour cela.
>
> Mais Blanche n'était pas farouche,
> Le chevalier lui dit tout bas :
> — La belle, un baiser sur ta bouche ?
> — Beau chevalier, je ne veux pas.
>
> Le chevalier, sur le passage,
> La fit descendre dans ses bras.
> — La belle, quel joli corsage !
> — Beau chevalier, tu me perdras.
>
> La plus fraîche rose du monde
> De Blanche embaumait les appas.
> — Je m'en vais la cueillir, la blonde.
> — Beau chevalier, je ne veux pas.
>
> Il prit la rose à la rebelle...
> Blanche était tout un espalier...
> — Il t'en reste une encor, ma belle.
> — Je ne crois pas, mon chevalier.

Théophile, qui avait oublié cette ballade, crut sortir d'une extase profonde. Il se jeta hors du lit et se couvrit d'un manteau en courant sur le balcon.

— Suis-je donc au ciel? dit-il dans le ravissement.

Marie n'eut pas la force de le suivre.

Une troupe de bohémiens s'ébattait gaiement sur l'herbe verdoyante du parc. Des jeunes filles charmantes, dont les jupes pailletées miroitaient au soleil, chantaient en folâtrant autour des myrtes et cueillaient des étoiles de jasmin qu'elles glissaient dans leurs brassières. Les galants de la troupe les pourchassaient, en essayant de leur ravir ces fleurs dans un baiser. Les enfants délaissaient leurs triangles pour se lutiner sur l'herbe ou dans les ramées. Jamais tableau ne fut plus animé : toutes figures riantes mollement caressées par le soleil couchant; de la jeunesse, de la fraîcheur, de la gaieté partout; un paysage aussi éclatant que varié: des chansons d'oiseaux perdues dans des chansons humaines ; de beaux nuages dorés errant dans le ciel; des panaches de verdure se balançant au-dessus des danseuses; une capricieuse fontaine gazouillant à leurs pieds. Le pauvre poëte, qui se sentait mourir, plongeait un regard jaloux sur toutes ces choses si vivantes.

Il tressaillit tout à coup à la vue de la femme au tambour de basque.

— Charlotte! Charlotte! s'écria-t-il en tendant les bras.

— Tout beau! dit Brizailles qui jouait du sistre; je suis maître Jacques maintenant.

— Brizailles! s'écria Théophile. Charlotte! Brizailles! ô mes joyeux amis, je ne mourrai donc pas sans vous revoir! Dansez, chantez, que je rie, que je pleure encore!

Le pauvre poëte riait, mais il y avait des larmes dans ce rire.

— Mourir ! dit Brizailles, voilà une idée lugubre, je crois que vous ferez une sottise.

— Non, non, s'écria Théophile, je ne puis pas mourir, je ne veux pas mourir.

Théophile s'attachait à la balustrade, comme s'il eût craint l'approche de la mort.

— La vie est trop douce pour la quitter si tôt. Chantez, chantez, Charlotte ! Quel beau soleil ! O mon Dieu ! faites que le soleil rayonne encore longtemps pour moi ! A cette heure suprême tout est beau !

— Hormis vous, mon cher maître, dit Brizailles en se penchant vers Charlotte pour lui baiser le cou.

Théophile sourit à Charlotte.

— Enfin, lui dit-il, vous voilà consolée ?

Charlotte baissa la tête.

— Pas encore, murmura-t-elle.

— O mon cher maître ! dit Brizailles d'un ton pathétique, vous voyez que votre bouffon se souvient éternellement de vous. Ma troupe a fait un immense détour pour égayer votre seigneurie. Nous étions aux Pyrénées et nous allons à mon grand-duché de Brizailles.

— Vous n'avez fait aucun détour, dit Théophile, qui s'efforçait d'être gai ; ton duché n'est-il pas partout ?

— O mon cher maître ! je ne pensais pas vous revoir ainsi. Quelle pâleur ! Atropos est-elle donc jalouse de vos conquêtes ! Par ma flamberge ! je lui défends d'approcher !

— Tu m'avais fait oublier la mort et tu me rappelles déjà que je vais mourir. O mes vieux amis ! allez, courez le monde, soyez toujours ivres de chants, de danses et d'amour ; souvenez-vous quelquefois d'un bohémien comme vous, d'un jongleur en poésie qui est mort à trente-trois ans, pour avoir trop aimé ce qui fleurit sur la terre.

Le poëte, épuisé par cette dernière secousse du cœur,

refroidi par le vent humide de la soirée, se détacha de la balustrade, rentra précipitamment dans le pavillon et tomba mourant sur son lit.

II

Théophile rouvrit une dernière fois les yeux ; la nuit tombait et une petite lampe d'argent éclairait vaguement la chambre du pavillon encore toute jonchée de fleurs.

Marie, agenouillée devant le lit, priait et baignait de larmes les mains du moribond.

Il y avait quelque chose de solennel dans les traits du poëte ; ses cheveux découvraient son front vaste et retombaient en arrière ; ses yeux levés nageaient dans l'extase ; ses lèvres s'entr'ouvraient pour aspirer les joies du ciel.

Les bohémiens jouaient à la porte du château ; ils n'étaient pas encore loin et Théophile entendait toujours leur musique, leurs chants et leurs joyeux cris mélancoliquement adoucis par la distance et par les rumeurs confuses du soir.

— Mourir ! dit Théophile en proie au délire.

Il regarda Marie.

— Aller au ciel quand vous êtes sur la terre !

— Je vous suivrai bientôt, dit la religieuse.

— Mais vous irez près de Dieu, Marie, et j'irai près du démon.

— Je vous suivrai... partout... ou plutôt Dieu entendra mes prières.

Les chants des bohémiens arrivaient toujours au pavillon.

— L'enfer! l'enfer! dit Théophile avec le sourire du doute.

Il entendit un bruit de pas.

— L'enfer! nous irons ensemble! cria, d'une voix glaciale, Dafné, qui se dessina dans l'ombre au fond de la chambre.

— La mort! c'est la mort qui vient! dit Théophile.

Il pressa dans ses mains les mains de Marie.

— Défendez-moi de la mort! la voilà qui vient!

La religieuse voulut courir à sa sœur; mais elle était anéantie.

Dafné fit un pas vers le lit. Théophile, qui la regardait d'un œil errant, recula avec terreur.

— O mort! laisse-moi prier, et ma vie est à toi! Ma vie! pourquoi la prendre sitôt? Je n'en suis point las. Aie pitié de moi, vieille reine du monde! Hélas! la mort est sourde aux prières; quand elle ouvre ses bras noirs, il lui faut une proie! Attends! attends encore! je n'ai point assez vu la joie de mon âme.

Le mourant contempla Marie.

— Je n'ai point assez vu ses yeux, qui furent mon ciel! Attends que j'aie baisé l'or de ses cheveux; attends que j'aie laissé mon âme sur sa bouche.

La pécheresse fit un second pas vers le lit.

— N'approche plus, laisse-moi me ressouvenir du temps de mes amours. J'ai tant aimé! Isaure, ma blanche colombe, reparais! tu fus mon amour le plus pur! Marie, ma blonde vierge, reparais! tu fus mon amour le plus chaste! Image ardente de Dafné, efface-toi; ne me poursuis plus, je te crains encore.

Le regard fauve du poëte s'arrêta sur la pâle figure de Dafné.

— Ce n'est point la Mort, c'est la Passion... C'est

Dafné... Marie ! Marie ! défendez-moi de la fée, de la sirène, de la charmeresse...

Involontairement la religieuse se pencha au-dessus de son amant.

— Je la vois toujours, ô Marie ! je suis perdu.

Théophile cacha sa tête dans le sein de Marie.

Dafné, qui n'avait plus qu'un souffle, roula sur les fleurs.

— Oh ! dit-elle d'une voix sombre, je n'arriverai donc pas jusqu'à lui !

Elle se traîna péniblement. Quand elle fut devant sa sœur, elle ressaisit la vie qui lui échappait, elle se leva tout d'un coup, elle renversa Marie, elle la jeta à ses pieds et se lança comme une lionne sur Théophile.

Le poëte, égaré et délirant, lui rouvrit ses bras.

— A toi mon dernier battement de cœur ! lui cria-t-il.

— Puisqu'il faut mourir, mourons d'amour ! dit Dafné.

Théophile se souleva pour tendre les bras à Dafné ; mais tout à coup leurs bras se détachèrent ; ils se regardèrent avec effroi ; un sanglot brisa leur cœur, une larme de repentir tomba de leurs yeux.

— O Dafné ! dit Théophile, nous sommes aux portes de l'enfer.

Dafné leva les yeux avec repentir et joignit les mains avec dévotion.

— Le ciel est si beau ! dit-elle.

Son front retomba sous une douleur profonde.

— Mourir si mal ! dit Théophile avec désespoir.

Son regard errant passa sur Marie qui priait toujours.

— O Marie ! murmura-t-il, vous êtes l'ange du Seigneur ; priez pour nous. J'ai cherché l'amour et je n'ai trouvé que la volupté... l'amour qui touche à Dieu, la volupté qui touche à l'enfer.

16.

Pour la première fois le cri de la vérité s'échappait de ses lèvres. Ce fut son dernier cri.

Il regarda Marie et son âme s'envola.

Dafné cacha son front et murmura :

— O ma sœur ! priez pour nous.

Et sa bouche flétrie sous l'amour se ferma sous la mort.

Le vent emportait alors les derniers chants des bohémiens.

Marie pria pour les pécheurs.

III

Le même tombeau renferma Théophile et Dafné, comme si l'amour pouvait braver la mort.

Les paysans de Chantilly s'ameutèrent pour empêcher que le huguenot et la pécheresse ne fussent inhumés en la terre bénite du cimetière ; mais le prêtre était un saint homme, qui leur permit ce dernier refuge.

Le convoi avait un étrange aspect ; hormis Fargueil et Marie, on n'y voyait que des bohémiens.

Le cercueil était porté par Fargueil, Brizailles et deux gitanos.

Quand le convoi passa devant la masure, la sorcière se jeta sur le chemin et ramassa de la poussière pour en jeter sur le cercueil ; mais le prêtre la chassa en secouant l'aspersoir au-dessus de sa tête.

En ce moment, la pâle Aubépine sortit tout éplorée de

la masure et se glissa parmi les bohémiens. Elle était née pour la vie changeante, aventureuse, vagabonde ; elle délaissa sa vieille mère et devint la plus jolie danseuse de la troupe de Brizailles, qui la surnomma la Perle.

Le soir du convoi, la religieuse, qui retournait dans l'austère solitude du cloître, s'arrêta au sommet de la colline, auprès d'une roche où Théophile et Daïné s'étaient souvent reposés dans leurs promenades.

Son œil humide erra dans la vallée.

Elle vit au loin, sur la lisière du bois, un cavalier qui plongeait un dernier regard sur le cimetière.

C'était Fargueil.

Elle vit au loin, sur la montagne, Brizailles, Charlotte et Aubépine, isolés de leur troupe pour voir encore la tombe du poëte et de la pécheresse.

Elle contempla longtemps ce grain de sable qui couvrait à jamais l'amour de toute sa vie.

La nuit jetait sur la terre son crêpe funèbre ; il fallait partir.

Elle songea que, dans la tombe du cloître, il lui faudrait prier et attendre longtemps la mort ; elle détacha son regard du cimetière et s'écria en sanglotant :

— Seule !

IV

L'année qui suivit, au milieu d'une sombre nuit d'automne, il se fit une grande rumeur à Chantilly ; les paysans attardés éveillèrent ceux qui dormaient et leur racontèrent qu'ils avaient vu, aux pâles lumières des étoiles, trois fantômes chantant dans le cimetière.

Or, ces trois fantômes, qui jetèrent l'épouvante à Chantilly, c'étaient Brizailles, Charlotte et Aubépine ; ils n'avaient oublié ni Théophile ni Dafné ; ils étaient revenus sur leur tombe, non pour dire des prières, mais pour chanter cette ballade que tant de fois, en leur verte jeunesse, les trépassés avaient chantée avec amour :

> Blanche dormait sur le rivage.
> Un chevalier passa par là...

FIN

TABLE

PRÉFACE. 3
LIVRE Ier. — LE SOUPER DES TREIZE. 15
— II. — LA TRÉPASSÉE. 28
— III. — MADEMOISELLE DE VERTAMOND.. 44
— IV. — DAFNÉ. 73
— V. — HÉLÈNE. 105
— VI. — L'AMOUR EN PRISON. 149
— VII. — LES SŒURS RIVALES. 170
— VIII. — AUBÉPINE. 218
— IX. — LES BOHÉMIENS. 275

Saint-Germain. — Imprimerie D. BARDIN.

www.ingramcontent.com/pod-product-compliance
Lightning Source LLC
Chambersburg PA
CBHW050636170426
43200CB00008B/1045